The Right of Self-defence in the Contemporary Context

自衛権の現代的展開

村瀬信也

編

東信堂

はしがき

　国際法上の自衛権概念について，わが国ではこれまで，きわめて単純化・硬直化した捉え方が支配的であったと言わなければならない．すなわち，国連憲章では2条4項で，国家による武力行使は「一般的に」禁止されているということを前提に，その唯一の例外が51条に規定されるところの自衛権（その発動要件は「武力攻撃が発生した場合」のみに限定される）であるとされる．こうした考え方の背景には，国連に対する過度の期待・憧憬から，国連憲章を国際社会の「憲法」ないし「上位法」として過大評価する傾向があったことも事実である．

　しかし，「国際法上の」自衛権を論じる場合には，言うまでもなく，国連憲章上の自衛権と並んで，一般国際法（＝国際慣習法）上の自衛権についても，検討しなければならない．それは単にいわゆる「マイナー自衛権」（武力攻撃に至らない武力行使に対する自衛権）に限られたことではなく，「武力攻撃」に対する本来の自衛権の場合についても考慮されなければならない問題である．

　同時にわが国では憲法9条の下に，国連憲章上の自衛権に関して，極めて特異な解釈が行われてきた．すなわち，憲章51条では，国家に「固有の権利」として「個別的又は集団的自衛の権利」を規定しているのに対し，政府の解釈においても，憲法9条の下でわが国が行使しうるのは個別的自衛権のみであり，集団的自衛権については，わが国が国際法上この権利を有することは主権国家である以上当然であるとはいえ，この権利を行使することは憲法上許されないと，説明されてきたのである．日本は条約で集団的自衛権の不行使を約束しているわけではなく，また憲法上もそれについての明示の規定があるわけではない．集団的自衛権不行使は憲法9条の一つの「解釈」ではあるが，他の解釈ももとより可能である．法の解釈というのは，法の枠内で，幾つかのありうる選択肢

の中から一つを選ぶ優先選択（preference）であり，それは最終的に国民の選択に委ねられることになる．国家が自国の有する国際法上の権利（あるいはその一部）について，政策的に「権利行使の一方的停止」（権利放棄 waiver）[1]をすることは自由であるが，集団的自衛権の取扱いについて，それがいつまでも政策として妥当であるかどうかは，わが国の置かれた国際的地位や責任に照らして，現実的に検討さるべき重要課題である．

　集団的自衛権の定義についても，わが国では「自国が攻撃されていないにもかかわらず」という点が強調されるが，その起草過程で念頭にあったこの権利の「保護法益」，すなわち，「他国に対する攻撃が自国に対する攻撃と同視されるような密接な関係」に対応するというこの制度の本質については，目を背けてきたように思われる．憲法9条の下では個別的自衛権しか認められないということを政府自ら不動の前提としてきたために，日米安保条約における共同防衛の法的根拠についても，日本側の個別的自衛権と米国側の集団的自衛権との同時行使といった不均衡な形でこれを説明せざるを得なかったし，同条約の下での具体的な支援の在り方についても，非戦闘地域，後方支援などの概念の援用によって米軍の武力行使と「一体化」して捉えられないよう努めてきた．もとよりこれらは，それぞれの時代における具体的な国際環境と政治状況の下で，憲法の理念と日米安保体制との整合性を確保しようという努力の結果でもあった．しかし，現代においては，次第にこうした擬制が現実との乖離の前に再検討を迫られる状況に立ち至ってきているようにも思われるのである．

　この武力行使一体化論の文脈で最も深刻な誤りは，国連の平和維持ないし平和強制に関わる軍隊の活動へのわが国の参加について，これが往々あたかも集団的自衛権の行使と同視されるかのように捉えられていることである．しかし，言うまでもなく，国連憲章第7章の下で「平和に対する脅威，平和の破壊，侵略行為」に対してとられる国連の軍事的

な措置は，集団的安全保障 (Collective Security) を実現するための強制行動 (Enforcement Actions) であり，集団的自衛権 (Collective Self-Defense) の行使とは全く異なるものである．また PKO 国連軍は，多様な形態をとるが，概ね第 6 章と第 7 章の中間に位置し，最近では第 7 章の機能を担うものも多くなってきている．軍事活動を含むこれらの強制行動にわが国が参加するかどうかは，憲法 9 条がカバーする問題の範囲外である．

　自衛権に関する議論においては，何よりも，そこで用いられる概念を正しく理解しておく必要がある．「武力の行使」(use of force) という概念は，自衛権行使など国家間（国家対国家）の軍事活動について用いられるものである．これに対して国家が国際任務として国連等の活動に参加して行う強制行動（国際法の履行確保・執行），あるいは国内法に基づいて行う法執行活動 (law enforcement actions) は，「武器の使用」(use of weapons, use of arms) として，法的に全く異なる性質の行為として捉えられなければならず，国家間における「武力の行使」とは厳格に区別する必要がある．

　不審船・工作船に対する追跡権の行使やテロリストの捕捉のために行われる活動等は，軍隊によって行われるか警察組織によるかを問わず，その性質上，法執行活動（警察活動）と捉えるべきものであり，国家間の武力行使とは本質的に異なる（したがって 2 条 4 項の範囲外）のである．9.11 同時多発テロに際して，国連安保理は決議 1368 号（および 1373 号）の前文で自衛権を確認しているが，決議本文では各国がテロリストの逮捕・引渡し・起訴に共同して具体的措置をとるよう要請しており，その後の米国等によるアフガニスタンでの軍事活動は，本質的には，自衛権行使ではなく，域外法執行活動 (extraterritorial law-enforcement actions) として捉えられるべきものと考えられる[2]．

　冒頭に触れた憲章 51 条の自衛権発動要件である「武力攻撃の発生」についても，幾つかの重要な論点がある．まず，51 条は通常兵器を前提とした規定と考えられ，憲章採択当時には存在していなかったミサイ

ル兵器や宇宙兵器などからの攻撃について，そのまま適用されるかについては異論も多く，「先制自衛」が認められる場合も考えられる（なお，51条は，武力攻撃が「発生した」〔has occurred〕という完了形ではなく，「発生する」〔occurs〕と現在形で規定している）．他方，「武力行使に至らない実力行使」の法的評価が問題となる．国境付近の小競り合いなど，個々の行為は，武力行使や（その極端な形態としての）武力攻撃には当たらないが，それが「集積」することによって「低水準（低強度）敵対行為」(low intensity hostilities) として，武力攻撃に匹敵するものと評価することができるか否かという問題である．

さらに，自衛権行使における武力紛争法の適用問題も，これまでは充分な注意が払われてこなかったが，避けて通ることのできない重要問題である．自衛権それ自体は平時の制度であり，国連憲章では戦争概念が止揚され，平時に一元化されたとも言われるが，自衛権行使が武力衝突を前提としている以上，武力紛争法の適用は不可避となる．海戦法・海上中立法を含めて，詳細な検討が必要とされる所以である．

本書では，現代において自衛権が直面しているこうした問題を，国際法の観点から，無意味な神学論争を排し，あくまでも実証的に考察することに努めた．国際法学の存在理由は，何よりも，現実の国際社会において国際規範がいかなる機能を担っているかを実証的に検証し，それを基礎として解釈論を提示していくことである．自衛権問題は，これまでの国際法学の在り方に対して，深い方法論的反省を迫るテーマでもある．

本書の基になったのは『国際問題』2006年11月号（電子ジャーナル，日本国際問題研究所刊）での「自衛権の新展開」に関する特集である．そこでは，編者を含む5名の執筆者による問題提起的な論稿が掲載されたが，本書は，新たに5名の執筆者を加え，かつ原稿枚数も倍近くに増やして，全く新しい企画として出版することとした．

本書の各論文は，現代において自衛権が直面している諸問題に取り組んでいる点で共通しているが，この「はしがき」を含めて，各々の筆者

は自己の考えに基づいて検討を行っており，自衛権やその背景となる国際法理解に関して，必ずしも見解が統一されているわけではないことを予めお断りしておきたい．

　新たな執筆者の方々には，きわめて短期間のうちに原稿を完成していただくよう依頼しなければならなかったが，お願いした全ての方々から締切までに原稿を頂くことができ，心から感謝申し上げる．また，東信堂・下田勝司社長には本書の出版につき格別の配慮を頂いた．編集を担当して下さった地橋江美さんに対する感謝とともに，心から御礼申し上げる．

　2007 年 4 月 1 日

　　　　　　　　　　　　　　　　　　　　　　　　　　村瀬　信也

1　国家が国際法上認められている権利の行使を控えることは，もとよりよくあることである．たとえば同盟を結ぶ権利は国際法上どの国にも認められているが，中立の地位を条約上（スイスの場合），あるいは憲法上（オーストラリアの場合）の義務として，これを受け容れている国の場合には，法的に中立義務を負い，同盟権について，権利能力はあるが行為能力は制限される．これはあたかも民法における未成年者や被後見人・被補佐人のような行為能力を制限されている場合に類推されると説明されることがある（第 159 国会『参議院憲法調査会会議録第三号』平成 16 年 3 月 3 日 11 頁）．しかし，スウェーデンはじめ非同盟中立主義を掲げる多くの国々は，「政策」として中立政策をとっているが，この場合は，同盟の権利からみれば，単にその権利を放棄ないし停止しているに過ぎない．集団的自衛に関する日本の立場も，この後者に類似している．日本は集団的自衛権について条約上・憲法上でその放棄を規定されているわけではなく，したがって未成年者などのように予め法的に行為能力を制限されているのではない．日本にとって集団的自衛権の問題は，あくまでも「政策レベルの」問題（もとより国の基本政策に関わる重要な問題であるが）として存在しているものと考えられる．

2　村瀬信也「国際法における国家管轄権の域外執行―国際テロリズムへの対応」『上智法学論集』49 巻 3・4 号，2006 年，119-160 頁参照

目　次

はしがき……………………………………………………………… i

第1章　国連憲章と一般国際法上の自衛権……村瀬　信也　3
　I　はじめに………………………………………………………… 4
　II　国連憲章における武力不行使原則と自衛権………………… 7
　III　一般国際法上の自衛権………………………………………… 18
　IV　結びに代えて………………………………………………… 25

第2章　集団的自衛権と国際法………………………中谷　和弘　29
　I　はじめに………………………………………………………… 29
　II　国連憲章第51条における集団的自衛権 …………………… 30
　III　集団的自衛権の固有性および保護法益……………………… 35
　IV　集団防衛条約………………………………………………… 39
　V　集団的自衛権の発動要件……………………………………… 42
　VI　集団的自衛権の援用事例……………………………………… 45
　VII　集団的自衛権の外縁…………………………………………… 50

第3章　自衛権行使における必要性・均衡性原則…根本　和幸　59
　I　はじめに………………………………………………………… 59
　II　必要性・均衡性原則の判断枠組み…………………………… 67
　III　おわりに……………………………………………………… 76

第4章　自衛権と弾道ミサイル防衛の法的根拠…御巫　智洋　89
　I　はじめに………………………………………………………… 90
　II　我が国が導入する弾道ミサイル防衛システムと国内法制…… 92
　III　いわゆる「敵基地攻撃論」との関係………………………… 94
　IV　自衛権の援用と発射国の意図………………………………… 96
　V　自衛権以外の法的根拠………………………………………… 101
　VI　おわりに……………………………………………………… 109

第5章　低水準敵対行為と自衛権………………………植木　俊哉 113
　Ⅰ　はじめに……………………………………………………… 114
　Ⅱ　前提的考察：国際法上の「自衛権」……………………… 114
　Ⅲ　「自衛権」行使の要件　その1……………………………… 116
　Ⅳ　「自衛権」行使の要件　その2……………………………… 119
　Ⅴ　低水準敵対行為に対する自衛権行使に関連する国家実行… 120
　Ⅵ　低水準敵対行為に対する自衛権行使に関連する国際判例… 122
　Ⅶ　おわりに……………………………………………………… 127

第6章　自衛の発動要件にとっての非国家的行為体の
　　　　意味──国際判例の観点からの分析──…………宮内　靖彦 131
　Ⅰ　はじめに……………………………………………………… 132
　Ⅱ　非国家的行為体への対応の歴史…………………………… 135
　Ⅲ　ニカラグア事件判決における整理………………………… 136
　Ⅳ　米国同時多発テロ事件と「非国家的行為体への自衛権」
　　　論の問題点…………………………………………………… 138
　Ⅴ　ニカラグア判決後の国際判例の動向……………………… 144
　Ⅵ　領域支配の責任の強化……………………………………… 149
　Ⅶ　武力不行使原則違反に対する「均衡する対抗措置」
　　　としての解釈の可能性……………………………………… 153
　Ⅷ　おわりに……………………………………………………… 159

第7章　自衛と域外法執行措置………………………古谷　修一 165
　Ⅰ　問題の所在と分析視角……………………………………… 166
　Ⅱ　域外法執行措置に自衛権が関わる背景…………………… 169
　Ⅲ　自衛権援用の類型化………………………………………… 172
　Ⅳ　域外法執行措置の要件……………………………………… 185
　Ⅴ　結び…………………………………………………………… 192

第8章　自衛権行使と武力紛争法………………………真山　　全 201
　Ⅰ　はじめに……………………………………………………… 202
　Ⅱ　自衛権行使対象と武力紛争法の適用条件………………… 204

Ⅲ　侵害主体の範囲……………………………………… 208
　　Ⅳ　平等適用の脆弱性…………………………………… 212
　　Ⅴ　必要性と均衡性……………………………………… 214
　　Ⅵ　第三国に対する措置………………………………… 216
　　Ⅶ　おわりに……………………………………………… 218

第9章　自衛権と海上中立……………………… **森田　桂子** 225
　　Ⅰ　はじめに……………………………………………… 226
　　Ⅱ　防止義務，避止義務と自衛権 …………………… 229
　　Ⅲ　容認義務と自衛権 ………………………………… 233
　　Ⅳ　おわりに……………………………………………… 242

第10章　憲法上の自衛権と国際法上の自衛権… **浅田　正彦** 249
　　Ⅰ　はじめに……………………………………………… 250
　　Ⅱ　先制的自衛…………………………………………… 252
　　Ⅲ　マイナー自衛権……………………………………… 259
　　Ⅳ　公海上の自国船舶の保護…………………………… 265
　　Ⅴ　在外自国民の保護…………………………………… 270
　　Ⅵ　対テロ自衛…………………………………………… 276
　　Ⅶ　おわりに……………………………………………… 284

　判例索引…………………………………………………… 300
　事項索引…………………………………………………… 301
　人名索引…………………………………………………… 307
　執筆者紹介………………………………………………… 308

自衛権の現代的展開

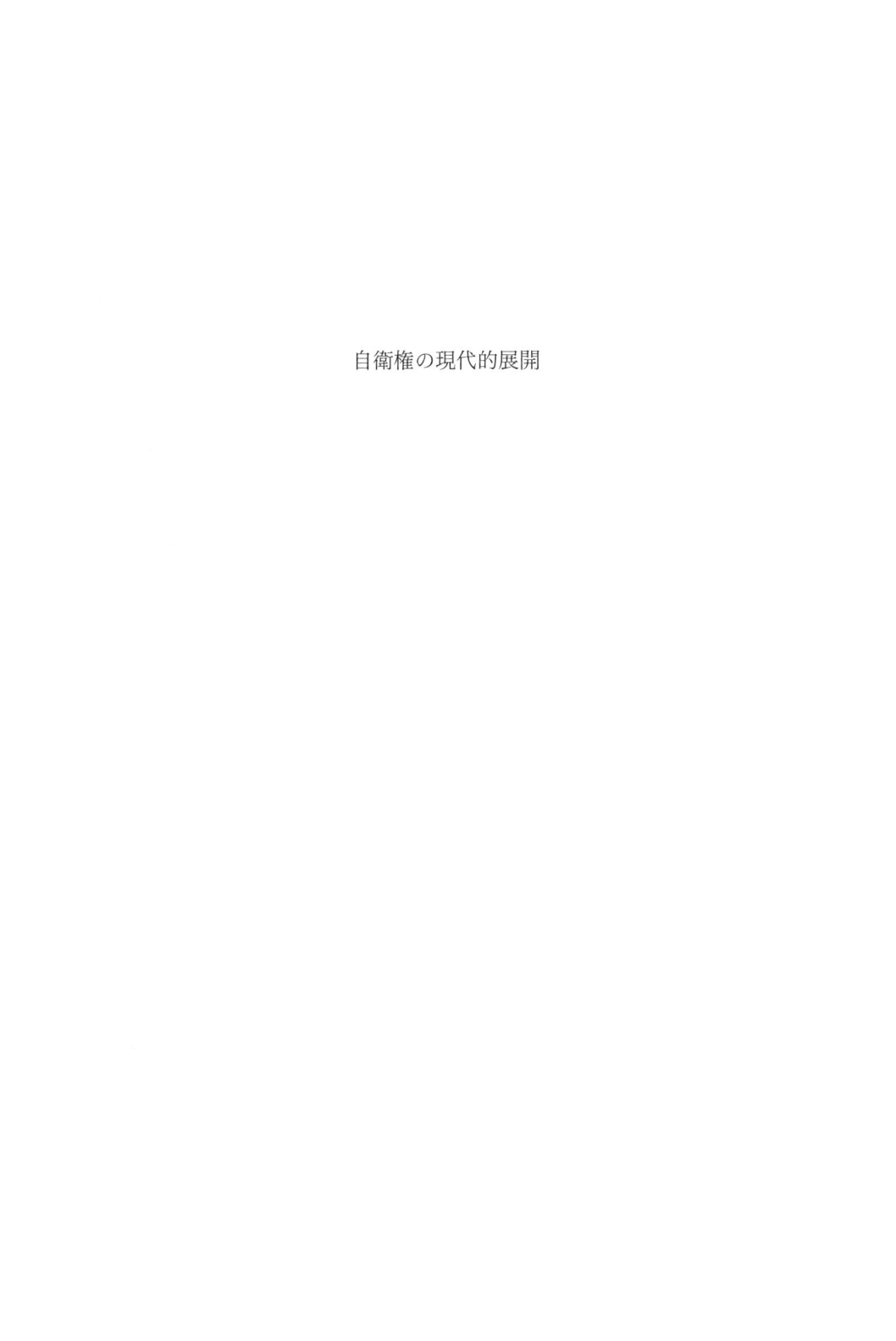

第1章
国連憲章と一般国際法上の自衛権

村瀬　信也

Ⅰ　はじめに
Ⅱ　国連憲章における武力不行使原則と自衛権
　1　2条4項の規範的性質
　2　適用法規の転換
　3　51条の位置と機能
Ⅲ　一般国際法上の自衛権
　1　憲法上の自衛権と一般国際法上の自衛権との「並存」
　2　憲法上の自衛権と一般国際法上の自衛権との相違
Ⅳ　結びに代えて

I　はじめに

　国際法の観点から自衛権を論じる場合，まず前提的に考察しておかなければならないのは，その適用法規が国連憲章かそれとも一般国際法なのかという問題，そしてそれに関連して，国連憲章および一般国際法のそれぞれにおける自衛権の法的性質にいかなる差異があるかという問題である．この適用法規の問題は，わが国の自衛権論議においては，必ずしも明確に意識されてこなかったように思われ，あるいは意識的に曖昧にされてきたという面も見受けられる．
　日本政府の国会答弁でも，1954年以降一貫して，国連憲章上の自衛権とともに，一般国際法上の自衛権が「並存」することが，明示黙示に認められてきている．小渕内閣当時，高村正彦外務大臣は次のように述べている．

　　政府は従来より，国連憲章第五十一条は，自衛権の発動が認められるのは武力攻撃が発生した場合である旨規定しているが，武力攻撃に至らない武力の行使に対し，自衛権の行使として必要最小限度の範囲内において武力を行使することは，一般国際法上認められており，このことを国連憲章が排除しているものではない，こう解してきている……[1]．

　この答弁では，「武力攻撃に至らない武力の行使」に対して反撃することは憲章51条の下で許容されないということが前提となっているものと思われる．しかしそれにもかかわらず，そうした反撃行為は，いわゆる「マイナー自衛権」として「一般国際法上」は許容されている，ということである．しかるにこの場合，国連憲章が一般国際法の適用をいかなる根拠で「排除しているものではない」と言えるのかは，はっきり

しない．また，「武力攻撃」に対する自衛権であっても，国連憲章に基づく場合と一般国際法に基づく場合がありうるのではないかとも考えられる．

こうしたことから，自衛権に関する適用法規の問題については，これを自覚的に捉え返しておく必要があると言えよう[2]．そうでないと，都合の良い適用法規を恣意的に選択（摘み食い pick and choose）しているに過ぎないと批判されかねないからである．そうした観点から，本章では，自衛権が国連憲章の規律から離れて一般国際法がその適用法規となるのは，どのような状況においてかを明確にしておきたいと思うのである．

国際法の法源は，言うまでもなく，条約と国際慣習法（ここでは「一般国際法」と同義で用いる）である．国際法の他の分野では，通常，この適用法規の区別が強く意識されているが，こと国連法の問題になると，往々にしてそれが忘れ去られる傾向にある．それは国連憲章が，あたかも国際社会の「上位法」ないし「憲法」であるかのように過大評価されていることと無関係ではない．しかし，国連憲章といえども，他の幾多の多数国間条約と変わりのない「普通の」条約であって，それ以上でもそれ以下でもない．

同一事項に関して条約と国際慣習法の規則との間に抵触が生じた場合，通常，条約は特別法であり国際慣習法は一般法であって，「特別法優位」の原則の下で，条約規則が優先的に適用される．しかし，条約が何らかの理由で適用不能となる場合には，一般法たる国際慣習法が適用されることになる．それがいかなる場合なのかを確定しておくことは，自衛権論議においてきわめて重要な論点である．

国連憲章 51 条の自衛権と一般国際法上の自衛権では，その要件・効果の異なることは言うまでもない．発動要件にしても，前者は「武力攻撃」の発生が必要とされるのに対して，後者は「急迫不正の侵害」，あるいは「武力攻撃に至らない武力行使」で足りるとも言われる．しかし，両者の違いは，単にそうした要件の広狭・硬軟だけではない．そもそも，

権利の性質それ自体に大きな差異があるのではないかというのが、ここでの問題意識である．

　言うまでもなく、実定法上の自衛権は、歴史的に形成されてきた概念である．すなわち、第一次大戦以前の世界では、国家が自力救済のため戦争や戦争に至らない武力行使に訴えることは基本的に許容されていたため、自衛権もそうした戦争権（戦争の自由）や武力行使の自由の中に「埋没」していたのである．1837年のカロライン号事件が自衛権の先例と考えられてきたが、実際にそこで想定されていたのは、今日の自衛権とはかなり大きな隔たりがあったと言わなければならない[3]．

　しかし、国際連盟規約・不戦条約等により戦争が違法化されてくる過程で、自衛権は、国家による武力行使の「留保された範域」(reserved domain) として、俄然、積極的な意味をもつようになった．国家が武力行使を行なうための権原 (title) は、自衛権しかなくなったからである．ここでの自衛権は「留保された自力救済の権利」であり、あくまで、国家が有する主権の属性として、すなわち国家が有する「実体法上の権利」の一つとして捉えられていたのである．その後、戦間期以降にはさらに自衛権を国家責任の文脈における「違法性阻却事由」としての理論化が進展する．違法性阻却とは、本来違法な行為（たとえば武力行使）が、一定の条件の下で適法な権利行為とみなされることであるが、これも自衛権を基本的に、国家の実体的権利として捉えていることには変わりない．

　しかるに、国連憲章における自衛権概念は、果たして、そのような実体法レベルで捉えられるものであろうか．そうした意味で、通常説かれるように、51条の自衛権は、2条4項の例外ということになるのであろうか．これに対して、ここで検討するように、憲章上の自衛権は、むしろ憲章第7章の集団的安全保障機能に依存した権利として、つまり国連の紛争処理手続きの文脈における「手続法上の制度」として設定されていると捉えられるべきものではないか．そしてその権利性は、第7章の

実効的機能に依存するのではないか，という考え方も成り立ちうるのである．

　もしそうであるならば，憲章51条の自衛権は，単にその発動要件が厳格になったというだけではなく，一般国際法上のそれとは，そもそもその権利の根拠・性質・内容・機能において大きく異なるものとなるのである．そして，冒頭の高村外相答弁について言えば，「武力攻撃に至らない武力行使」に対する自衛権が一般国際法上許容されうるというだけにとどまらず，「武力攻撃」に対する反撃であっても，被害国の対応は，憲章51条の自衛権による場合と，一般国際法上の自衛権による場合の双方がありうる，ということになるのである．

　本章は，こうした観点から，自衛権論議の前提として，適用法規の問題に光を当てようとするものである．まず，国連憲章における武力不行使原則と自衛権の位置付けについて考察しておきたい．

II　国連憲章における武力不行使原則と自衛権

1　2条4項の規範的性質

　国連憲章51条の自衛権を考察するためには，まず，同2条4項に規定される武力不行使原則の規範的性質を，いかに把握するかという前提問題が検討されなければならない．武力不行使に関連する憲章規定はすでに周知のとおりであるが，今一度，読み直しておきたい．

　まず，国連の目的は何か．1条1項前段は次のように規定する．

　　1条1項：国際の平和及び安全を維持すること．そのために，平和に対する脅威の防止及び除去と侵略行為その他の平和の破壊の鎮圧とのため有効な集団的措置 (effective collective measures) をとること並びに……．

ここで注目しておきたいのは,「有効 (effective) な」集団的措置をとることと規定されていることである.この措置とは,言うまでもなく,憲章第7章に定められている集団的安全保障措置である.すなわち,安全保障理事会(安保理)による「平和に対する脅威,平和の破壊,侵略行為の存在」の決定(39条),暫定措置(40条),非軍事的措置(41条),軍事的措置(42条)等を指す.

さて,2条は「第1条に掲げる目的を達成するに当たっては」として,4項で次のように規定している.

> 2条4項:すべての加盟国は,その国際関係において,武力による威嚇又は武力の行使を,いかなる国の領土保全又は政治的独立に対するものも,また,国際連合の目的と両立しない他のいかなる方法によるものも慎まなければならない.

もとより憲章規定についても,通常の条約解釈の方法(条約法条約31条)によってその意味内容を確定することになる.まずは,「文理解釈」に従い用語の通常の意味を明らかにすることが主要な作業であるが,国際組織の基本文書の解釈においては,各条文を有機的に統合された一体的なものと捉える必要性が通常の条約の場合よりも一層強く意識される結果,「文脈による解釈」(条文全体の体系性・一体性が強調される),「目的論的解釈」(条約の趣旨・目的から演繹的に「望ましい」解釈が導き出される),および「解釈における有効性原則」(条文は不合理な結果にならないよう「有意味に」解釈されなければならないとする)が強調されることになる.このように,国際組織法の解釈においては,解釈における組織化の原理が働くため,組織の目的や「黙示的(推論による)権限」(implied power),「後からの実行」(subsequent practice) が積極的に強調される一方,原締約国の意思や起草過程は消極的にしか評価されないという一般的傾向も指摘

されるのである[4].

　しかるに，こうした組織化され強化された目的論的解釈が，往々にして，国際組織の「現実の機能」との間に乖離した状況を創り出しかねないことは容易に想像される．そこで，こうした傾向に対する対抗的な解釈方法として,法の現実的機能に着目し,経験的分析を重視する「実効性」（上記「有効性」原則とは異なることに注意）を基準とした解釈方法が注目されることになる．国際組織は，具体的な任務を遂行するために創設された「実施主体」(operational entity) であり，国際組織法は，したがって，目的を実現するための「手続法」であり，その意味で，優れて「実施規則」(operational codes) である．「シンボルとしての法」(抽象性の高い「法原理」「原則」など）も，もとより国際組織法の一部ではあるが，それらが実際上どのように実施 (operate) されているのかいないのかは，その規範性の評価において決定的な重要性をもつと言えよう[5].

　以上のような解釈方法を念頭に，憲章2条4項の規範内容とその性質を考察しておきたい．まず，文理解釈の立場からは次のような論点が指摘されよう．

　2条4項は,加盟国に対し,武力の行使を,「その国際関係において」「いかなる国の領土保全又は政治的独立に対するもの」で，かつ「国際連合の目的と両立しないもの」を制限・禁止しているということから，国際関係に入らない国内の内戦への介入や，領土保全・政治的独立への侵害を目的とせず単に自国民保護・救出のために行なわれるエンテベ・タイプの人道的措置 ("in-and-out" rescue operations)，さらには，憲章1条の目的と両立する軍事行動も，場合によっては，許容される可能性があろう．ここでは詳述しないが，いずれもいわゆる2条4項の「例外」とされる事例である[6].

　もう一つ,文理解釈の観点からは,「武力」(force) の概念について,「武力攻撃に至らない実力行使」いわゆる「低水準敵対行為」(low intensity hostilities) の問題，および，「武力行使とは性質を異にする実力行使」

としての法執行活動（law enforcement activities）などにおける「武器の使用」（use of weapons）の問題[7]があるが，これらについてはそれぞれ本書の別の章で扱われるので，ここでは割愛する．

さて，以上のような禁止・制限の「範囲」の問題は措くとして，次に，2条4項の規範性がいかなるものとして把握されるかという，より大きな問題について考察しておきたい．ここで重要なのは，2条4項の文脈および実効性基準による解釈である．

まず，2条の柱書では，同上の「原則」は，1条に掲げられる「目的」を達成するために規定されており，ここに目的と原則とのリンクが明示されている．しかるに，平和の破壊，侵略行為等について1条1項で明記されているのは，先にも触れたように「有効な（実効的な effective）集団的措置」をとることである．憲章第7章に定められる集団的措置（集団安全保障）の実効性（事実に対する評価）こそ，2条4項における武力不行使原則とのリンクを設定している連結点であり，したがって，2条4項と第7章は「ワンセット」として理解されなければならないものと考えられる．換言すれば，2条4項の規範性は第7章の実効的な機能に依存しているのであり，これを第7章から分離・切断して孤立的に捉えることはできないのである．

このことは，補足的に，2条4項が起草された歴史的背景からも首肯されよう．憲章で各国が2条4項の下で，従前の自力救済の権利（国際連盟規約15条7項[8]）を放棄し，武力行使の制限を受け入れた背景には，憲章第7章に定める集団保障体制が実効的に機能し，この体制に自国の安全を委ね得るということが前提になっていたのである．2条4項の規範性は，その意味でも，第7章の機能の実効性に依存していると言えよう．しかるに，安保理における拒否権行使などにより，第7章が機能麻痺に陥った場合には，次に見るように，2条4項の規範性もそのままでは維持されないこととなり得る．

2　適用法規の転換

　第7章の機能麻痺は，武力行使の制限という問題に対して，いかなる法的帰結をもたらすか．国連憲章と一般国際法は，特別法と一般法の関係にあり，通常は特別法優位の下に国連憲章が適用される．しかるに，第7章の機能麻痺の場合には，「特別法の終焉と一般法への回帰」という形で，国連憲章から一般国際法への適用法規の転換ないし切り替えをもたらす場合があると考えられるのである．

　そもそも，武力行使の案件について，国連憲章ではなく，一般国際法が適用されるというのは，どのような場合であろうか．まず，仮設的な事例であるが，武力紛争の両当事者が国連の非加盟国である場合，そこでの適用法規が国連憲章ではなく，一般国際法であることについては異論なく認められるであろう．また，一方の当事者が非加盟国である場合も，（憲章2条6項の下で憲章の義務を受諾している場合は別として），同様に考えてよいであろう．憲章も条約として第三国（非当事国）には効力を持たないからである．

　もっとも，国連の実行において，たとえば朝鮮動乱などの際にこの問題がどのように意識されていたかは必ずしもはっきりしない．北朝鮮（朝鮮民主主義人民共和国）は当時，非加盟国であったが，少なくとも国連加盟国は，当初の対応を国連憲章の適用として捉えていたものと思われる．すなわち，北朝鮮の武力南侵直後の1950年6月25日，安保理事会は南北両朝鮮当事者に対して「敵対行動の停止を要請」するとともに，とくに北朝鮮に対し「その軍隊を38度線まで撤退させることを要請」する82号決議を採択，次いで6月27日の83号決議で国連加盟国に対して「武力攻撃を撃退し，かつ，朝鮮における平和と安全を回復するために必要な援助を韓国に与えることを勧告」する旨を定めた．これは，決議に明記されてはいないが，憲章39条の「勧告」と考えられる．さらに安保理は7月7日，加盟国が提供する軍隊・援助を米国政府の下にある統一指揮権に委ねること，米国はこの軍隊の指揮官を任命すること，統

一指揮権に国連旗の使用を許可すること，等を決議（84号）した．この朝鮮国連軍は，憲章43条以下で予定されていた本来の国連軍ではなかったが，湾岸戦争時に安保理が「容認」した多国籍軍（安保理678号決議，1990年）に酷似している．1950年にこれらの決議が採択されたのは，周知のようにソ連が当時，中国代表権問題を理由に安保理を欠席していたからであるが，朝鮮動乱の際には，やや変則的な形であったにせよ，国連の強制行動として，つまり国連憲章の適用という形で，開始されたと意識されていたものと考えられる．

しかるにその後，ソ連の復帰により安保理は機能麻痺に陥り，朝鮮問題は1951年1月以降，安保理の議題からも削除されたのである．中国義勇軍の参戦を経て，戦局は一進一退を繰り返して膠着状態となり，1953年7月23日の休戦協定で終結することになった．この休戦協定は，北朝鮮と国連司令部(事実上，米国)との間で交渉・締結されたものであり，それを国連総会が承認するという形をとったのである（1953年総会決議711号）．同決議は，国連自身ではなく，「国連軍に参加している各国が」，朝鮮問題に関して予定されている政治会議で解決するよう勧告しているのであるが，このことは明らかに，国連としては朝鮮問題から「手を引く」という意思表示以外の何ものでもなかった．国連憲章の適用で始まった朝鮮動乱は，こうして，一般国際法の制度に則って終結したのである．

この朝鮮戦争休戦時のように，国連機関が自らそれを実質的に認めたような場合には，憲章が機能を喪失して実施不能 (inoperative) になったとして，適用法規が一般国際法に転換されたと捉えることにあまり問題がないであろう．しかし，国連加盟国相互間の武力紛争においては，いかなる条件が具わったときに，憲章は実施不能になったと認められるのか．その条件が客観化されない限り，濫用の危険を免れ得ない．そのような観点から，国連の実行の中で参考となるのは，1980年のテヘラン人質事件の際の救出作戦，1982年のフォークランド紛争，1999年のコソヴォ危機におけるNATO空爆などが挙げられよう．

まず，1980年4月の米国による人質救出作戦についてみると，前年11月4日以来のテヘランにおける米国大使館員等の人質行為に対して，国連安保理は11月25日，全会一致で採択された決議457号（1979年）において，イランに対し人質を即時に解放するよう命じたが，イランはこれを拒否した．国際司法裁判所も1979年12月15日に人質を解放するよう仮保全命令を出したが，イランはこれも無視．12月31日に安保理は再び決議461号で人質の即時解放を求め，それが遵守されない場合には，翌年1月7日に安保理を開催し，「憲章39条および41条に基づく実効的措置をとる」とした．しかし，米国提出による対イラン経済制裁決議案はソ連の拒否権により採択されなかった（他に反対したのは東独のみ）．3月には国連の仲介も失敗に終わった．米国はその後もイランに対する経済制裁や同国を孤立化させるための外交努力を重ねたが，いずれも人質解放には至らなかった．こうして万策尽きた形で，米国は1980年4月24日，人質救出のためイラン領域内にヘリコプター部隊を派遣したのである．もっともこの作戦は，部隊が砂嵐に巻き込まれて途中で中止を余儀なくされ，失敗に終わった．

国際司法裁判所は，テヘラン人質事件の本案判決でこの米国による武力行使に触れ，「動機がいかなるものであったにせよ，こうした状況の下でとられた作戦行動は，国際関係における司法手続の尊重を毀損するものと言わざるを得ない」としつつも，「国連憲章または一般国際法の下における1980年4月24日の作戦行動の適法性やそれから生じる責任に関する問題は，裁判所には提起されていない」と述べるにとどまった．この作戦行動を「違法」とする反対意見を表明したのはタラジ，モロゾフ両裁判官のみであり，多数意見はこれを「合法・違法」の問題としてではなく，一般国際法上の「対抗力」の問題として判断しているものと言えよう．この点についてある論者は，国連憲章の適用範囲の限界を指摘しつつ，憲章2条4項の解釈は，国連安保理の機能に依存しており，国連が必要な救済行動を起こさないときには，国際慣習法上の権利が「復

活」するとしている．

　フォークランド（マルビナス）紛争は，1982年4月2日にアルゼンチン軍が同島に武力侵攻したことに端を発する．翌4月3日，安保理事会は決議502号を採択して，これを（第7章への明示的な言及はないが）「平和の破壊」と認定し，かつ，アルゼンチン軍の即時撤退を要請した．5月26日に決議505号が採択されて，上記決議の内容を確認している．しかし，国連事務総長をはじめ，米国・ペルーなどによる仲介は失敗した．この時点で，フォークランド紛争に対する適用法規としての国連憲章は背後に後退したものといえよう．その後は，一般国際法上の武力衝突として戦闘が展開され，6月に至って，英国が同島を奪回し，終結をみたのである．

　また，1998-99年のコソヴォ紛争の経緯は次のようなものであった．安保理事会は1998年3月31日の1160号決議で，ユーゴ・セルビア警察による過剰な実力行使とコソヴォ解放軍（KLA）のテロ活動を非難したが，「第7章の下に行動して」とくにユーゴ政府に対し，ただちに同紛争を平和的に解決することを要求するとともに，ユーゴに対する武器・軍需物資等の禁輸を決定し，コソヴォにおける状況に改善がみられない場合には「追加的措置を考慮する」ことが強調された．同年9月23日の決議1199号では「コソヴォにおける状況の悪化はその地域における平和と安全の脅威を構成し，……第7章の下に行動して」，「コソヴォのすべての当事者が敵対行為を直ちに停止し，停戦を維持することを要求する」一方，「本決議と1160号決議で求められた具体的措置がとられないときは，地域の平和と安定を維持回復するための更なる行動および追加的措置を考慮する」ことを決定した．さらに，同年10月24日の1203号決議で安保理は，やはり「第7章の下に行動して」，NATOに対し，コソヴォ空域における査察の任務を認めている．こうして安保理決議は，徐々にその内容を強化してきていたのである．

　しかしNATOによる武力行使については，ロシア・中国の拒否権発

動が予想されたため，安保理での提案も行なわれず，容認決議を得ないままに，1999年3月24日，空爆は開始された．その3日後，ロシアは安保理に決議案を上程して空爆停止を求めたが，これは圧倒的多数で否決された（3対12，賛成はロシア・中国・ナミビアのみ）．また，ユーゴが提出した空爆停止の仮保全措置の要請は，1999年6月2日，国際司法裁判所により退けられている．

　以上，朝鮮動乱，テヘラン人質事件，フォークランド紛争，コソヴォ紛争などの事例を参考に，憲章から一般国際法への転換の条件を抽出してみると，次のように纏められよう．すなわち，(1) 安保理が特定の事態について，当初これを「第7章の事態」（平和の破壊など）として認定し，(2) 加害国に対して具体的行動（軍隊の撤退など）を要求しているにもかかわらず，(3) 安保理が拒否権行使などにより実効的な措置をとることができないために自ら要求している状態を確保できない場合，第7章は機能麻痺に陥っていると認められよう．そのような場合には，被害国ないし関係国が原状 *status quo ante* を回復するためにとる行動については，国連加盟国間の関係であっても，適用法規は憲章ではなく一般国際法に求められると考えられるのである．その際の法的評価は，もとより個別の事案に即して異なるが，合法・違法性の基準だけではなく，対抗性の判断基準がとられることも多いと思われる[9]．

　さて，以上のように，武力行使に関して，憲章が第7章の機能麻痺により，一般国際法の規律に服する場合があるとして，そのような場合に，憲章51条の自衛権は，いかなる影響を受けることになるか，そして，上述したような適用法規の転換は，自衛権についても妥当するかが，ここで問われなければならない．

3　51条の位置と機能

　まず，憲章における51条の自衛権の位置付けを明確にしておく必要がある．冒頭でも触れたように，ここでの焦点は，51条が2条4項の

例外か，それとも第7章の例外かという問題である．この点を明確にしておかないと，一般国際法上の自衛権との差異を論じることも不可能だからである．

　51条は2条4項の例外と説明されることが多い．しかし，先にも見たように，2条4項は，従前に国家が有していた武力行使の権原を制限した条項である．すなわち，伝統的に国家は国際法上，主権，平等権，国内管轄権などの実体法上の権利を有するとされてきたが，憲章2条1項，7項などは，4項とともに，そのような国家の実体的権利について規定しているのである．

　しかるに，憲章51条の自衛権は，そのような実体法上の国家の権利であろうか．恐らくそうではないであろう，というのが本章の立場である．なぜなら，まず，2条4項には自衛権の例外が明示されてはいない．先述のように同条項には幾つかの限定が規定されているが，自衛権について何の言及もないことは，憲章上の自衛権が実体法上の権利として設定されているのではないということを示唆している．

　他方，51条は，第7章の最終条項として置かれており，その位置そのものが，第7章の例外であることを強く示している．51条は，次のように規定している．

　　51条：この憲章のいかなる規定も，国際連合加盟国に対して武力攻撃が発生した場合には，安全保障理事会が国際の平和及び安全の維持に必要な措置をとるまでの間，個別的又は集団的自衛の固有の権利を害するものではない．この自衛権の行使に当たって加盟国がとった措置は，直ちに安全保障理事会に報告しなければならない．また，この措置は，安全保障理事会が国際の平和及び安全の維持又は回復のために必要と認める行動をいつでもとるこの憲章に基づく権能及び責任に対しては，いかなる影響も及ぼすものではない．

この51条の規定内容については，第1にこの自衛権の発動要件が「武力攻撃が発生した場合」に限定されていること，第2に安保理事会に対する報告義務が課せられていること，第3にこの自衛権行使は安保理事会が行動をとるまでの暫定的な措置であること，などに留意しなければならない．とくに本章の文脈では，第2および第3の点が重要である．すなわち，51条の自衛権が，安保理事会のコントロールの下に認められた権利であるという点である．

　国連憲章における紛争処理の手続は，第6章の紛争の「平和的解決」，そしてそれに失敗した場合の第7章における紛争の「強力的処理」という流れの中で捉えられる．第7章はいわゆる集団的安全保障のための手続を設定したものであるが，その最後の条項である51条の規定は，この集団保障措置が発動されるまでの間の個別的措置を自衛権という名の下に認めたのである．そのように考えるのであれば，51条の自衛権は，国家の実体法上の権利ではなく，紛争処理という手続法的なレベルでの個別救済的のために，換言すれば，その国の権利を保全のための暫定的な措置として，設定されている制度であると捉えられよう．

　以上のように51条の自衛権を第7章の例外としての手続法レベルの権利と捉えるのであれば，この自衛権の権利性も，先に述べたように，第7章の実効的機能に依存するものと考えなければならないであろう．実際，安保理が何らの実効的措置をとることができない場合には，仮に当初は51条の下での自衛権行使であったとしても，安保理のコントロールから離れて永続化・泥沼化していく過程で，国連憲章の規律は後退し，一般国際法に埋没していくのである[10]．もとより，国連非加盟国が当事者であるような場合や，何らかの理由で国連憲章が適用されないような場合は，最初から一般国際法の規律に服することになる．いずれにせよ，そうした状況において，今日においても，一般国際法上の自衛権を議論する必要性は極めて大きいと言わなければならないのである．そこで次に，国際司法裁判所の判例を参考として，一般国際法における自

衛権の存在態様を考察することにしたい．

III 一般国際法上の自衛権

1 憲章上の自衛権と一般国際法上の自衛権との「並存」

　国際司法裁判所が一般国際法（国際慣習法）上の自衛権について，これを真正面から取り扱ったのは，周知のように，1986年のニカラグア事件であった．これは必ずしも前記の安保理における拒否権行使といった形で国連憲章が機能麻痺に陥った場合の事案ではないが，憲章の適用不能による国際慣習法への適用法規の転換という点では，類推可能な事例である．本件は，米国による軍事・準軍事活動が違法な武力行使に当たるとして，ニカラグアが米国を訴えたものである．しかるに，米国の裁判管轄権受諾宣言には，いわゆる「多数国間条約留保」の条項が含まれており，国連憲章や米州機構憲章などの多数国間条約の下に生じる紛争は，裁判所の管轄権から除外されることになっていた．

　この点について，裁判所の多数意見は，米国の留保の有効性を認める代わりに，国連憲章等の適用を排除し，武力行使および自衛権に関する国際慣習法を適用したものである．もとより，この判決には批判も多く，とくに管轄権と適用法規の問題を同一次元で捉えている点は，司法裁判の在り方として疑問なしとしない[11]．しかし，条約当事国間においても，特別法たる条約の適用を排除して，一般法である国際慣習法の適用が決定的な意味を持ち得る[12]ことを示した点は，本章の文脈において，きわめて重要である．

　さて，ここで考慮すべき論点は二つある．第1は，仮に憲章と慣習法の規則が同一内容であったとして，両規範が「並存」し得るかという問題，第2の論点は，自衛権について，両規範の内容は果たして「同一」であるかという問題である[13]．

まず，第1の論点，すなわち武力行使や自衛権について，憲章上の規則と一般国際法（国際慣習法）上の規則が，それぞれ別個に「並存」（共存）しうるかという点である．米国は，ニカラグア事件の管轄権段階で，慣習法規則はすでに国連憲章に「吸収・従属されて」(subsumed and supervened) 一元化されており，慣習法は独自の存在を終息したと主張した．もとよりこれは専ら裁判所の管轄権を多数国間条約留保の下に排除する目的でなされた議論である．裁判所はこれに対して条約と慣習法の二元的な「並存」を認め，国際慣習法規則はそれが憲章に編入された後もそれは憲章とは別に存続してきた，と判断したのである．

　　裁判所は，本件関連の法領域において，援用されるすべての慣習規則が全く同一の内容で条約に含まれているからといって，米国の留保のためにそれが適用できないと主張されうるとは考えない．多くの点で，二つの法源に規律される領域が正確に重なっているわけではないし，そこで規定されている実体規則が内容的に一致しているわけではない．しかし加えて，仮に本件紛争に関わる条約規範と慣習規範とが全く同じ内容を持ったものであったとしても，そのことは裁判所が，条約過程の実施によって慣習規範からそれ自体の適用可能性を奪うことになるという見解をとる理由にはならない [14]．

裁判所は具体的に自衛権について，憲章51条が，これを「固有の権利」(inherent right, droit naturel) と規定していることは，権利が既存の国際慣習法として存在していたことを示しているとする．しかしだからといって，憲章上の自衛権と慣習法上の自衛権とが同一だということにはならない．憲章規定には，必要性・相当性に関する規定もなければ，武力攻撃に関する定義もない．これらは国際慣習法の中に求められなければならない．つまり「国際慣習法は条約法と相並んで存続している」(customary international law continues to exist alongside treaty law) ということ

を，裁判所は強調するのである[15]．

　法源を異にする条約と慣習法との関係では，新旧条約の場合のように新条約が旧条約を廃棄するような形で「一元化」されることはあり得ず，既存の国際慣習法規則を編入ないし法典化した結果，仮に条約と慣習法の内容が同一 (identical) であったとしても，あるいは内容が異なっていればなおさら，適用法規としては両者がそれぞれ別個に並存し続けるものと認められることは言うまでもない．そして本章の立場からは，何らかの理由で，条約が適用不能となる場合には，慣習法規則が適用されることを示した点で，このニカラグア事件判決は評価すべきものと考えるのである．

　次に第2の論点として，憲章上の自衛権と国際慣習法上の自衛権の同異に関する問題がある．この場合，権利の存在そのものとその行使の条件・態様に関する問題とを一応区別する必要がある．ニカラグア事件判決で裁判所は，個別的・集団的自衛権の国際慣習法における存在について，51条がこれを「固有の権利」であると規定していること，そして友好関係宣言等の国連総会決議に示される各国の法的確信から，憲章上の自衛権（とりわけ集団的自衛権）が国際慣習法上の権利としても存在していると認められるとしている．

　　……この権利の存在については，裁判所は，国連憲章51条が，いかなる国も武力攻撃の際には，個別的・集団的自衛を含めて「固有の権利」(inherent right, droit naturel) を有するという文言を用いていることに留意する．このように，憲章自身が国際慣習法における集団的自衛権の存在を認めているのである．さらに，……（国連総会）の宣言中の幾つかの文言も，同様に，自衛権（個別的・集団的の双方）について，国際慣習法の問題として各国がこれを承認していることを示している．友好関係宣言は，武力の禁止に言及した後，「前記のいかなる規定も，武力の行使が合法的である場合に関する憲章の

規定の範囲を何ら拡大しまたは縮小するものと解釈されてはならない」と述べている．この決議は総会で代表する諸国が武力行使の例外としての個別的・集団的自衛権を，国際慣習法の問題として認識していることを示している[16]．

裁判所のこの段落における証明はいささか弱い．まず，「固有の権利」の語に，裁判所が強調するほどの意味が付与されるものとは言いがたい．個別的自衛権は，たしかに「固有の権利」として受け容れられていたと看做されようが，集団的自衛権については，サンフランシスコにおける憲章起草当時，チャプルテペック協定との整合性を確保するという喫緊の要請から急遽挿入された規定と見ざるを得ないとすれば，それは「固有の権利」としてすでに慣習法的性質を獲得していたとは認めがたい．集団的自衛権の源流がモンロー主義やロカルノ条約などに求められるという見解もある[17]が，1945年当時において，集団的自衛権の概念が一般的に認知されていたと認めるのは困難である[18]．また，友好関係宣言についても，引用されている文言は一般的な確認にとどまり，とくに自衛権の慣習法的存在を証明する議論にはなっていない[19]．

集団的自衛権の国際慣習法における存在を証明するのであれば，やはりそれは慣習法の証明方法（一般慣行と法的確信）に従い，憲章成立以降の国家実行をもとにこれを証明する必要があったのではないか．その場合には，ジェニングス裁判官の反対意見のように，国連非加盟国の国家実行（あるいは国連加盟国であっても加盟国としての立場を離れて行なった実行）が重要になると言えよう[20]．もとより，国際慣習法は1945年で固定されているわけではなく，国連憲章に影響されながら独自の発展を遂げてきたものであるから，現代において集団的自衛権が国際慣習法上の制度としても形成され発展してきたと見ることは不可能ではない[21]．しかし，そのためには，それなりの証明がなされなければならない．

裁判所はともかくも上記の認識を踏まえて，国際慣習法上の自衛権（と

くに集団的自衛権）の行使の条件・態様について論じる．ニカラグア事件で米国は，エルサルバドルなどニカラグアの近隣諸国を保護するために集団的自衛権を行使したと主張したが，裁判所は，国際慣習法上，集団的自衛権を行使するためには，武力攻撃を受けたとする被害国がそのような攻撃を受けたことを自ら「宣言」し，かつこの被害国からの正式の「要請」が必要であるということ，また，その集団的自衛権の行使には「必要性」と「均衡性」の要件が充たされることが必要である，と判示した．これらの要件論については該当の各章で扱われるので，ここでは割愛する．

2　憲章上の自衛権と一般国際法上の自衛権との相違

さて，ニカラグア事件判決で裁判所は，憲章上の自衛権と慣習法上の自衛権とがほぼ同一であるとしながら，前者が安保理に対する報告義務を課していることは，顕著な相違点であると指摘している．

> 国連憲章51条は国家による自衛権行使としてとられた措置は安全保障理事会に「直ちに報告」することを要求している．裁判所が先に見たように（判決文178, 188項），条約中に規定される原則が，国際慣習法に反映されるとしても，それに関連して条約で課せられている条件や行使態様の制約を負わないということはあり得よう．憲章が，国際慣習法に対してこれらの問題につき，いかなる影響を与えたにせよ，条約上の義務およびそれによって設定された制度の内容に密接に依存している手続に従うことが，国際慣習法上，自衛権としての武力行使の合法性の条件とはならないということは明らかである[22]．

持って回ったような歯切れの悪い文章であるが，これは裁判所自ら，憲章と慣習法上の自衛権の同一性という論旨の破綻を自認せざるを得な

い局面に立っているからではないかと想像される．憲章上は安保理への報告義務があるのに対し，国際慣習法上そうした手続はなく，それが両者の大きな相違点ということは誰しも認めざるを得ない点である．しかし裁判所は，この点の相違をできるだけ極小化しようと努めるが，腰砕けで成功していない．上に続く判決文は，以下の通りである．

　　他方，もし自衛権が，国際慣習法の原則にも憲章に含まれる原則にも違反するような武力行使ではない正当化された措置であると主張されるならば，憲章の条件は尊重されるべき (should) ものと期待される (it is to be expected)．このように，報告の欠如は，慣習法上の地位を検討する上でも，国家自身が自衛行為に確信をもっているかどうかを示す要素の一つであるかもしれない (may)[23]．

　憲章51条の規定における最も重要な側面は，先にも述べたように，安保理への報告義務もさることながら，そこでの自衛権が安保理のコントロールの下に置かれた権利として設定されているということである[24]．報告義務はそのための一要素に過ぎない．51条の自衛権は，あくまでも安保理が必要な措置をとるまでの間の暫定的な権利である．そのような形で憲章では「制度化」されているという点が，国際慣習法上の自衛権との最も基本的な差異なのである．国際慣習法には，安保理のような国際的コントロールの制度もないから，そこでの自衛権は，自ずと異なる権利として存在し機能しているはずである．

　それでは，現代の国際慣習法における自衛権の要件等は，どのように捉えるべきかが問題となる．1928年の不戦条約の下で留保された自衛権がそのまま今日の国際慣習法上，妥当しているとは考えられないし，1945年当時は国際慣習法の規則とはなっていなかったとしても，その後の国連憲章の影響によって，自衛権行使の要件が従前の「急迫不正の侵害」といった曖昧なものから，より厳格なものに代替されてきたこと

は確かであろう．もっとも，憲章51条の「武力攻撃」の要件がそのまま慣習法化したとまでは言えず，冒頭の高村外相発言に見られるような「武力攻撃および武力攻撃に至らない武力行使」といった形で緩和されていると考えられよう．また，武力攻撃・武力行使の発生時期に関しても，必ずしも「発生した」（完了形）ことが必要とはされず[25]，一定の制限的な形で，先制自衛が許容される場合があることなども指摘されよう．さらに，憲章上は時限的・過度的な権利として設定されている自衛権も，国際慣習法上は，その権利が国際的なコントロールに服するものでない以上，永続化しがちなものになることも止むを得ないであろう．

　コントロールされない自衛権の存在態様を端的に示したのが，1996年の核兵器合法性諮問事件における国際司法裁判所の勧告的意見であったとも言える．この事件に関する国連総会の諮問が，核兵器の使用等は「国際法上」許容されるかという形で提起されたため，裁判所は，自衛としての核兵器使用に関し，憲章51条と国際慣習法の双方から検討を加えたのである．その上で，裁判所は，主文2項E後段で，次のように述べた．

　　　しかし，国際法の現状および利用可能な事実の諸要素に鑑み，裁判所は，核兵器の威嚇又は使用が，国家の存亡そのものが危険にさらされる自衛の極端な事情の下で（in an extreme circumstances of self-defense, in which the very survival of a State would be at stake），合法であるか違法であるかについては，確定的な結論を下しえない[26]．

　もとより裁判所は，自衛としての核兵器使用については「裁判不能」を宣言して実質的判断を回避しているのであるから，その点についてここで取り上げる必要はない[27]．問題は，それが違法か合法かは別として，「国家存亡の危険」に対する自衛の「極端な事情」というような国家緊急権まがいの超法規的概念を，ほかならぬ裁判所が，持ち込んだことで

ある[28]．国際社会における「法の支配」を任務とするはずの国際司法裁判所にとって，このことは自殺行為であり，歴史に残る汚点であったのみならず，自衛権概念を150年前の自己保存権にまで後退させてしまったとの批判さえ受けることになりかねないであろう．

IV　結びに代えて

　自衛権は伝統的国際法の下では「留保された自力救済の権利」として，国家の実体法上の権利であった．国連憲章においても，自衛権を「2条4項の例外」として捉えるのであれば，要件が「武力攻撃」に限定されたとしても，その自衛権の本質は依然として国家の実体法上の権利ということになる．これと対照的に，憲章上の自衛権を「第7章の例外」として捉えるということになれば，それは「手続法上の権利」という性格規定を与えられることになるのである．憲章51条の自衛権は，第7章の下でコントロールされた権利として位置付けられていることから，その権利性は直接に第7章の実効的機能に依存しているのである．安保理における拒否権行使などにより，第7章がその機能を充足し得ない状態に陥った場合には，適用法規の転換により，国連憲章に代わって一般国際法（国際慣習法）が，その自衛行為を規律することになるのである．

　現代においては，自衛権が，国連憲章上と一般国際法上で「並存」していることは否定されないが，この二つがお互いにその性質・内容において大きく異なることを前提とするならば，双方が同時に重なって適用されるということはあり得ないのであり，とくに，どのような場合に一般国際法が適用されるのかについては，本章で述べた通り，慎重に検討されなければならないと考えられる．

注

1 第143回国会『衆議院外務委員会議録』4号（1998年9月18日）14頁.

2 グレイも自衛権論議において，最も重要な適用法規の問題が看過されてきたと指摘する．Christine Gray, *International Law and the Use of Force*, 2nd ed., Oxford, 2004, p. 97.

3 カロライン号事件は，米国ウェブスター国務長官が定式化した自衛権発動要件 (instant, overwhelming, leaving no choice of means and no moment for deliberation) が有名になった結果，長く国際法上の自衛権の先例と考えられてきた．しかし，当時の国際社会では，戦争が違法化されてはおらず，したがって「戦争」も，戦争に至らない武力行使」も，基本的に各国の自由に委ねられていたのである．しかるに戦争については，正式の戦意の表明さえあればそれは各国の権利行為であったが，戦争に踏み切るというのは，どの国にとってもかなり重い政治的決断を伴う事柄であったことは言うまでもない．そこで，戦争ではないという形で「戦争に至らない武力行使」に訴えることが多くなってくる．しかし，その中身については，現代的意味における「狭義の自衛」であれ，法執行活動や緊急避難であれ，当時においては，とくにそれを区分することの実益はなかったため，「広義の自衛」として，曖昧なままになっていたと思われる．ウェブスター・フォーミュラは，そうした広義の自衛の「自由」を制限しようという提案として受け容れられてきたものと考えられる．村瀬信也「国際法における国家管轄権の域外執行──国際テロリズムへの対応」『上智法学論集』49巻3・4号，2006年，141-142頁.

4 村瀬信也「武力不行使に関する国連憲章と一般国際法との適用関係──NATOのユーゴ空爆をめぐる議論を手掛かりとして」『上智法学論集』43巻3号，1999年，1-41頁；同『国際立法──国際法の法源論』東信堂，2002年，519-552頁に再録．とくに憲章解釈の方法については，522-524頁参照.

5 村瀬，前掲書（注4）523-524頁参照.

6 Albrecht Randelzhofer, "Article 2(4)" in Bruno Simma, ed., *The Charter of the United Nations: A Commentary*, 2nd ed., vol. I, pp. 112-136.

7 村瀬信也，前掲論文（注3）119-160頁参照.

8 連盟規約15条7項は「連盟国ハ，正義公道ヲ維持スル為必要ト認ムル処置ヲ執ルノ権利ヲ留保ス」と規定する.

9 以上，村瀬，前掲書（注4）519-552頁．なお，第7章が安保理における拒否権などにより機能麻痺に陥る可能性のあることは，すでに憲章の起草当時において織り込み済みのことであり，そうした状況になったからといって，憲章の適用が終息するわけではない，という見解もあり得よう．たしかに憲章起草者の意図とし

ては「想定の範囲内」のことであったかもしれないが，ここで問題としているのは，そうした状況を国連憲章の枠内でどう評価するかということでではなく，国連憲章の外側から見て，いかに評価するかということである．国連憲章も封印された (sealed)，閉鎖的な (closed)，自己完結的な (self-contained) 制度ではなく，一般国際法の中での開かれた条約だからである．

10　Tarcisio Gazzini, *The Changing Rules on the Use of Force in International Law*, Manchester University Press, 2005, pp. 162-163.

11　筆者は，管轄権段階での判断と本案段階での判断は区別すべきものとの立場から，管轄権の存在が認定された以上，本案審理では，裁判所規程 38 条 1 項に掲げられる適用法規（条約，国際慣習法，法の一般原則など）全部を使って裁判すべきものと考える．司法裁判の本質は，仲裁裁判と違って，裁判官が予め決まっていることとともに，適用法規が予め決まっていることだからである．

12　森田桂子「国際司法裁判所における多数国間条約と国際慣習法との関係―条約当事国間における慣習法の適用をめぐって」(2・完)『上智法学論集』43 巻 1 号 (1998 年) 116-118 頁．

13　こうした問題を一般的に論じたものとして，Gazzini, *op.cit., supra* note 10, pp. 117-179.

14　*ICJ Reports 1986*, p. 93, para. 175.

15　*Ibid.*, p. 94, para. 176.

16　*Ibid.*, p. 102, para. 193.

17　森肇志「集団的自衛権の誕生」『国際法外交雑誌』102 巻 1 号，2003 年，80-108 頁参照．

18　高野雄一「地域的安全保障と集団的自衛」『国際法外交雑誌』55 巻 2・3・4 合併号，1956 年（同『集団安保と自衛権』東信堂，1999 年，に再録，40-46 頁）参照．

19　根本和幸「国際法上の自衛権行使における必要性・均衡性原則の意義（2・完）」『上智法学論集』50 巻 2 号，2006 年，47 頁参照．

20　Dissenting Opinion by Judge Jennings, *ICJ Reports 1986*, p. 531.

21　Randelzhofer, "Article 51" in Simma, *op.cit., supra* note 6, pp. 805-806.

22　*ICJ Reports 1986*, p. 105, para. 200.

23　*Ibid.*

24　Gazzini, *op.cit., supra* note 10, pp. 153 f.

25　実は憲章 51 条も，"if an armed attack occurs" と完了形ではなく現在形で規定しているので，一定の先制攻撃は許容されているという見解もある．

26 *ICJ Reports 1996, Legality of the Threat or Use of Nuclear Weapons*, para. 105.

27 もとより，最も重要な2項E後段について判断回避をするのであれば，本件諮問については，そもそも最初の段階で却下すべきであったという点は，小田滋裁判官の反対意見のとおりである．See, *Ibid.*, Dissenting Opinion of Judge Oda, para. 55.

28 Marcelo G. Kohen, "The Notion of 'State Survival' in *International Law,*" in L.B. de *International Law, the International Court of Justice and Nuclear Weapons,* Chazourne & Philippe Sands, eds., Cambridge University Press, 1999, pp. 293-314.

第2章
集団的自衛権と国際法

中谷　和弘

Ⅰ はじめに
Ⅱ 国連憲章第51条における集団的自衛権
Ⅲ 集団的自衛権の固有性および保護法益
Ⅳ 集団防衛条約
Ⅴ 集団的自衛権の発動要件
Ⅵ 集団的自衛権の援用事例
Ⅶ 集団的自衛権の外縁

Ⅰ　はじめに

　本章においては，集団的自衛権（right of collective self-defense）について国際法の観点から検討する．集団的自衛権とは，A国がB国を武力攻撃した際に，B国の友好・同盟国であるC国が，A国に対して，武力を

用いて反撃する国際法上の権利であり，国連憲章第51条においては個別的自衛権とともに国家の「固有の権利」(inherent right) として規定されている．本章では，まず，国連憲章第51条において集団的自衛権が明記された経緯，集団的自衛権の固有性および保護法益，集団防衛条約について概観した後，集団的自衛権の発動要件について検討する．その上で，集団的自衛権の援用事例につき考察し，最後に，集団的自衛権の射程範囲を明確化することを試みたい．

II　国連憲章第51条における集団的自衛権

　国連憲章第51条において集団的自衛権が明記された経緯は次の通りである．ダンバートン・オークス会議で示された国連憲章の骨格となる草案には自衛権についての言及はなく，国連憲章第51条の原型が登場するのは，サンフランシスコ会議において，地域的機関による強制行動に関連してであった[1]．

　ダンバートン・オークス提案第8章C節（地域的取極）第2パラグラフにおいては，「安全保障理事会は，その権威の下における強制行動のために，適当な場合には，前記の地域的取極または地域的機関を利用する．但し，いかなる強制行動も，安全保障理事会の許可がなければ，地域的取極に基いて又は地域的機関によってとられてはならない[2]」という第53条1項前段の原型が示された．これに対してラテンアメリカ諸国は，「相互援助と米州の連帯」に関するチャプルテペック協定（1945年3月6日採択）が，安保理での拒否権によって同協定の下での行動が不可能になることを危惧した．米国は，政府部内での検討の結果，「ダンバートン・オークス提案は自衛権（集団的自衛権を含む）を禁止してはいないから，地域的行動はそれが防衛的なものである限り自衛権の行使として説明でき，安保理によって阻止されることはない．但し，安保理

への報告義務は課される」とすることが，妥当であるとの結論に達した．このような背景の下に，米国は，C節にではなくB節（侵略に対する行動）に自衛権に関する新たなパラグラフ12を追加することを提案した．それは，「いかなる国家による他の加盟国に対する攻撃の場合においても，当該加盟国は自衛の措置をとる固有の権利を有する．武力攻撃に対して自衛の措置をとる固有の権利は，チャプルテペック協定において具現化されたような，一連の国家のすべてのメンバーが加盟国に対する攻撃を全体に対する攻撃とみなす取極に適用される．当該措置の採用は，安保理に直ちに報告されなければならず，また国際の平和および安全の維持または回復のために必要と認める行動をとるこの憲章の下での安保理の権能および責任に対しては，いかなる影響も及ぼすものではない」というものであり，ここでは，チャプルテペック協定は，地域的機関の行動が安保理の権能に服することに対する例外としてではなく，自衛の一例として位置づけられた[3]．もっとも，米国内でも，これでは地域主義を強調しすぎているとの懸念も示され，またフランスは，「安保理が行動できない場合に加盟国が個別の行動をとる権利を留保する」旨のアプローチがよりよいとした[4]．

　以上の点に配慮して，米国は前記提案の修正を行ない，次のような条項をパラグラフ12として提案した．「安保理が侵略を防止することに成功しなかった場合，および侵略がいかなる国家によっても加盟国に対してなされた場合，当該加盟国は自衛の［ための］［必要な］措置をとる［固有の］権利を有する．武力攻撃に対して自衛の措置をとる権利は，一連の国家の全メンバーがその一国に対する攻撃を全体に対する攻撃であるとみなすことに合意する了解または取極の結果とられる行動に［チャプルテペック協定において具現化されたような了解および取極に］拡大［適用］される．当該措置の採用は，安保理に直ちに報告されなければならず，また国際の平和および安全の維持または回復のために必要と認める行動をとるこの憲章の下での安保理の権能および責任に対しては，いか

なる影響も及ぼすものではない[5]」.

　これに対して英国は，米国案では地域的機関が国連とは独立に行動することになると懸念し，またチャプルテペック協定に特に言及するのは，アラブ連盟等への言及もせよとの誘因になるとして反対した．そして以下のようなテキストを提案した．「この憲章のいかなる規定も，安保理が国際の平和及び安全を維持しまたは回復するために必要な措置をとることができない場合には，武力攻撃に対する個別的または集団的な自衛の権利を無効にするものではない．この権利の行使にあたってとられる措置は直ちに安全保障理事会に報告しなければならない．また，この措置は，安保理が国際の平和及び安全の維持又は回復のために必要と認める行動をいつでもとるこの憲章に基づく権能及び責任に対しては，いかなる影響も及ぼすものではない[6]」.

　ソ連は，この英国提案の第1文につき，以下のような修正提案をした．「この憲章のいかなる規定も，ある加盟国に対する武力攻撃が，安保理によって国際の平和および安全の維持に必要な措置をとる前に発生した場合には，個別的または集団的な自衛の固有の権利を害するものではない」．Gromykoは，自衛の措置は安保理による必要な措置がとられるまでの間とりうると説明した[7]．米国はこれに同意してこの点を含めた修正案を提示し，またチャプルテペック協定を明示することを断念したが，ラテンアメリカ諸国は，安保理が同協定を国連憲章とは両立しないと宣言するのではないかとの懸念を依然有していた．ラテンアメリカ諸国と米国との議論の末，①国連憲章において地域的取極を通じての平和的解決を奨励することに強く言及すること，②米国がチャプルテペック協定の有効性を保証すること，というラテンアメリカ諸国の提案を米国が受諾することで合意に達した[8]．

　以上の結果として，1945年5月23日，第3委員会第4小委員会（地域的取極）において，次のパラグラフ（憲章第51条とほとんど同一の文言）を挿入するとの提案が全会一致で承認された．即ち，「この憲章の

いかなる規定も，国際連合加盟国に対して武力攻撃が発生した場合には，安全保障理事会が国際の平和及び安全の維持に必要な措置をとるまでの間，個別的又は集団的自衛の固有の権利を害するものではない．この自衛権の行使に当ってとられた措置は，直ちに安全保障理事会に報告しなければならない．また，この措置は，安全保障理事会が国際の平和及び安全の維持又は回復のために必要と認める行動をいつでもとるこの憲章に基づく権能及び責任に対しては，いかなる影響も及ぼすものではない[9]」．英国案等にあった「安保理が国際の平和と安全を維持または回復するために必要な措置をとることができない場合」という表現が「安全保障理事会が国際の平和及び安全の維持に必要な措置をとるまでの間」という表現にとってかわられたのは，安保理が平和と安全の維持を怠ったため加盟国に対する武力攻撃が発生した場合においても，自衛の固有の権利が害されることがないことを強調するためであるとされる[10]．

　この草案の採択に際して，コロンビア代表（議長）は，「ラテンアメリカ諸国は集団的自衛を米州のような地域的システムを保護する必要性と同一視する」とし，「この条項は，チャプルテペック協定が憲章と相反するものではないことを黙示するものである」旨，指摘した．ウルグアイ代表は，「集団的自衛の権利はチャプルテペック協定に限定されるものではなく，将来創設される他の地域的取極にもあてはまる」旨，述べた．エジプト代表は，「この原則は，アラブ連盟にも適用されるべきである」旨，述べた[11]．

　この草案は，僅かな変更を加えた上で，現在の第51条となったが，条文化に際して，この条項は「地域的取極」に関する章（現在の第8章）にではなくて，「平和に対する脅威，平和の破壊および侵略行為に関する行動」の章（現在の第7章）に置かれることが合意された．これは，自衛としてとられる措置は，地域的取極に対する安保理の権能の特別の例外ではなくて，国家の固有の権利であることを確認・強調するためであると解せられる[12]．

以上より，本条の準備作業（travaux préparatoire）においては，①自衛権は国家の固有の権利として認識されていたこと，②その意味で本条の規定は確認規定であり，当初は国連憲章には明記しない方針であったこと，③にもかかわらず，自衛権が国連憲章において明記された直接のきっかけは，チャプルテペック協定に基づく行動が国連憲章と両立することの保証をラテンアメリカ諸国が求めたことであると解されること，④自衛権の発動要件についての詳細な言及は収拾がつかなくなるとして注意深く避けられたこと，が指摘できる．①は主に個別的自衛権について認識されていたものであるが，これに対して③では主に集団的自衛権を念頭において議論がなされた．集団的自衛権が個別的自衛権と同程度に強固に確立された権利であるか否かの詳細な議論は特になされることなく，結局，「個別的又は集団的自衛の固有の権利」として一律に定式化されることになった．

　こうして，国連憲章第7章下の軍事的強制措置および第8章下での地域的機関・地域的取極による強制行動（地域的機関・地域的取極を国連安保理の権威の下におき，いかなる強制行動も安保理の許可がなければとってはいけないとする．第53条1項）が，冷戦という国際政治の現実の前におよそ機能しないという状況においても，武力攻撃の犠牲国がどの国家からも軍事的な援助を受けられず，武力攻撃という重大な国際法違反が放置されるという最悪の状況を回避する法的な仕組みはひとまずは確認された．もっとも，後述するように，集団的自衛の名の下に第三国による武力介入が，しばしば濫用されてきたことも事実として認めざるを得ない．

　地域的機関と位置づけられるOAS(米州機構)およびLAS(アラブ連盟)も，またこの現実を逃れることはできず，OASでは，OAS憲章（1948年）による創設前の1947年に関係国間で全米相互援助条約が締結され，第3条において集団的自衛権の行使を予定する規定が，LASでは，LAS憲章（1945年）とは別に関係国間でアラブ共同防衛経済協力条約（1950年）

第 2 条において集団的自衛権の行使を予定する規定が，それぞれおかれた．それゆえ，これらの国際組織は「国連憲章第 8 章の地域的機関」であるが，加盟国間では「集団的自衛権を行使する共同防衛条約」が締結されるという二面性を有するものとなっている．

Ⅲ　集団的自衛権の固有性および保護法益

　まず，集団的自衛権の固有性について．Ⅱでみたように，国連憲章第 51 条の準備作業においては，自衛権は，国家の固有の権利であると認識されたが，これは主に個別的自衛権を念頭においたものであった．個別的自衛権とは区別された集団的自衛権の固有性については問題がない訳ではない．この点に関して，国際司法裁判所「ニカラグア事件」判決の小田裁判官反対意見では，集団的自衛という用語は 1945 年まで知られておらず，固有の権利とはいい難いと指摘する[13]．また，Jennings 裁判官反対意見では，集団的自衛は新しい概念であり，相互防衛のための集団的了解の多数国間条約に関する立場を明確にするという特定の目的のために憲章に導入されたものだと指摘する[14]．
　もっとも集団的自衛権は第二次大戦後に突然に現れた概念ではなく，その淵源は，ロカルノ条約（1925 年）及び米国のモンロー主義に基づく勢力圏の概念に求めることが不可能ではないと解せられる[15]．集団的自衛権に言及したと解せられるロカルノ条約の規定は第 4 条 3 項であり，同項では，「第 2 条またはヴェルサイユ条約第 42 条若しくは第 43 条の重大な違反の場合には，各締約国は，被害国が『異論なき侵略』であると確認し，また，国境侵犯，戦闘行為開始，非武装地帯における兵力の結集のいずれかの理由ゆえ即座の行動が必要だと確認することを要件として，被害国への援助を即座に行なうことを約束する」旨，規定する．集団的自衛権の固有性については，国連憲章採択時までは不明確で

あったが，国連憲章第51条において「固有の権利」だと明言することによって結晶化したと解せられよう．

次に，集団的自衛権の保護法益について．Bowett は，次のように集団的自衛権の根拠に関する3つの見解を提示し，検討を加える．第1の見解は，私法（特に common law および civil law におけるそれ）との類推に根拠をおく見解であり，家族や保護する義務の下におかれた者など親密な関係（proximate relationship）にある者の防衛のために正当防衛の権利を行使できるという見解を国際関係に類推することである．この類推は，法の一般原則として自衛の「集団的」権利の存在を支持する理論に資する．他国への攻撃によって侵害された自国自身の利益を立証できる場合には「集団的」権利が存在するが，この権利の存在には，一国の権利の直接的侵害が他国の権利の間接的だが真正の侵害となるような親密な関係があることが前提となる（地理的近接性は必ずしも要件とはしない）とする．第2の見解は，国際平和を維持し国際法違反を救済する義務の概念に基づくとする見解であるが，国際法上，このような義務の存在自体が疑わしいとする．第3の見解は，国家は自らの個別的権利を集団的に行使しうるとの原則に基づくとする見解であり，集団的権利の最も満足のいく説明であるとする[16]．

藤田久一は，祖川武夫の学説に基づき集団的自衛権の論理構造を，①共同防衛，②他国の権利の防衛，③他国にかかわる重要な法益（vital interest）の防衛の3つの説に整理した上で，次のように指摘する．①については，「集団的自衛権を多数の国による個別的自衛権の共働かつ調整的行使という構造をもつという（バウエット）」とし，「その基本的要素は，共働行動への参加諸国がそれぞれ自国の行動を自国自身の法益侵害に基礎づけることにある」とする．②については，「緊急援助の原理に基づくもので，他国の防衛が防衛される他者の側での自衛行動を前提とし，それに依存している（クンツ，ケルゼン）」とし，「このような集団的自衛権解釈は，集団的自衛諸条約の共同防衛条項に照応するもので

はある」とする．③については，「自己防衛の原理に基づきながら，集団的自衛の独自的存立を主張しうるような論理的構造をもつ」とし，「自己防衛権であるところから，国連集団安全保障システムとの整合性が問題なく保証され，また，集団的自衛に与かりうるものの範囲が限定される」とする．各説の問題点として藤田は，①では，「個別的自衛権の共同行使では，集団的自衛権を援用する集団的自衛条約の中心的目的への適合が疑われる」こと，②では，「集団的自衛権は同盟戦争または干渉戦争の公認を意味することとなり，国連憲章の戦争禁止と集団的安全保障システムの構造的破綻をもたらしかねない」こと，③では，「自国法益の『きわどい弛緩』が生じ，それを通じて，集団的自衛行動は，『重要な利益』防衛の至上命令のレベルへ高められる」ことを指摘する[17]．

Ⅳでみるように，集団防衛条約においては，通常，「一締約国に対する武力攻撃を全締約国に対する武力攻撃とみなす」ことが集団的自衛権の発動の前提として想定されていることから，その限りでは，集団防衛条約の締約国は武力攻撃の直接の犠牲国ではなくても武力攻撃により法益侵害を受け，集団的自衛権は「他国にかかわる重要な法益の防衛」のためになされると解するのが合理的であるように思われる．もっとも，Ⅴでも指摘するように，集団防衛条約の存在は集団的自衛権の合法性の必須の要件ではなく，武力攻撃国からの*ad hoc*な要請であってもよい（しかも地球の裏側にある国家からの要請でもよい）以上，このような場合をも勘案すると，「要請国への武力攻撃を自国への武力攻撃とみなす」という技巧的な説明よりも端的に「他国（友好・同盟国）の防衛」として説明したほうが自然ではあろう．

以上のように固有性および保護法益をめぐっては議論があるが，ここでは次の3点のみ指摘しておきたい．第1に，たとえ国連憲章制定時には，集団的自衛権の固有性に関して問題なしとはしなかったとしても，集団的自衛権が現代国際法上，慣習国際法上の権利として確立したことについては異論はなく，この点は国際司法裁判所「ニカラグア事件」判

決においても確認されている[18]．西側諸国政府は当初からそう解釈してきたが，注目すべきは，ソ連も，アフガニスタン侵攻の際に，「国連憲章第51条は集団的または個別的自衛という政府の権利を発生させるものではない．第51条は，この権利が諸国家の譲渡不可能な自然の権利であり，国連憲章はそれをなんら侵害することができないことを強調することで，この権利を確認しているにすぎない[19]」と述べたことである．

　第2に，自衛権は国家の固有の権利であると同時に，違法性阻却事由としての側面もあわせもつ．国家責任条文第21条は，「国家の行為の違法性は，当該行為が国連憲章に合致してなされる自衛の合法的措置を構成する場合には，阻却される」と規定する[20]．もっとも，国家は，自衛権を援用する際には専ら固有の権利だとして援用し，違法性阻却事由としての自衛を援用することは皆無である（同様に，一方的武力行使を正当化する際に国家が専ら援用するのは自衛権であって，違法性阻却事由としての緊急状態を援用することはほぼ皆無である）．国家の基本権である自衛権への依拠が安易になされることは事実であるが，他方，もし違法性阻却事由だと位置づけると，違法でないことの立証責任を援用国が負わなければならないため，国家がこのようなリスクを犯すことはおよそ想定しがたいこともまた事実である．

　第3に，保護法益に関しては，国際司法裁判所「ニカラグア事件」判決では，集団的自衛権の行使は被攻撃国の利益のためになされる旨の言及[21]があることから，判決においては集団的自衛権は行使国自身の防衛のためであるとの説を黙示的に否認したとの説もある[22]．いずれにせよ，同判決では，集団的自衛権の行使を主張する国家の動機は問題にはしないという立場をとっており[23]，このような立場に立つ以上，保護法益の如何は概念整理としては重要であっても合法性の評価に直接の影響を与えるものではないと解せられる．

IV　集団防衛条約

　将来の武力攻撃に対処するための諸国家が締結してきた集団防衛条約について，Dinstein は，①相互援助条約（mutual assistance treaty），②軍事同盟（military alliance），③保証条約（treaties of guarantee）の 3 類型を挙げている．①は，一加盟国に対する武力攻撃が全加盟国に対する武力攻撃であって当該国を援助すると約束する条約であり，二国間条約（例：米韓相互防衛条約），多国間条約（例：全米相互援助条約）の双方がある．②は，①の延長（より緊密な協力関係）として，軍事最高指令部の統合や駐留軍隊の創設や諜報データの交換などを含む．例として NATO（北大西洋条約機構）が挙げられる．③は，C国がB国に対して，もしA国がB国を武力攻撃したらB国を援助すると約束したり，P国がQ国の国内問題に介入しないと約束したりする内容の条約であり，①と違って相互主義的な性質をもたず，一方的な性質を有する．例として，1988 年の米ソの国際的保証に関する宣言があり，同宣言において米ソはアフガニスタン，パキスタンの国内問題に介入しないこと，アフガニスタン，パキスタン間の二国間条約に含まれた約束を尊重することを約束した[24]．

　①および②については，第 1 に，多国間条約の場合，ある加盟国は当該条約で規定された機関決定がなくても，自国の判断で武力攻撃の犠牲国を援助することができるかという問題がある．集団的な援助の義務を創設する条約が，国連憲章の下での集団的自衛の各国毎の権利を減少させることはない[25]以上，当該国が自己判断で援助しても，それは集団的自衛権の行使の合法性それ自体に影響を与えるものではないが，当該条約違反の問題は生じうることとなろう．なお，この点に関連して，全米相互援助条約では，第 3 条 2 項において，「直接に攻撃を受けた国の要請があった場合には，全米機構の協議機関の決定があるまでは，各締約国は，自国が個別にとることができる即時の措置を決定することがで

きる」旨，規定する．第2に，例えばQ国，R国，S国が集団防衛条約Xの加盟国であるとし，Xでは，P国によるQ国への攻撃があった場合にこれをR国への攻撃とみなすが，他方，R国は同時に集団防衛条約Yの加盟国（加盟国はR国，A国，B国）であるとした場合，このP国によるQ国への攻撃＝R国への攻撃は，A国への武力攻撃とみなして，A国およびB国はP国に反撃することがYにより義務づけられるかという条約の連鎖効果（chain effect）をめぐる問題がある[26]．集団防衛条約では，そもそもそのような事態は集団的自衛権を発動する事態としては想定しておらず，連鎖効果が及ぶと考えることは不合理であるが，集団防衛条約の中には，後述のように攻撃国や被攻撃地域を限定するものもあるから，前記のような心配は杞憂となる場合も少なくなかろう．

　Rice大学のBrett Ashley LeedsらによるThe Alliance Treaty Obligations and Provisions Project[27]では，1815年から2003年まで合計277の「積極的な軍事支援を要求する同盟」をリストアップし，形成・メンバー・期間，義務，同盟機構化，条約の文脈，文献の5セクションにつき計61項目の質問を設定して条約毎に回答を示している[28]．

　集団的自衛権の行使に直接言及する代表的な集団防衛条約の条文としては，①全米相互援助条約（1947年）第3条1項（米州の一国に対する武力攻撃を米州のすべての国に対する攻撃とみなし，国連憲章第51条によって認められている個別的・集団的自衛の固有の権利を行使して，援助することを約束する），②北大西洋条約（1949年）第5条（欧州または北米における締約国に対する武力攻撃をすべての締約国に対する攻撃とみなし，国連憲章第51条によって認められている個別的・集団的自衛の固有の権利を行使して，武力の行使を含む必要と認める行動を個別にまたは共同で直ちにとることにより，被攻撃国を援助することに同意する），③アラブ共同防衛経済協力条約(1950年)第2条（一締約国に対する武力侵略を全締約国に対するものであるとして，個別的・集団的自衛の権利に従い，武力の行使を含むすべての利用可能な手段により当該国を個別にまたは共同で直ちに援助する），④ワルシャワ条約（1955

年）第4条（欧州における締約国に対する武力攻撃の場合には，締約国は，国連憲章第51条に従い，個別的・集団的自衛権の行使として，武力の行使を含む必要と認める措置により，直ちに援助を個別にまたは共同で与える），⑤日米安全保障条約 (1960年) 第5条（日本国の施政下にある領域におけるいずれか一方に対する武力攻撃が，自国の平和および安全を危うくするものであることを認め，共通の危険に対処するよう行動する）等がある．

　これらの集団的自衛権の行使に言及する集団防衛条約規定の中には，武力攻撃の犠牲国による要請に基づく旨を明記するもの（①第3条2項，③第2条，フランス・ジブチ議定書〔1982年〕），当該国との協議を要するとするもの（英国・マルタ相互防衛援助協定〔1964年〕，英国・モーリシャス相互防衛援助協定〔1968年〕），武力攻撃への反応についての合意を必要とするもの（英国・リベリア協力協定〔1959年〕）がある[29]．また，国連憲章第51条に直接言及し，安保理への報告を求める規定をおくのがむしろ通例であり，上記の①～⑤はこれらについても規定している[30]．攻撃国を限定する場合（中ソ同盟条約〔1950年〕では日本に対する共同防衛を予定），被攻撃地域を限定する場合（①では米州，②では欧州または北米を予定）もある[31]．

　多数国間共同防衛条約においては，特段の規定がない限り，加盟国による別の加盟国に対する武力攻撃も集団的自衛権発動の事態としては排除されない（イラクのクウェート侵攻においては，アラブ連盟の加盟国であるイラクに対して，③第2条が発動された）．集団防衛条約は相互主義に基づくのが通例であり，この点では日本に米国本土防衛の義務がない日米安全保障条約は例外的である．

　集団防衛条約は，締約国に対して武力攻撃が発生した場合に集団的自衛権の発動を約束することによって，武力攻撃の発生を防止する抑止のメカニズムである．武力攻撃が発生した場合には，集団的自衛権の発動が他の締約国にとって一般的には義務的となるが，最終的には当該条約の規定振りによる[32]．集団防衛条約が事前に締結されていることは，集

団的自衛権発動の不可欠の前提ではなく，被攻撃国からの *ad hoc* の要請でもよい[33]．

集団防衛条約は，たとえ終了・廃棄・脱退に関する規定を含まないものであっても，条約の性質上，廃棄・脱退の権利があると考えられるもの（条約法条約第56条1項b）であると解せられ，また，加盟国で革命が発生して体制変革が生じるなど事情の根本的な変化があれば条約の終了や条約からの脱退は可能（同第62条）であると解せられる[34]．

締約国間において政治体制について同じ価値観が共有されることが集団防衛条約の存続の前提であり，それゆえ，例えば，CENTO（中央条約機構，当初はMETO〔中東条約機構〕）に関しては，イラクが革命により1959年に脱退し，また，1979年のイラン革命に基づき終了した．また，ANZUS条約においては，ニュージーランド政府（労働党ロンギ政権）の反核政策（原子力船や核兵器搭載艦船の寄港禁止を含む）に対して，1986年，米国はニュージーランドに対する同条約上の義務を停止し，同条約は事実上，米国・オーストラリア間およびオーストラリア・ニュージーランド間の2つの二国間防衛協力体制に分解した．

V 集団的自衛権の発動要件

国際司法裁判所「ニカラグア事件」判決（1986年）は，集団的自衛権の発動要件について比較的詳細に判示している．その要点は以下の通りである．

[1] 国連憲章第51条の文言では，武力攻撃の際に国家が有する「固有の権利」は個別的自衛権，集団的自衛権の双方をカバーし，それゆえ憲章自体が慣習国際法上の集団的自衛権の存在を確認するものである．このことは友好関係原則宣言における「前記のいかなる規定も，武力の行使が合法である場合における国連憲章の規定の範囲を何ら拡大し又は縮

小するものと解してはならない」との文言によっても確認されている．
[2] 集団的自衛権の行使にあたっては，当事国が言及した必要性及び均衡性の要件に加えて，その行使のために満たされなければならない特定の要件を確定しなければならない．
[3] 個別的自衛権の場合には，この権利の行使は武力攻撃の犠牲者であった国家に服することとなる．勿論，集団的自衛権への依拠はこの前提を除去するものではない．武力攻撃の犠牲者である国家が，攻撃されたとの見解を形成し宣言しなければならないことは明らかである．慣習国際法上，ある他国に当該事態の自己評価に基づいて集団的自衛の権利を行使することを許容するルールは存在しない．集団的自衛権が援用される場合は，この権利によって便益を受ける国家は，武力攻撃の犠牲者だと自ら宣言しておくことが要請されている．
[4] 裁判所は，慣習国際法上，自らを武力攻撃の犠牲者だとみなす国家による要請がない場合において，集団的自衛権の行使を許容するルールはないと認定する．裁判所は，攻撃の犠牲者だと主張する国家による要請という要件が，当該国が攻撃されたと自ら宣言すべきであったという要件に追加されると結論づける．
[5] 国連憲章第51条で規定された安保理への報告は，慣習国際法上の義務ではない．報告の存在は，当該国が自衛だと確信して行動したかどうかを示す一つのファクターとなりうる[35]．

　つまり，同判決では，集団的自衛権の発動要件として，第1に集団的自衛権の支援を受ける国家が武力攻撃の犠牲国であること，第2に当該国が武力攻撃を受けたとの宣言を行なうこと，第3に当該国からの要請があることを挙げている．

　これに対して，Jennings裁判官反対意見では，集団的自衛の概念は濫用されやすく，保護だと偽装された侵略の口実として利用されないよう確保する必要があり，裁判所が多少とも厳格にそれを定義することは正しいものの，第2の「攻撃を受けたとの宣言」の要件および第3の「要

請」の要件について，正式な宣言および要請を要件として求めることは，形式的であり非現実的であるとする[36]．

同判決においては，従来からいわれてきた武力攻撃の犠牲国による「要請」という要件に加えて，当該国による「攻撃を受けたとの宣言」を独立の要件として挙げた点が新しい特徴といえる．もっとも実際には「宣言」と「要請」は同時になされることが少なくないと考えられる．なお，「要請」に関して指摘すべきことは，事前に二国間または多数国間で集団防衛条約が締結されている必要はなく，武力攻撃発生後のその毎 (ad hoc) の要請でもよいということである[37]．重要なことは，「要請」は真正のものでなければならないということである．Constantinou は，集団的自衛権であるとの主張の有効性を損なう場合として，次の6つの「要請」の濫用パターンを挙げる．①支援要請が国家の正当政府以外の者からなされた場合 (例：チェコ動乱におけるソ連の介入)，②支援要請が外国勢力によって樹立された傀儡政権によってあとからなされた場合 (例：ソ連のアフガニスタン侵攻)，③支援要請が干渉国による支援が開始された後になされた場合 (例：ハンガリー動乱におけるソ連の介入)，④支援要請が内戦における反徒および亡命政府からなされた場合 (例：1962年のイエメン内戦)，⑤支援要請がその憲法上の権限に疑義のある機関・個人によってなされた場合，⑥支援要請が内戦における複数の勢力からなされた場合 (例：1976年におけるアンゴラの状況)，である[38]．このうち，④と⑥は内戦下であるため，国外からの武力攻撃という自衛権行使の前提条件を満たさず，分けて論じる必要があろう (なお，亡命政権からの要請であっても，その有効性に問題はない．イラクのクウェート侵攻に対してサウジアラビアに亡命したクウェート亡命政府から米国等になされた要請は有効な要請であった)．

他方，あらかじめ集団防衛条約があれば，実際に武力攻撃が発生した際に，犠牲国である締約国による被攻撃宣言および同国からの明示的な要請はもはや不要であるが，当該国には支援を受けることを断る権利は

留保されていると解すべきである．

　同判決では，安保理への報告義務は，慣習国際法上の義務ではなく，国連憲章という条約上の義務にとどまるとした．安保理への報告を行なわない場合には，当該国はもはや（事後に）当該武力行使は自衛権の発動であったと主張できなくなるか否かが問題となりうるが，現実には，後述のように集団的自衛権の行使だと主張する国家は安保理への報告を行なっている[39]．

　同判決が，個別的自衛権の諸要件に加えて，被攻撃宣言と要請を集団的自衛権の要件として明示した（さらに国連憲章上の義務として安保理への報告を確認した）ことは，恣意的判断に基づく集団的自衛権の援用に対する一定の歯止めになるものである．勿論，これらの要件はⅥでみるように万全なものではないが，手続法が一般的に不備であるという国際社会の現状に照らすと，集団的自衛権をこれらの要件の下に援用国の自己リスクとして認める（つまり，事後的に第三者機関によってたとえば均衡性を欠く措置だとして違法とされるリスクの下に容認する）こと自体は，不合理なことではない．

　なお，武力攻撃に至らない事態に対して集団的自衛権が行使できるかについては，Ⅶでみることとする．

Ⅵ　集団的自衛権の援用事例

　集団的自衛権の援用事例はそう多くはないが，これは，「各国が国際的軍事衝突に巻き込まれるのをできるだけ避け，当事国の一方に武器や弾薬や他の軍事的援助を送るのをできるだけ自制する傾向がある」ためだと指摘される[40]．

　第二次大戦後の国家実行においては，第三国がしばしば集団的自衛権の名の下に不当な武力介入を行なったことは否定できない．集団的自衛

権の行使に該当するか否かが問題とされた冷戦期における主な事例のうち，国連憲章第51条の集団的自衛権の援用が武力行使国によってなされた例としては，①ハンガリー動乱におけるソ連による武力行使 (1956年)，②レバノン内乱における米国による武力行使 (1958年)，③ヨルダン内乱における英国による武力行使 (1958年)，④南アラビア連邦問題における英国による対イエメン武力行使 (1964年)，⑤ベトナム戦争における米国による武力行使 (1965年)，⑥チェコ動乱におけるソ連による武力行使 (1968年)，⑦アンゴラ内戦におけるキューバによる武力行使 (1975年から)，⑧ソ連によるアフガニスタン侵攻(1979年)，⑨リビアによるチャドへの武力行使 (1980年)，⑩ニカラグア内戦における米国による武力行使(1980年代前半)，⑪フランスによるチャドへの武力行使(1983年，86年)，⑫米国によるホンジュラスへの武力行使 (1988年) がある[41]．

①においては，ソ連は「ハンガリー政府からの要請があった」と主張したが，ハンガリー政府が要請したのはソ連に対してではなく，国連に対してソ連の介入からの保護を求めてであった．またソ連はハンガリーが武力攻撃の被害国であるとの主張はしなかった．米国が安保理に提出した非難決議案 (S/3730/Rev. 1) はソ連の拒否権行使によって否決されたが，緊急国連総会はソ連の行為を憲章違反であると非難し，ソ連軍撤退を求める決議1004 (ES-Ⅱ), 1005(同) 等を採択した．②においては，レバノンは，「内乱に際してアラブ連合共和国 (UAR) が反徒を支援している」として，米国に集団的自衛権の発動を要請するとし，③においては，ヨルダンは，「内乱に際してUARが反徒を支援している」として，英国に集団的自衛権の発動を要請するとした．緊急国連総会は，内政不干渉を確認し，両国からの外国軍隊の早期撤退を求める決議1237 (ES-Ⅲ) を採択した．⑤においては，米国は，「南ベトナムは独立国家であり，北ベトナムからの武力攻撃に対して，米国への介入要請があり，これに基づき，またSEATO (東南アジア条約機構) 集団防衛条約に基づき，集団的自衛権の発動は正当化される」と主張した[42]が，「南ベトナムは

独立国家ではないため紛争は内戦にすぎない」,「北ベトナムの行為は武力攻撃には至らない」,「南ベトナム政府は米国の傀儡政府であって有効な要請をなしうる状況にはない」,といった反論がなされた[43].⑥においては,ソ連は,「チェコスロバキア政府の要請に基づくワルシャワ条約諸国による集団的自衛権の行使である」と主張したが,チェコスロバキア政府自体がこれを否認した.介入を非難する安保理決議案(S/8761)はソ連の拒否権行使により否決された.⑦においては,安保理は,南アフリカによるアンゴラへの侵略を非難する決議387を採択した.キューバは,「アンゴラのために集団的自衛権を行使した」と主張した.⑧においては,ソ連は,「アフガニスタン政府からの要請に基づき,またソ連–アフガニスタン友好善隣協力条約に基づいて介入した」と主張したが,この要請はソ連の傀儡政権によるものであった.アフガニスタン侵攻を主権保持,領土保全および政治的独立という国連憲章の基本原則の違反であると非難する安保理決議案(S/13729)はソ連の拒否権行使によって否決されたが,緊急国連総会は,1980年1月14日,ソ連のアフガニスタンにおける武力干渉を「各国の主権,領土保全および政治的独立の尊重」という国連憲章の基本原則と両立しないとし,軍隊の即時無条件撤退を求める旨の決議ES-6/2を賛成104,反対18,棄権18で採択した.⑨においては,リビアは,「スーダンによるチャドへの武力攻撃に対しチャドによる要請に応じて軍隊をチャドに派遣した」と主張した.⑩においては,米国は,「ニカラグアによるエルサルバドル,ホンジュラスおよびコスタリカへの侵略に対抗して集団的自衛権を三国のために発動した」と主張したが,国際司法裁判所「ニカラグア事件」判決では,ニカラグアの行為は武力攻撃には至らないこと,三国による正式な被攻撃宣言および米国への支援要請がないこと,米国による安保理への報告もないことを指摘し,米国による集団的自衛権の行使は正当化されないとした[44].⑪においては,フランスは,「リビアによるチャドへの武力攻撃に対しチャドによる要請に基づき,両国間の1976年の協力条約に

従って,集団的自衛権を行使した」と主張した.⑫においては,米国は,「ニカラグアによるホンジュラスへの武力攻撃に対してホンジュラスの要請に基づき集団的自衛権を行使した」と主張した.

注目すべきは,これら①〜⑫のすべての事案において,集団的自衛権の行使を主張する国家は,集団防衛条約の有無を問わず(②③⑦においては,集団防衛条約はなかった),武力攻撃の犠牲国の要請に基づいて行動したと主張していることである[45].もっとも,その要請が真正のものであったかどうかが大きな問題となることは既に指摘した通りであり,Gray は,これらほとんどすべての事案において疑義があると指摘する[46].これらの事案は皆,内戦・革命・クーデター・国内騒擾絡みのものであるため,そのような状況下においては,武力攻撃の存在及び要請の真正さの双方について一層厳格なチェックが必要である.

他方,集団的自衛権の援用がなされなかった例としては,⑬グアテマラ動乱における米国による武力行使 (1954年),⑭ドミニカ動乱における米国による武力行使 (1965年),⑮米国のグレナダ侵攻 (1983年) が挙げられる[47].これら3事案において,米国は,国連憲章第52条を正当化根拠として援用した.⑮において国連総会は,米国のグレナダにおける武力干渉を,国際法並びに同国の独立,主権及び領土保全の重大な違反であるとし,米国軍の即時撤退を求める旨の決議38/7を賛成108,反対9,棄権27で採択した[48].

冷戦後に集団的自衛権の援用がなされた事例としては,⑯イラク・クウェート危機における米国,英国,LAS (アラブ連盟) 諸国等による対イラク武力行使 (1990年),⑰ロシアをはじめとする CIS (独立国家共同体) 諸国によるタジキスタンへの武力行使 (1993年),⑱同時多発テロにおける英国をはじめとする NATO 諸国による対アフガニスタン武力行使 (2001年) がある.⑯においては,イラクによるクウェート侵略に対して,クウェートによる米国,英国等への *ad hoc* の要請に基づき,また,LAS 諸国についてはアラブ共同防衛経済協力条約に基づき,集団的自

衛権の行使がなされた[49]．安保理決議 678（1990 年 11 月 29 日）第 2 パラグラフでは，「イラクが 1991 年 1 月 15 日までに関連諸決議を完全に履行しない場合には，クウェート政府に協力している加盟国に対して，決議 660 以下の関連諸決議を支持し履行するため，および当該地域における国際の平和と安全を回復するため，あらゆる必要な手段を行使することを容認する（authorize）」とし，第 3 パラグラフでは，「第 2 パラグラフ遂行のためにとられる行動に適当な支援を与えるようすべての国家に要求する」とした．同決議に従い，多国籍軍が 1991 年 1 月 17 日からイラクと戦闘行為に入った．同決議がなくても集団的自衛権の行使は可能であったが，異論もあったため，同決議は，多国籍軍の行動の合法性に「お墨つき」(authorization) を与える機能を有するものであったと解せられる[50]．⑰においては，アフガニスタンによるタジキスタンへの武力攻撃に対して，ロシア，カザフスタン，ウズベキスタン，キルギスタンは，CIS 憲章に基づき集団的自衛権を行使したと主張した．⑱については，詳細は別章に譲るが[51]，同時多発テロ直後の安保理決議 1368（2001 年 9 月 12 日）前文において，「国連憲章に従って，個別的・集団的自衛の固有の権利を承認し (recognizing)」とされ，*ut res magis valeat quam pereat*（テキストは意味あるように解釈されるべきである）の原則に鑑みると，「当該事態は個別的・集団的自衛権の行使が不可能ではない事態である」との認識を安保理があらかじめ示したと解釈することが合理的である．NATO 理事会は，同日，「もし，この攻撃が海外から米国に対して向けられたものであることが決定されれば，北大西洋条約第 5 条によってカバーされる行動とみなされる」ことで合意し，10 月 2 日には，攻撃が海外から向けられたものであることが決定され，同条約第 5 条によってカバーされる行動とみなされると発表され，10 月 7 日にアフガニスタン空爆が開始された．なお，米国による対アフガニスタン武力行使は，米国の個別的自衛権の行使として説明できるものである．

　集団的自衛権の援用がなされた①〜⑫（⑩を除く）および⑯〜⑱の各

事例においては，国連安保理への報告がなされている[52]ことは注目に値する．

VII 集団的自衛権の外縁

集団的自衛権の射程範囲の明確化のために，ここでは，次の2点についてのみ指摘することとしたい．

第1は，集団的自衛権と個別的自衛権の区別についてである．日本政府の見解では，「国際法上，一般に，個別的自衛権とは，自国に対する武力攻撃を実力をもって阻止する権利をいい，他方，集団的自衛権とは，自国と密接な関係にある外国に対する武力攻撃を，自国が直接攻撃されていないにもかかわらず，実力をもって阻止する権利をいうと解されている．このように，両者は，自国に対し発生した武力攻撃に対処するものであるかどうかという点において，明確に区別されるものであると考えている[53]」とするものの，現実には，その区別が相対化される場合もある．

①例えば，日本を守るために派遣された公海上にある米国艦船が攻撃を受けた場合には，これが日本に対する武力攻撃とみなされて日本として個別的自衛権を行使しうるかという問題があり，この点については，日本政府は，「理論的には，我が国に対する組織的，計画的な武力の行使と認定されるかどうかという問題」であって「我が国領域外における特定の事例が我が国に対する武力攻撃に該当するかどうかにつきましては，個別の状況に応じて十分慎重に検討すべきものであると考えております[54]」として，個別的自衛権として位置づける可能性を排除していない．

②また，政府統一見解「有事における海上交通の安全確保と外国船舶について」においては，「国際法上，公海において船舶が攻撃を受けた場合，個別的自衛権の行使として，その攻撃を排除し得る立場にあるの

は，原則として当該船舶の旗国である．したがって，わが国は，公海において外国船舶が攻撃を受けた場合に，当該船舶がわが国向けの物資を輸送していることのみを理由として，自衛権を行使することはできない」としつつも，「しかし，理論上の問題として言えば，わが国に対する武力攻撃が発生し，わが国が自衛権を行使している場合において，わが国を攻撃している相手国が，わが国向けの物資を輸送する第三国船舶に対し，その輸送を阻止するため無差別に攻撃を加えるという可能性を否定することはできない．そのような事態が発生した場合において，たとえば，その物資が，わが国に対する武力攻撃を排除するため，あるいはわが国民の生存を確保するため必要不可欠な物資であるとすれば，自衛権が，わが国を防衛するための行動の一環として，その攻撃を排除することは，わが国を防衛するため必要最小限度のものである以上，個別的自衛権の行使の対象に含まれるものと考える[55]」としている．

③最新の課題として，ミサイル防衛計画において，発射直後の上昇段階にある弾道ミサイルを送撃することをどう評価するか（攻撃目標が不明であるという点を重視して集団的自衛権の行使とみるか，自国への武力攻撃の高度の蓋然性があるとして個別的自衛権の行使とみるか）という問題がある．少なくとも，テポドン1号発射事件（1998年）のように，日本の領土・領海上空を頭越しに飛行するなど領空侵犯の蓋然性がある場合には，個別的自衛権の行使の対象となる事態からアプリオリに排除すべきではない[56]．

第2に，第1の点とも関連するが，いわゆるマイナー自衛権との関連で「マイナー集団的自衛権」が認められるかについて．いわゆるマイナー自衛権とは，国境地帯での小競り合いや自国の船舶・航空機や大使館に対する攻撃さらに自国民に対する攻撃など，「自国領土に対する武力攻撃」以外の攻撃に対して発動される一方的武力行使をいう．このような場合においては，そもそも個別的自衛権が行使できるかという問題があるが，この点に関しては別章に委ねる[57]．ここでの問題は，このような

マイナー自衛権の事態において，第三国が集団的自衛権の発動ができるかという問題である．この点に関連して，国際司法裁判所「ニカラグア事件」判決では，(エルサルバドル，ホンジュラス，コスタリカの) 反政府勢力へのニカラグアによる武器・兵站等の供与のみでは武力攻撃には該当しないとし，そのような武力攻撃に至らざる違法な武力の行使に対しては，自衛権の行使はできず，但し被害国 (エルサルバドル，ホンジュラス，コスタリカ) は均衡性のとれた対抗措置 (proportionate countermeasures) を発動することができる (第三国〔米国〕はこれを発動できない) と判示する[58]．この「均衡性のとれた対抗措置」の内容は明確ではないが，日本政府は，武力行使を含み得る余地は十分あると解している[59]．また，日本政府は，マイナー自衛権の事態に対して集団的自衛権を行使する可能性をアプリオリには排除していない[60]．

以上のような集団的自衛権の外縁の問題は，国際法上も十分に検討されてきたものではなく，国家実行の積み重ねによるルールの結晶化が求められるものである．

注

1 以下，本節の検討は，1998年～99年に共著の『国連憲章コメンタリー』(未刊行) の第51条～第54条を担当・執筆した際の草稿に基づく．なお，第51条の成立経緯を含めて集団的自衛権の淵源についての詳細は，森肇志「集団的自衛権の誕生」『国際法外交雑誌』第102巻1号 (2003年) 80-108頁参照．

2 *Foreign Relations of the United States 1944*, vol. I, p. 898.

3 *Foreign Relations of the United States 1945*, vol. I, p. 674; R.B. Russell, *A History of the United Nations Charter* (1958), p. 697; S.A. Alexandrov, *Self-Defense against the Use of Force in International Law* (1996), p. 86.

4 Russell, *supra* note 3, p. 698; Alexandrov, *supra* note 3, p. 86.

5 *Foreign Relations of the United States 1945*, vol. I; p. 685. Alexandrov, *supra* note 3,

pp. 86-87.

6 *Foreign Relations of the United States 1945*, vol. I, p. 704; Alexandrov, *supra* note 3, p. 87.

7 *Foreign Relations of the United States 1945*, vol. I, p. 812; Alexandrov, *supra* note 3, pp. 87-88.

8 Russell, *supra* note 3, pp. 700-701; Alexandrov, *supra* note 3, p. 88. ①は憲章第33条における地域的機関の言及として，②はリオ条約（米州相互援助条約）として，結実した．

9 *UNCIO Documents*, vol. 12 (1945), pp. 680.

10 *Department of State Bulletin*, vol. 12, p. 949; Alexandrov, *supra* note 3, p. 89.

11 *UNCIO Documents*, vol. 12, pp. 680-682.

12 L.M. Goodrich, E. Hambro and A.P. Simons, *Charter of the United Nations* (3rd Revised ed., 1969), pp. 343-344; Alexandrov, *supra* note 3, p. 89-90.

13 *ICJ Reports 1986*, p. 253.

14 *ICJ Reports 1986*, pp. 530-531.

15 森，前掲論文（注1）85-88頁は，これらを集団的自衛の二つの「先駆」だとする．なお，D.W. Bowett, *Self-Defense in International Law* (1958), pp. 212-215では，モンロー主義と並んで1934年4月の天羽外務省情報局長によるいわゆる天羽声明を集団的自衛権に関連する国連憲章以前の先例として挙げている点が注目される．

16 D.W. Bowett, Collective Self-Defense under the Charter of the United Nations, *British Year Book of International Law*, vol. XXXII (1955-56), pp. 132-139.

17 藤田久一『国連法』（東京大学出版会，1998年）295-296頁．祖川武夫「集団的自衛——いわゆるUS Formulaの論理的構造と現実的機能」祖川武夫編『国際政治思想と対外意識』（創文社，1977年）429-447頁．

18 *ICJ Reports 1986*, p. 103.

19 S/PV. 2190, pp. 42-45；アラン・プレ，ジャン=ピエール・コット共編（中原喜一郎，斎藤恵彦監訳）『コマンテール国際連合憲章（上）』（東京書籍，1993年）956-957頁．

20 違法性阻却事由としての自衛につき，筒井若水『自衛権』（有斐閣，1983年）150-184頁．

21 *ICJ Reports 1986*, p. 104.

22 Alexandrov, *supra* note 3, p. 228. なお，Jennings裁判官反対意見では，集団的自衛は代理防衛（vicarious defense）を意味するものではなく，自国防衛でもある旨，強

調する．*ICJ Reports 1986*, p. 545.

23　Christine Gray, *International Law and the Use of Force* (2nd ed., 2004), p. 157. 私見では，一方的法律行為と違って経済制裁や一方的武力行使のような物理的圧力を伴う行為の合法性の評価にあたっては，動機は基本的には勘案すべきではなく，行為それ自体で評価すべきだと解するため，同判決のこのような考え方には賛成である．

24　Yoram Dinstein, *War, Aggression and Self-Defense* (4th ed., 2005), pp. 256-267.

25　Gray, *supra* note 23, p. 359.

26　Dinstein, *supra* note 24, p. 262.

27　http://atop.rice.edu

28　ちなみに，このデータベースによると，1990年代以降に最近締結された多数国間同盟条約としては，CIS（独立国家共同体）憲章（1993年）の他，GCC（湾岸協力機構）の防衛規約（2000年，但し詳細は未公表）が注目される．

29　Gray, *supra* note 23, p. 153 note 94.

30　国連憲章第51条への言及および安保理への報告の規定を含まない集団的防衛条約の例としては，ANZUS条約（1951年，武力攻撃に対する集団的行動に言及した規定は第4条），中ソ同盟条約（1950年，第1条，中国の廃棄通告により1980年に終了），ソ朝相互援助条約（16961年，第1条，ロシアの廃棄通告により1996年に終了），中朝相互援助条約（1961年，第2条）等がある．

31　Bowett, *supra* note 16, pp. 145-146 では，全米援助相互条約につき，①条約で規定された地域内での米州の国家又は米州外の国家による武力攻撃（第3条3項），②条約地域外だが米州の国家領域内（例：ハワイ）での武力攻撃（第3条3項），③条約地域外であり米州の国家領域外（例：カナダ）での武力攻撃（第3条3項，第6条），④米州の内外を問わず，武力攻撃の形態をとらない侵略（第6条），⑤侵略の脅威，大陸内外の紛争，米州の平和を危うくする他の事実又は事態（第6条）の5つの事態があるとし，③，④の場合には，①，②と違って犠牲国への即時の支援をする義務は生じないが，協議機関による協議の義務および協議に基づき措置をとる義務は生じるとする．⑤の場合には，協議の義務は生じるが，措置をとるかどうかは結局，任意であるとする．

32　例えば，全米相互援助条約第20条では，「いかなる国も自国の同意なしに武力を行使することを求められることはない」と規定しており，拘束力ある共同防衛措置として武力行使が決定されても，それに従わないことは最終的には可能である．

33　Jaroslav Žourek, La notion de légitime défense en droit international, *Annuaire du Institut de Droit International*, vol. 56 (1975), p. 48.

34　この点に関して，Ian Sinclair, *The Vienna Convention on the Law of Treaties* (2nd ed., 1984), pp. 186, 194-195.

35　*ICJ Reports 1986*, pp. 103-105.

36　*Ibid*., pp. 544-545.

37　事前に集団防衛条約はなかったが，*ad hoc* の要請に基づいて集団的自衛権が行使された例として Gray, *supra* note 23, p. 155 note 106 では，レバノン問題における米国による武力行使（1958 年），ヨルダン問題における英国による武力行使（1958 年），アンゴラ問題におけるキューバによる武力行使（1975 年），イラク問題における米国および英国による武力行使（1990 年）を挙げている．

38　Avra Constantinou, *The Right of Self-Defense under Customary International Law and Article 51 of the UN Charter* (2000), pp. 180-181.

39　この点に関しては，自衛権の発動はその旨の宣言を発動要件とはしない以上，「報告のない場合にもはや自衛権の発動であったと主張できなくなると解することは，手続条項に決定的な実体的重要性を付与することになって妥当ではない」との Schwebel 裁判官反対意見（*ICJ Reports 1986*, p. 377）の解釈が妥当であろう．

40　プレ他，前掲書（注 19）955 頁．

41　Gray, *supra* note 23, p. 153 note 95.

42　L.C. Meeker, The Legality of United States Participation in the Defense of Vietnam (March 4, 1966), *Department of State Bulletin*, vol. 54 (1966), pp. 474-489.

43　R.A. フォーク編（寺沢一編訳）『ヴェトナムにおける法と政治（上）（下）』（日本国際問題研究所，1969 年，1970 年），Alexandrov, *supra* note 3, pp. 222-226.

44　*ICJ Reports 1986*, pp. 118-123.

45　Gray, *supra* note 23, p. 153.

46　Gray, *supra* note 23, p. 154.

47　Alexandrov, *supra* note 3, pp. 215-252.

48　米国は，①グレナダの正当政府による国内治安維持のための軍事支援要請が米国にあったこと，②グレナダにいる米国民の保護のための措置であったことと並んで，③地域的機関である OECS（東カリブ諸国機構）による国連憲章第 52 条に基づく行動だと主張した．米国は集団的自衛権を援用するのが困難であったからこそ第 52 条を援用したが，地域的紛争の平和的解決を専ら対象とする同条を軍事介入の根拠として援用することには本来的に無理があった．また，米国は OECS の非加盟国ゆえ，地域的紛争の加盟国内部での解決という地域的機関による紛争解決の自律性にも相反するものであった．

49　クウェートによる米国等への *ad hoc* な要請は真正の要請のむしろ稀有な例とさえ言えよう．

50　この点につき，拙稿「国際機構による国際法上の義務履行確保のメカニズム――

湾岸危機における国連安保理諸決議の履行確保を主たる素材として」国際法学会編『国際機構と国際協力（日本と国際法の100年第8巻）』（三省堂，2001年）125-127頁．

51　この主題を含めてテロリズムについては，拙稿「テロリズムに対する諸対応と国際法」山口厚・中谷和弘編『安全保障と国際犯罪（融ける境超える法第2巻）』（東京大学出版会，2005年）103-126頁で検討したことがある．

52　Gray, *supra* note 23, p. 155, note 109.

53　衆議院議員伊藤英成君提出内閣法制局の権限と自衛権についての解釈に関する質問に対する答弁書（平成15年7月15日受領答弁第119号）．

54　平成15年5月15日衆議院安全保障委員会における福田内閣官房長官答弁．

55　昭和58年3月15日参議院予算委員会における谷川防衛庁長官答弁．

56　国際法上，領空と宇宙空間の範囲画定は確立していないため，テポドン1号が領空侵犯をしたかどうかは確定的には言い難いが，この点を含めて，テポドン1号発射およびテポドン2号等発射（2006年）の国際法上の評価については，拙稿「北朝鮮ミサイル発射」『ジュリスト』1321号（2006年）45-50頁．

57　なお，この主題については，浅田正彦「日本と自衛権―個別的自衛権を中心に」国際法学会編『安全保障（日本と国際法の100年第10巻）』（三省堂，2001年）28-35頁，大江博「武力行使の法理」島田征夫・杉山晋輔・林司宣編『国際紛争の多様化と法的処理』（信山社，2006年）283-285頁参照．

58　ICJ Reports 1986, pp. 103-104, 110, 127. これに対してJennings裁判官反対意見では，判決は集団的自衛権の濫用を懸念するあまり武力攻撃を厳格に定義しすぎており，武器・兵站の供与（武力攻撃の重要な要素である）を武力攻撃に該当しないとしたことは行き過ぎだと批判する．*Ibid*., p. 543.

59　平成10年9月18日衆議院外務委員会における東郷外務省条約局長答弁．浅田，前掲論文（注57）33頁．

60　平成11年2月16日衆議院予算委員会において東郷外務省条約局長は，「マイナーな自衛権を行使する，これは，基本的には個別的自衛権ということで議論されていることが確かに多うございます．しかしながら，そのようなケースの場合に集団的な形で自衛権を行使できるかできないか，この点につきましては，国際法的には必ずしもよく議論されているところではございませんで，具体的なケースを離れまして，できる，できないということは申し上げにくいということでございます」とし，国際司法裁判所「ニカラグア事件」判決については，「そもそも集団的対抗措置について包括的な議論を行ったものではないことであり，一般的な形で集団的対抗措置という考え方について，この判決との関連でコメントすることは適当ではないというふうに考えております」としている．浅田，前掲論文（注57）51頁ではこの答弁を引いて，「日本政府は，国際法上，個別的自衛権の行使はかなり広範

に認められるとする立場であるが,集団的自衛権についても同様なのかもしれない
と信ずべき理由がある」とする.

第3章
自衛権行使における必要性・均衡性原則

根本　和幸

Ⅰ　はじめに
　1　問題の所在
　2　必要性・均衡性原則の起源——カロライン号事件
　3　学説状況
Ⅱ　必要性・均衡性原則の判断枠組み
　1　必要性・均衡性原則の定位——ニカラグア事件
　2　必要性・均衡性原則の展開——軍事目標識別要件
Ⅲ　おわりに

Ⅰ　はじめに

1　問題の所在

　国際法上の自衛権に関しては，国の内外を問わずこれまで夥しい数の先行研究があり，ときに自衛権を許容的に認識する学説と制限的に捉える学説との間の激しい論争を繰り返しながら，自衛権行使の要件論が展

開されてきた[1]．しかしながら，これまでの先行研究は，自衛権の「発動要件」に主たる関心が払われてきたように思われる．とりわけ，国際連合憲章（以下，国連憲章）の制定後においては，何が国連憲章第51条の「武力攻撃」に該当するのかという問題に焦点が置かれてきた．にもかかわらず，「武力攻撃」に関する議論に最終的な決着がついたとは言えず，論者によって「武力攻撃」の射程は定まっていないというのが現実である．

　国際社会において，国家が武力行使の正当化を試みるときに頻繁に依拠してきたのは自衛権であった[2]．何が「武力攻撃」に該当するのか，その不明確性ゆえに，自衛権を行使する国家がそれを主観的に判断することが可能であるとすれば，自衛権を決定的に規律する要件として「武力攻撃」のみに依拠することは，もはや限界に達しているかの様相を呈している[3]．

　事実，国際司法裁判所（以下，ICJ）の「対ニカラグア軍事・準軍事活動事件（以下，ニカラグア事件）」本案判決[4]では，武力攻撃の定義付けや認定の困難さゆえに，武力攻撃要件は自衛権行使に適用される他の要件に支えられるかたちで，かろうじて機能しえた[5]．ここで下支えをした要件が，必要性（necessity）・均衡性（proportionality）であった[6]．よって，自衛権に基づく武力行使を検討する場合，「武力攻撃」のみに限定して論じることの実質的意味は乏しく，むしろこれまでほとんど詳述されてこなかった必要性・均衡性要件も検討されなければならないのではなかろうか[7]．

　必要性・均衡性原則は，「自衛の本質的要件[8]」とされるように，詳細な検討が行われていないにもかかわらず，武力攻撃要件と同様に，法的にも，実行上でも重要な原則として認識されてきた[9]．この原則は，「自衛権の古典的先例[10]」とされる1837年の「カロライン号事件」における米国国務長官ウェブスター（Daniel Webster）の書簡において提示され（ウェブスター・フォーミュラ），現在でも，この原則の存在が確認さ

れてきている[11]．前述のニカラグア事件では，国際慣習法上の合法的な自衛権行使は必要性・均衡性原則を充足することが必要であると判示された[12]．そして，1996年の「核兵器使用・威嚇の合法性に関する勧告的意見[13]」によって，必要性・均衡性原則が国際慣習法の下での紛争だけではなく，国連憲章第51条の下での紛争にも適用されることが示された[14]．ICJは，その後も2003年の「オイル・プラットフォーム事件」本案判決[15]，2005年の「コンゴ・ウガンダ軍事活動事件」本案判決[16]においても，自衛権を検討する際には例外なく必要性・均衡性要件の存在を確認してきている．

　以上のように，要件自体の存在は承認されているが，必要性・均衡性がどのような判断枠組みに基づいて解釈適用されるのかについては，明確であるとは言えない．そこで，本章では，ICJ判例や近年の国家実行の検討を通じて，必要性・均衡性要件の判断枠組みを明確化し，現代的な位置付けを確認することとしたい[17]．

2　必要性・均衡性要件の起源──カロライン号事件

　必要性・均衡性原則については，カロライン号事件で示されたウェブスター・フォーミュラがその出自とされる[18]．では，ウェブスター・フォーミュラとは何か．学説を検討する前に，確認しておこう．

　1837年，英領カナダにおける英国の植民地支配に対抗していた叛徒は，英領カナダ領内のネイヴィ島（Navy Island）を拠点としていた．米国とネイヴィ島との間をほぼ毎日航行し，叛徒を援助するために新たな人員や武器，物資の輸送にあたっていたのが，米国人所有のカロライン号であった[19]．そして，叛徒たちは，同じ英国に叛旗を翻して独立を勝ち取った米国国民の協力を得ていたため，ときに国境を越えて米国領内への侵入を繰り返した．そこで英国は，米国に対して援助の取り締まりを要請したが，最終的に，同年12月29日夜半，英国軍は，米国ニューヨーク州シュロッサー（Schlosser）に帰港して停泊していたカロライン

号を急襲し，カロライン号に放火してナイアガラ瀑布に落下させたのだった[20]．

この事件の交渉過程で，米国国務長官ウェブスターは，「英国政府は，差し迫って圧倒的な自衛の必要があり，手段の選択の余地なく，熟慮の時間もなかったことを示す必要がある．」[21] そして，「たとえ仮に米国領域への侵入がそのときの必要性によって容認されるとしても」，「非合理的な，もしくは行き過ぎたことは一切行っていないことを示す必要があり，それは，自衛の必要によって正当化される行為が，かかる必要性によって限界づけられ，明白にその範囲内にとどまるものでなければならないからである」[22] と主張して，英国に対して自衛権行使の正当化を求めたのだった．この自衛権の正当化方法が，後にウェブスター・フォーミュラと称されることになった．

この前段が意味しているのは，原因行為として米国領域内に英国に対抗する叛徒が存在し，それに対して，即時の圧倒的な自衛の必要があり，手段選択の余地と熟慮の時間がない場合が，自衛権行使の可能な「場合」（必要性）であると解される．また，その後段は，その必要性を超えて非合理的な，または行き過ぎたことを行ってはならないという自衛権の「行使態様」（均衡性）について明示している．

したがって，自衛権行使は，一般に，相手国による「武力攻撃」（侵害）を中止させて撃退するという目的に限定され，報復的または懲罰的な自衛権行使は禁止されることになる．この点については，学説においても議論の余地はない[23]．しかし，上記のような一般的な言及が，現実の自衛権行使の際に，自衛権を規律する法原則としてどれほど機能するのかは疑問である．つまり，何をもってすれば必要性要件を充足したと言えるのか．また，どの時点をもって武力攻撃を撃退したと言えるのか．相手方の武力攻撃をどのように撃退し，さらには，どの程度まで行使した自衛権が均衡性原則の範囲内にとどまるのか．このような必要性・均衡性の実質内容が明らかにされなければならないのではなかろうか．

そこで，次に，ウェブスター・フォーミュラを受けて，学説は必要性・均衡性をどのように扱ってきたのかを確認しておきたい[24]．

3　学説状況

(1) 必要性原則

必要性原則は，一般に「差し迫って圧倒的な自衛の必要性があること」や「熟慮をしている期間がないこと」，「相手国の攻撃を撃退するのに他の手段がないこと」とされ，学説も，基本的にはこれを基礎として展開されている．

(a) 代替的手段の不可能性

まず，平和的解決の消尽との関係で必要性原則を捉え，平和的解決が尽くされて武力以外の他の手段がない場合に，自衛権行使の必要性が充足されるという見解がある[25]．すなわち，これは，武力行使以外に代替可能な手段がある場合には，直ちに自衛権を行使しえないという意味で，自衛権を制限する．これに対して，外交交渉などの平和的手段が尽くされることの重要性を認識しつつも，現実的には平和的解決を尽くさなければ自衛権を行使できないとするのは，不合理であるという見解もある[26]．

(b) 時間的即時性

次に，必要性原則は，武力攻撃が発生して被害が生じた場合には即座に反撃し，その後，攻撃が収束したときには，自衛権は終了するという即時性 (immediacy) の側面も併せ持つ[27]．この場合，必要性は「武力攻撃」の発生および終了と関連し，必要性の有無は時間的要件として理解されよう．しかしながら，フォークランド紛争における英国の自衛権行使の実行に見られるとおり，武力攻撃から時間的経過が認められる場合においても，その状況や地理的距離を考慮して柔軟に解釈される余地があることも事実で，学説も認めるところである[28]．

(2) 均衡性原則

均衡性原則は，必要性原則と同様にウェブスター・フォーミュラに基づき，一般に，自衛の方法や目的において必要性を超えてはならないという原則であるとか[29]，自衛の手段と程度が攻撃の烈度と不均衡になってはならないという原則であると言われる[30]．しかしながら，均衡性原則の判断基準と比較対象という2つの観点から考察する場合，必要性原則以上に学説の対立が見られる．

(a) 相互主義的均衡性

均衡性を判断する際に基準とする実質内容（判断基準）については，まず，「防衛の行為は危害と対等なものでなければならない」として，「防衛の行為は危害によって侵害される権利と，防衛行為によって害される相手国の権利とが互いに釣合うこと」という厳格な均衡を前提とする見解がある[31]．また，「相対的犠牲者もしくは武器の規模」[32]，「被った損害（harm）」[33]，「武力の烈度」[34]，原因行為の「危険」[35]により均衡性が計られ，自衛行為が原因行為を超えたときに違法な不均衡となるという見解もある．さらに，ガーダム（Judith Gardam）は，自衛行為は紛争地域を越えてはならないという「地理的射程」，武力攻撃を撃退するのに必要な時間を超えて自衛権行使を継続してはならないという「時間的射程」，自衛行為による文民の犠牲者の規模，インフラや環境の破壊の程度について考慮しなければならないという「戦闘方法や手段の選択，軍事目標の選定」，自衛行為により第三国の主権を侵害したり，その国民に被害を与えたりしてはならないという「第三国への影響」といった要素を均衡性の判断基準とする[36]．このガーダムの判断基準は，グリーンウッド（Christopher Greenwood）の主張と一致する[37]．

このように，均衡性の判断基準は多様である．さらに，それぞれの判断基準の下で，均衡の厳格さを主張するものもあれば，若干の逸脱を認めるものもある[38]．しかしながら，その比較対象は，「相手方の武力攻撃との比較」において，それを撃退するのに必要な自衛行為との一定の対称性を求めている．つまり，均衡性の比較対象は「原因行為と自衛行

為」であると言え,その意味において「相互主義的均衡性」として類型化できよう.

(b) 目標指向的均衡性

これに対して,国際法委員会 (International Law Commission) の特別報告者であったアゴー (Roberto Ago) は,国家責任に関する条文草案第 34 条「自衛」の注釈において,前述の「相互主義的均衡性」とは異なる概念を提示する.すなわち,アゴーは「自衛においてとられる行動の均衡性の要件は,相手国の先行行為に対する『自衛行為とその目的 (that action [the action taken in self-defence] and its purpose)』,すなわち侵略を終わらせ撃退すること,そして先制自衛さえ認められるのであれば,侵略が起こるのを防ぐこととの間の関係にかかわるものであ」り,「重要なのは,防衛行動により達成される結果であって,行動自体の形態,内容,兵力ではない」と述べ,上記のような原因行為と自衛行為との均衡性ではなく,むしろ,自衛行為者側のみの「行為とその目的」との均衡性でよしとする[39].

ここでの均衡性は,現時点での自衛行為が将来の到達点を想定することにより決定され,任意の目的性がある点で,いわば「目標指向的均衡性」として類型化できよう.原因行為と自衛行為との均衡を想定していない点で,前述の「相互主義的均衡性」との相違を見て取れる.

なお,学説の中には,相互主義的均衡性と目的指向的均衡性という枠組みは相互に排他的なものではなく,原因行為(武力攻撃)の烈度に合わせて,適用されるべき2つの類型が決定されるという見解がある.前述のヒギンズやディンスタインは,武力攻撃が単一行為ではなく,状況として継続的かつ複数の反撃が必要な侵略や大規模な武力攻撃に対する自衛の場合には,その基準は「被った損害」から「合法的に達成されるべき目的」に変更されるという2段階論に立つのである[40].

(3) 小括

以上,必要性と均衡性に関する学説を概観したが,とりわけ,均衡性

については様々に論じられ,いわば混乱していると言って過言ではない.このように,曖昧で多義的であるために,必要性・均衡性原則自体の重要性は認識されているものの,その実際の適用が困難であると指摘されるのである[41].

　自衛権行使における必要性・均衡性は,自衛権行使が法の制約の下に置かれなければならないという要請と国家の防衛という目的とのせめぎ合いの中で認識されるものであることを考えれば,とりわけ,均衡性原則に関する学説の対立は理解できよう.しかしながら,前述の「相互主義的均衡性」に立つ場合,原因行為の圧倒的軍事力に直面したときに,同規模の自衛行為で武力攻撃を撃退することが可能なのであろうか.逆に,同等の犠牲者や規模,損害を生じさせることなく,撃退できる場合があるとも考えられる.これに対して,目的と手段との均衡を前提とする「目標指向的均衡性」に立つ場合,将来の自国の安全保障のために,原因行為を行った政府を転覆させる目的で自衛権を行使する余地もありうる.しかし,このような自国の目的と手段との均衡では,それが恣意的な目的性を帯び,無制約となる危険性も無視できない.

　以上を踏まえると,一方で,概念的な均衡に過ぎず,実際の権利行使においてはあまり機能しない可能性があり,他方で,過度に恣意的に運用される可能性もあることからすれば,どちらの類型も説得力を欠く.そうであるならば,均衡性に関するこれまでの学説が依拠してきた分析枠組みを再検討することが必要であるように思われる.そこで,次節では,ICJが必要性・均衡性原則をどのように認識しているかを,国家実行も踏まえつつ検討していくこととする.

II　必要性・均衡性原則の判断枠組み

1　必要性・均衡性原則の定位——ニカラグア事件

　必要性・均衡性原則が明示的に言及されたのは，ニカラグア事件判決においてである．本件は，ニカラグアが，米国と友好関係にあるエルサルバドル政府に対抗しているゲリラに対して支援を行っていることを受けて，これに対抗して，米国がニカラグアのサンディニスタ政権に対抗する勢力であるコントラへ支援を行ったことを契機とする．このような状況で，米国は直接的かつ間接的にニカラグアのコントラに対して，軍事的・準軍事的支援を行い，そのコントラはニカラグアの一般市民の人命や財産に損害を生じさせた．さらに，米国が雇用する人員を用いて，ニカラグア領域内で広範な作戦行動を実行したのだった．これに対して，これら米国の行動が国際法に違反するとして，ニカラグアが ICJ に提訴した事件である[42]．

　ICJ は，必要性と均衡性について，これらの要件を充足しなければ合法な自衛権行使とはならない点につき両国が合意していると述べ[43]，両原則の慣習法的性質につき詳細な根拠付けをすることなく，両国の合意を確認するに留めた．ICJ は，あらためてここで認定するまでもなく，これらがすでに「慣習法で充分に確立した規則」であるという見解に立っている[44]．さらに，その慣習法における必要性・均衡性の基準について，「武力攻撃に均衡し，それに反撃するのに必要な措置（measures which are proportional to the armed attack and necessary to respond to it）」であると明言したことは，その比較対象を示した点で重要である[45]．

　ICJ は，ニカラグアが一般・国際慣習法に基づいて主張した次の２点，すなわち，1984 年初頭にニカラグアの内水および領海への米国による機雷敷設と，ニカラグア国内の港湾，石油施設そして海軍基地に対する米国による攻撃のみを認容し，違法性阻却事由がない限り，違法である

と判断した[46]．最終的に，ICJ は，エルサルバドル，ホンジュラスそしてコスタリカの3カ国に対する，ニカラグアによる武力攻撃の有無を検討した結果，ニカラグアによるエルサルバドルへの武器供与は武力攻撃であるとは考えられないとした[47]．同時に，コスタリカ・ホンジュラスについては，1982，1983，1984 年にはニカラグアによる越境侵入があったと言えるが，ICJ はその越境侵入がニカラグアに帰責し，武力攻撃として認定しうるものであるかどうかを判断すべき充分な情報を入手できないため，決定が困難であると判断した[48]．結果として，ICJ は武力攻撃の存在を確定的に判断できなかった．そのため，その弱点を補強するかのごとく，ICJ は「ニカラグアの越境侵入や武器供与のいずれも，米国の集団的自衛権行使を正当化するものとして依拠できないとする認定には，その他に考慮する理由が存在する」と述べて，必要性・均衡性を含む他の要件の検討に入った[49]．

(1) 必要性原則

　必要性要件について，ICJ は，1981 年 12 月（もっとも早くて 1981 年 3 月）にとられた米国の措置が，エルサルバドル政府に対する反政府軍の攻撃が完全に撃退され（1981 年 1 月），著しく弱まったその数ヶ月後に行われた事実から，エルサルバドルは米国の行動がなくとも危機を脱し得たのであるから，米国が措置を行使する必要性は存在しなかったと判示した[50]．

　ここで注目されるのは，必要性が，「1981 年 12 月に米国が措置を講じたという事実」と「1981 年 1 月にはエルサルバドル政府に対する反政府軍の主たる攻撃（the major offensive）が完全に撃退されていたという事実」との比較から判断され，さらに，その両者には約 1 年間の「時間的空白」が存在するために，米国が自衛権行使と称して行動する必要がなかったとされたことである．必要性原則の観点からも，米国の行使時点において，ニカラグアの武力攻撃はすでに存在しない状況にあった

ということが示された．つまり，ICJ の多数意見が念頭に置く必要性は，「武力攻撃の発生」と密接に関連する要件であると言えよう．仮に，「武力攻撃の発生」が存在しないならば必要性も存在しない．また「武力攻撃の発生」が存在する場合には，同時に必要性要件も充足するということになる[51]．本件では，ICJ が慣習法として認定した「武力攻撃」要件への該当性を確信できなかったため[52]，「武力攻撃」要件とは切り離すことによって，より客観的で証拠として採用が容易な「時間」概念を，必要性の要件にうまく持ち込んだと考えられよう[53]．同時に ICJ は，武力攻撃と自衛権行使との間の時間的空白の帰結として，自衛権行使以外の手段で解決が可能であったと判断した．

このように，本件から見出せる必要性の判断枠組みは，武力攻撃に対して，時間的空白なく自衛権を行使したかどうか（即時性）であると言えよう．そして，武力攻撃との時間的空白があるという事実は，自衛権以外の代替的な平和的解決手段が残されていたことを意味するとして，必要性の不存在が導かれたのであった．

(2) 均衡性原則

ニカラグア事件判決は，同時に，均衡性原則の比較対象に関して重要な示唆を与えている．ICJ は，「米国によるコントラへの支援が均衡性の基準を充たしていようとなかろうと，ニカラグア港湾の機雷敷設や攻撃，石油施設などへの米国による攻撃が均衡性を充足しているとは考えられない」と結論付けた[54]．この理由として，ICJ は「たとえ反政府勢力に対するニカラグアの支援の正確な規模にどのような不明確さが存在しようとも」米国によるニカラグア港湾に対する機雷敷設や攻撃，石油施設などへの攻撃は，ニカラグアによる反政府勢力への支援に均衡しえなかったことは明らかであり，加えて，米国が自衛とみなす同国の反応は，ニカラグアによる，推定される武力攻撃が合理的に考えられうる「期間（period）」をはるかに超えて継続されたと言わなければならないと判

示した[55].

「均衡性」を扱う場合には，何と何との均衡かという問題を避けることはできない．判決では，「米国によるニカラグアの反政府組織コントラへの支援」については均衡しているかどうかを問わずに，「米国によるニカラグア港湾の機雷敷設や攻撃，石油施設などへの攻撃」と「エルサルバドルの反政府勢力に対するニカラグアの支援」とを比較して，均衡しえないと判断された．したがって，均衡性の比較対象は，一方で「米国の行為」であり，他方で「ニカラグアの行為」であるから，原因行為と自衛行為の「相互主義的均衡性」に基づいている．この点でICJ は，アゴーの指摘する自国の達成すべき目的とその手段の均衡性，つまりは「目標指向的均衡性」をその基準としていないことを読み取れよう[56]．たしかに，シュウェーベル判事は「米国の措置が均衡していることは極めて明らかである」と述べて多数意見に反対するが，その際の均衡性の比較対象も，「米国の措置」と「ニカラグアによるエルサルバドルへの介入措置」であったことは注目されなければならない[57]．

次に，ICJ は「たとえ反政府勢力に対するニカラグアの支援の正確な規模（scale）にどのような不明確さが存在しようとも」と前置きをし，米国による行使が合理的「期間」を超えて行われたという時間的要素により，均衡性を充足しないと判断した．この点からは，時間的要素，つまり，すでに検討した必要性要件の不充足によって，均衡性の不充足を判断したようにも見える．したがって，均衡性自体の詳細な判断基準を読み取ることは難しいが，少なくとも，原因行為としての「武器供与」と自衛権に基づく「武力行使」という類型に着目したと言える[58]．その点で，多数意見は「完全な均衡性（perfect proportionality）」というものはありえないというシュウェーベル判事の見解を否定することなく，米国の行使が均衡していないという結論を導いたのである[59].

以上のような相互主義的均衡性の採用に加えて，この均衡性要件について注目すべきは，ICJ が，紛争中におけるニカラグア港湾に対する機

雷敷設や攻撃，石油施設などへの攻撃といった個別の武力行使を評価した点である[60]．すなわち，均衡性の射程が紛争の全過程に及び[61]，紛争中に発生した武力行使を個別的に規律することを示唆すると解せられるのである．

このように，必要性・均衡性原則は，とくに均衡性の判断基準といった不明確さを払拭しきれない部分が残りつつも，ニカラグア事件において自衛権行使の要件として明示された．そして，その後の判例や国家実行は，その不明確さを補うかのように，必要性・均衡性原則を参照し，その法的性質を明確化してきている．

2　必要性・均衡性原則の展開──軍事目標識別要件

(1) 核兵器使用・威嚇の合法性事件

ニカラグア事件以降の必要性・均衡性原則に関するICJの見解は，核兵器使用・威嚇の合法性に関する勧告的意見に見て取れる．これは，国連総会が1994年12月15日の決議において，「いかなる事情の下においても，核兵器使用・威嚇は国際法の下で許容されるか」という問題について，ICJに勧告的意見を要請した事件である[62]．

その意見 (2) Cでは，「国連憲章第2条4項に違反し，第51条の全ての要件を充たさない核兵器による武力の威嚇または使用は違法である」ということが全会一致で採択されているので，*jus ad bellum* に関して，核兵器による自衛権行使といえども，それが国連憲章第51条の要件により規律されることは明らかである[63]．それでは，この意見 (2) Cを前提として，とりわけ均衡性原則の観点から，どのような法的性質を見出すことができるのだろうか．多数意見は，均衡性原則につき，次のように述べる．

> 均衡性は，本質的にあらゆる状況での自衛における核兵器の使用を排除しない．しかし同時に，自衛に関する法の下で均衡した武力行

使は，それが合法であるためには，とりわけ，人道法の原則や規則からなる武力紛争において適用可能な法の要件をも充足しなければならない[64].

このパラグラフ42にしたがって均衡性原則を解釈する場合，紛争の全過程における「行使態様」を規律する *jus ad bellum* の均衡性が，武力紛争法 (*jus in bello*) を判断基準として，評価されると解することができる[65].

さらに，勧告的意見を構造的観点から体系的に把握する場合，上記パラグラフ42は，*jus ad bellum* に関する法的理由付けの中で論じられている[66]．意見全体は，*jus ad bellum* と *jus in bello* を明確に区別して理由付けをされていることから，両者が別個独立の法体系であることが前提とされていることは言うまでもない．それでもなお，*jus in bello* の法的理由付けにおいて「人道法の基本原則[67]」が論じられたことに鑑みれば，敢えて *jus ad bellum* の法的理由付けの箇所において，同時に (at the same time)，自衛における均衡した武力行使は，それが合法となるためには (in order to be lawful)，人道法の原則や規則をもまた (also) 充足しなければならないことを明らかにした点には，何らかの含意を読み取れるのではなかろうか．

(2) オイル・プラットフォーム事件

前述の核兵器使用・威嚇の勧告的意見で示された，*jus in bello* が *jus ad bellum* の均衡性における合法・違法の判断基準となりうるという見解は，ICJ のオイル・プラットフォーム事件判決において顕著に現れた．

この事件は，1980年から生じたイラン・イラク戦争を背景とし，その後，2国間に留まらず，1984年頃からペルシャ湾を航行する船舶に対する攻撃も行われた．このような情勢において，米国は1987年10月19日にイランのレシャダット (Reshadat) とレサラット (Resalat) のオ

イル・プラットフォームを，同様に，1988年4月18日にはナズル（Nasr）とサルモン（Salman）のオイル・プラットフォームを攻撃した．これに対してイランは，1992年11月2日，これら米国の一連の行為が1955年の米国・イラン間の友好経済関係及び領事条約（以下，1955年条約）第10条1項の義務に違反するとして，同条約第21条2項の裁判条項を援用してICJに提訴した[68]．

本案手続において，米国は1987年10月19日の攻撃の正当化として，1987年10月16日に米国国旗を掲げたタンカーSea Isle Cityがクウェート領海内でイランによる攻撃を受けたことを，そして，1988年4月18日の攻撃の正当化として，1988年4月14日に商船の護衛から帰還中の米国軍艦Samuel B. Robertsがバーレーン沖国際水域においてイランによる機雷に触雷したことを，それぞれ理由とした自衛権に基づく措置であると主張したのだった[69]．では，この米国による自衛権行使に関して，ICJは必要性・均衡性要件をどのように解釈し，適用したのだろうか[70]．

判決では，すでに検討したニカラグア事件判決での必要性・均衡性要件が確認された．しかし，ここで注目されなければならないのは，自衛権行使においては，その行使対象であるプラットフォームが合法的な軍事目標（a legitimate military target）であったことを示さなければならないということを，ICJが明確に示したということである[71]．本来，軍事目標と民用物を識別しなければならないという原則は，攻撃対象の規制という観点から*jus in bello*が規律する．しかしながら，ここで示された軍事目標の識別要件は，*jus in bello*の合法・違法のみならず，*jus ad bellum*の評価基準として明示されているのである．このことは，ICJが判決において，「これら［必要性・均衡性］の要件の一側面（One aspect of these criteria）が，明らかに自衛で用いられる武力の目標の性質（the nature of the target of the force used avowedly in self-defence）である[72]」と明言している点にも裏付けられている．

この軍事目標識別要件に基づき，ICJは，米国が各オイル・プラット

フォームを攻撃目標とする必要性はなかったと判示したことから，いずれの自衛権行使も必要性要件を充足していないとされた[73]．そして，1987年のSea Isle Cityへの攻撃に対抗する自衛権行使は，それがイランによる武力攻撃への対抗として必要だったとしたら（実際には必要性はなかった），均衡していたかもしれないとされるとともに，1988年のSamuel B. Robertsの触雷に対する自衛権行使，ナズルとサルモンのプラットフォームへの攻撃を含む「カマキリ作戦（Operation Praying Mantis）」全体も，その一部の個別の攻撃さえも，均衡したものとはみなされないとされた[74]．このように，必要性・均衡性のいずれについても，自衛権行使の対象が軍事目標かどうかという角度から評価されたのである．

以上，近年のICJ判例からは，軍事目標の識別要件が，自衛権の必要性・均衡性要件の判断基準として機能するということを導くことができるのである．

(3) 国家実行

以上で検討した国際判例に見られる必要性・均衡性原則の展開を，国際法上，より正確に位置付けるためには，国家実行の検討も必要であることは言うまでもない．同時に，判例が示している自衛権という*jus ad bellum*と軍事目標原則という*jus in bello*との関係性については，これまで両者が別個独立の法規であるとされてきたことを無視することはできない[75]．そこで，この2点を念頭に置いた上で，自衛権が援用されたイラン・イラク戦争とフォークランド紛争における自衛権行使の正当化方法を確認することにする[76]．

(a) イラン・イラク戦争

イラン・イラク戦争時，イラクが1980年9月22日にイラン南部に大規模に侵攻し，空爆を実施した[77]．イラクは，これらの攻撃が9月4日のイランによるイラク領内の都市やカナキン（Khanaqin）やマンダリ

（Mandali）の国境施設への攻撃に対抗するものであると主張した[78]．これに対して，イランもこれに応戦した．9月28日，安保理は決議479を採択して即時停戦と紛争の平和的解決を要請したのだった[79]．この事態について，イラクは安保理の場で以下のように正当化を行った．すなわち，

> イランがイラク国内の民間人や民用物の中心地や経済的施設に爆撃を開始した．その結果として，わがイラク政府はイランにおける軍事目標に対して防止的な攻撃（preventive strikes against military targets in Iran）をする以外に選択の余地はなかった．よく知られたカロライン号事件の判断を借用すれば，「差し迫って圧倒的な自衛の必要があり，手段の選択の余地なく，熟慮の時間も」なかったのである．このような行動をとる際に，イラク政府は，イランがイラクにおいて民間施設を攻撃しない限り，イランの民間施設を軍事目標としないことを明白かつ公然と宣言した．<u>それゆえ（Thus），われわれの行動は「非合理的な，もしくは行き過ぎたこと（unreasonable and excessive）」は含まず，「なぜなら，自衛の必要性によって正当化されるこの行動は，その必要性によって限定され，また，明白にその範囲内に制限されなければならないからである」</u>[80] と（下線筆者）．

このように，イラクは軍事目標の識別という *jus in bello* の遵守が，*jus ad bellum* における必要性・均衡性原則の判断基準の1つであると認識していると解せられる．

(b) フォークランド紛争

次に，*jus ad bellum* と *jus in bello* の関係性を示す典型的な事例として，フォークランド紛争におけるアルゼンチン巡洋艦 General Belgrano の撃沈事例を取り上げることとしたい．

アルゼンチンによるフォークランド諸島への侵攻後，外交交渉による

平和的紛争解決が決裂し，武力紛争に突入した後の1982年5月2日，英国はアルゼンチンの巡洋艦 General Belgrano を，全面排除水域外において撃沈した．アルゼンチン海軍の艦艇や商船を問わず，アルゼンチン軍による占領を支援して行動するいかなるものも攻撃対象とされた全面排除水域の域外であったとはいえ，撃沈された General Belgrano は敵国軍艦，つまり海戦法規上の軍事目標に該当するため，その他の武力紛争法への違反がない限り，それに対する武力行使は違法とはならない[81]．しかしながら，ここで英国は *jus in bello* ではなく，敢えて自衛権（*jus ad bellum*）により正当化したのであった[82]．すなわち，この点に，*jus in bello* が適用される武力紛争時の全過程においても *jus ad bellum* 上の制限が継続して適用されることが示されているのである[83]．

このように，国家実行の検討から見ても，自衛権行使には *jus ad bellum* 上の規制と同時に，*jus in bello* が適用されると考えられ，とりわけ必要性・均衡性要件の法的評価に際しては，*jus in bello* 上の軍事目標の識別原則が判断基準として機能するという，一連のICJ判例で展開されてきた判断枠組みと一致する傾向を読み取ることができよう．

III おわりに

自衛権の「発動要件」は，未だに決着のつかない難しい問題である．とりわけ，2001年9月11日に発生した米国の世界貿易センタービルと米国国防総省へのいわゆる「同時多発テロ」は，武力攻撃の規模や行使主体という問題を惹起した点で，これまで以上に「武力攻撃」の定義を困難にしたと言えよう．このような「武力攻撃」要件を取り巻く現状においては，自衛権の制限要素である必要性・均衡性要件の存在意義がいっそう浮かび上がることになる．仮に「武力攻撃」の敷居については国際法上確定しないとしても，国家は，その「行使態様」において，必要

性・均衡性要件を充たす方法で自衛権を行使しなければならない．そして同要件を充足しない場合には，合法な自衛権行使とは評価されず，国家実行においても，第三国からの非難は免れ得ない[84]．さらに，自衛権や安保理の強制措置という武力行使の限定に対して，域外法執行活動での武器使用や武力行使といった，近時，主張される国際法上の武力行使の新たな可能性を認識する場合には，理論的にも実践的にも，行使態様における必要性・均衡性原則の判断枠組みの明確化が重要となってくるのである[85]．

本章では，国際裁判判例や国家実行の分析を通して，自衛権行使における必要性・均衡性原則の検討を試みた．その結果，近年，これまでの学説とは異なる判断枠組みによって必要性・均衡性原則が評価される傾向を見出すことができる．すなわち，自衛権行使における必要性・均衡性原則は，*jus in bello*，とりわけ軍事目標の識別原則を判断基準の1つとして評価されるのである．

とはいえ，必要性・均衡性原則の問題が個別の事実状況に依存することに鑑みれば[86]，これまで学説において論じられてきた必要性・均衡性の比較対象や判断基準が完全に不適切な分析枠組みであるとは決して断定できないと同時に，必要性・均衡性原則のさらなる外在的判断基準が設定される可能性も否定できない[87]．したがって，同原則の理論的な明確化と，実践において現実の自衛権行使に直面した際の法的判断の確保のためにも，今後の自衛権行使に関する判例と国家実行を注意深く検証していくことが必要となろう．

注

1　Ian Brownlie, *International Law and the Use of Force by States* (Oxford University Press, 1963), p. 251；他方で，「武力攻撃」要件を広く解釈する代表的な論者で，慣

習法上の自衛権の存在を理由に，在外自国民保護のための自衛権や先制的自衛権を論じるものとして，D. W. Bowett, *Self-Defence in International Law* (Manchester University Press, 1958), pp. 182-199; C.H.M. Waldock, "The Regulation of the Use of Force by Individual States in International Law," *Recueil des Cours*, vol. 81 (The Hague Academy of International Law, 1952-II), pp. 455-514.

2 Oscar Schachter, "Self-Defense and the Rule of Law," *American Journal of International Law*, vol. 83, no. 2 (1989), p. 259.

3 Oscar Schachter, "Self-Judging Self-Defense," *Case Western Reserve Journal of International Law*, vol. 19 (1987), pp. 121-127.「武力攻撃」概念の拡大による自衛権の主観化傾向は，「武力攻撃」が生じていない場合でも先制攻撃を行う必要性を強調する，米国のブッシュ政権が2002年9月17日に発表した「国家安全保障戦略（The National Security Strategy of the United States of America）」にも現れている（White House, *The National Security Strategy of the United States of America*, September 17, 2002, at http://www.whitehouse.gov.nsc.nss.pdf., p. 15）.

4 *Military and Paramilitary Activities in and against Nicaragua (Nicaragua v. United States of America), Merits, Judgment*［以下，*Nicaragua* Case］, *ICJ Reports 1986*, p. 16.

5 *Ibid.*, p. 119, para. 229.

6 "proportionality" は，論者によっては「比例性」という訳語も用いられるが，本章では「均衡性」で統一することとする．

7 本章は，直接に武力攻撃要件の検討を行うことを目的としていない．また，筆者は過度に武力攻撃要件に依拠することの適切さに疑問を抱いているということであって，自衛権における武力攻撃要件自体の存在意義を無視しているわけではないということを，ここで明らかにしておく．

8 Brownlie, *supra* note 1, pp. 278-279.

9 Albrecht Randelzhofer, "Article 51," in Bruno Simma (ed.), *The Charter of the United Nations: A Commentary*, 2nd ed., Volume I (Oxford University Press, 2002), pp. 788-806, 805. グレイ（Christine Gray）は，自衛が必要で均衡したものでなければならないということを全国家が認めているという（Christine Gray, *International Law and the Use of Force*, 2nd ed. (Oxford University Press, 2004), p. 120）.

10 R. Y. Jennings, "The Caroline and McLeod Cases," *American Journal of International law*, vol. 32 (1938), pp. 82-99. 田岡良一教授は，カロライン号事件について，当時，武力行使が禁止されていないという時代背景を考慮すれば，英国側の武力行使に違法性を見出すことはできないのであるから，国内法上の「緊急避難」の事例として捉えるほうが正確な理解であるという見解を提示する（田岡良一『国際法上の自衛権（補訂版）』（勁草書房，1981年）32-47, 41頁．クロフォード（James Crawford）も同様の見解に立つ（James Crawford, *The International Law Commission's*

Articles on State Responsibility: Introduction, Text and Commentaries (Cambridge University Press, 2002), pp. 178-189. しかしながら，自衛権と緊急避難とを原因行為における違法性の有無によって区別するようになるのは20世紀になってからのことであり，戦争ないし武力行使が禁止されるようになってからである（高野雄一『全訂新版国際法概論』(上)（弘文堂，昭和60年）204-207頁．たしかに，バウェット（Bowett）も，英国が米国の義務違反の主張をしていない点で，「厳格にいえば，米国に対する英国の行為は緊急権（its right of necessity）によってとられた」と論じるが，同時に，当時の米国国務長官ウェブスターによって言及された現実の権利行使を規律している原則は「緊急状態（necessity）」と「自衛（self-defence）」の両方の場合に適用可能であるとしている点は注目に値する（Bowett, *supra* note 1, pp. 59-60.）．なお，カロライン号事件における「自衛権」の本質的機能が，領域侵害の正当化にあったと指摘するものとして，森肇志「Caroline 号事件における『自衛権』の機能」『社会科学研究（東京大学社会科学研究所紀要）』第50巻第6号（1999年）69-99頁．

11　カロライン号事件における必要性・均衡性については，拙稿「国際法上の自衛権行使における必要性・均衡性原則の意義（1）」『上智法学論集』第50巻第1号（2006年）71-100頁を参照．

12　*Nicaragua* Case, *supra* note 4, p. 103, para. 194.

13　*Legality of the Threat or Use of Nuclear Weapons, Advisory Opinion*［以下，*Nuclear Weapons* Advisory Opinion］, *ICJ Reports 1996*, p. 245, para. 41.

14　クンツは，国連憲章第51条の自衛権の文言上，必要性（necessity），合理性（reasonableness）や均衡性（proportionality）といった国内法上では規定されている要件が欠如しているとして，その適用を否定的に捉える（Josef L. Kunz, "Individual and Collective Self-Defense in Article 51 of the Charter of the United Nations," *American Journal of International Law*, vol. 41 (1947), pp. 872-879, 877. 一方で，ノイホルトはニカラグア事件判決で必要性・均衡性が要件とされる以前の段階においてクンツの見解を否定する（Hanspeter Neuhold, *Internationale Konflikte — verbotene und erlaubte Mittel ihrer Austragung* (Springer Verlag, 1977), pp. 139-140）．

15　Case Concerning *Oil Platforms (Islamic Republic of Iran v. United States of America)*, 6 November 2003［以下，*Oil Platforms* Case］, at http://www.icj-cij.org/icjwww/idocket/iop/iopjudgment/iop_ijudgment_20031106.pdf.

16　Case Concerning *Armed Activities* on the Territory of the Congo (Democratic Republic of the Congo v. Uganda), *Merits*, 19 December 2005［以下，*Congo Uganda Armed Activities* Case］, para. 147, at http://www.icj-cij.org/icjwww/idocket/ico/ico_judgments/ico_judgment_20051219.pdf.

17　なお，自衛権行使が必要性・均衡性原則を充足するかどうかは個別事例ごとの事実と密接に関連するとはいえ，自衛権による正当化を正面から扱うICJは，数少な

い判例にもかかわらず，その明確化を図りながら自衛の要件論を展開してきたのではなかろうか．よって本章では，判例を時系列で取り上げていくこととする．

18 Gray, *supra* note 9, p. 120.

19 Kenneth Bourne and D. Cameron Watt (General Editors), *British Documents on Foreign Affairs: Reports and Papers from the Foreign Office Confidential Print*, part I From the Mid-Nineteenth Century to the First World War, Series C, North America, 1837-1914, Vol. 1, McLeod and Maine, 1837-1842 (University Publications of America, 1986), pp. 12-13.

20 *Ibid.*, pp. 30-32.

21 "It will for that Government to show a necessity of self-defence, instant, overwhelming, leaving no choice of means, and no moment for deliberation," *Doc.* 99, Mr. Webster to Mr. Fox, *ibid.*, p. 159.

22 "It will for it to shew [sic], also, that the local authorities of Canada, even supposing the necessity of the moment authorized them to enter the territories of the United States at all, did nothing unreasonable or excessive; since the act, justified by the necessity of self-defence, must be limited by that necessity, and kept clearly within it," *ibid.*

23 Gray, *supra* note 9, p. 121; Randelzhofer, *supra* note 9, p. 805.

24 なお，必要性・均衡性要件に加え，即時性（immediacy）を独立の要件とする学説もある（Peter Malanczuk, *Akehurst's Modern Introduction to International Law*, 7th revised ed. (Routledge, 1997), pp. 316-317; Yoram Dinstein, *War, Aggression and Self-Defence*, 4th ed. (Cambridge University Press, 2005), pp. 209-210. しかし，本章IIで扱う一連のICJ判例は必要性と均衡性という2要件に言及する．また，マランチュクは「必要性・均衡性」を1要件と認識し，その判断基準を「均衡性」に求め，ICJが「必要性」要件として判断する内容を「即時性」と表現する．ディンスタインも，即時性が必要性に包含される余地を認める（*ibid.*, p. 210）．したがって，本章では，必要性と均衡性の2要件に分類して検討することとする．

25 横田喜三郎『自衛権』（有斐閣，1951年）44-54頁．A/CN. 4/318/ADD. 5-7, State Responsibility for internationally wrongful acts (part 1), Roberto Ago, "Addendum to Eighth Report on State Responsibility," *Yearbook of International Law Commission 1980*, vol. II, part 1 (United Nations, 1982), pp. 51-70, 69, para. 120; Dinstein, *supra* note 24, pp. 209-210. ただし，ディンスタインは，自衛権を「国家による武力攻撃に対する自衛権」と「国家からの武力攻撃に対する自衛権」とに分類し，さらに前者を「戦争」と「戦争に至らない措置」に分け，それぞれの要件を整理するため，それに合わせて必要性要件の実質も変化する．浅田正彦教授は，必要性の中に「脅威の急迫性」を読み込むことの問題点を指摘しつつ，必要性要件の「中核的要素」を「他に

手段がないこと，平和的手段を尽くしたこと」であると捉える（浅田正彦「国際法における先制的自衛権の位相——ブッシュ・ドクトリンを契機として——」『21世紀国際法の課題（安藤仁介先生古稀記念）』（有信堂，2006年）287-342頁，302頁．

26 Oscar Schachter, *International Law in Theory and Practice* (M. Nijhoff, 1991), pp. 152-153. 国連の集団安全保障体制との関係で，安保理が自国を保護するための実効的措置を講じない，または講じえない場合には，必要性を充足して武力行使が可能となるとするものとして，Tarcisio Gazzini, *The Changing Rules on the Use of Force in International Law* (Manchester University Press, 2005), pp. 146-147.

27 Oscar Schachter, "Lawful Resort to Unilateral Use of Force," *The Yale Journal of International Law*, vol. 10, no. 2 (1985), pp. 291-294, 292; Judith Gardam, *Necessity, Proportionality and the Use of Force by States* (Cambridge University Press, 2004), pp. 148-153; 横田，前掲書（注25）52頁．アゴー（Roberto Ago）は，この即時性の側面を必要性から独立させて認識する（A/CN. 4/318/ADD. 5-7, State Responsibility for internationally wrongful acts (part 1), Ago, *supra* note 25, p. 70, para. 122）．

28 Peter Malanczuk, "Countermeasures and Self-Defence as Circumstances Precluding Wrongfulness in the International Law Commission's Draft Articles on the State Responsibility," in Marina Spiendi and Bruno Simma (eds.), *United Nations Codification of State Responsibility* (Oceana Publications, Inc., 1987), pp. 197-286, 254-256; Dinstein, *supra* note 24, p. 243.

29 Schachter, *supra* note 26, p. 153.

30 Randelzhofer, *supra* note 9, p. 805.

31 横田，前掲書（注25）52頁．

32 Schachter, *supra* note 26, p. 153.

33 Rosalyn Higgins, *Problem and Process: International Law and How We Use It* (Oxford University Press, 1994), pp. 230-234, 231. ディンスタインは，原因行為と自衛行為の間の犠牲者や被った損害，武力の量で均衡を計る（Dinstein, *supra* note 24, pp. 237-242）．

34 デルブリュックは，攻撃の烈度との均衡については国家の普遍的な同意を得ていると言う（Jost Delbrück, "Proportionality," in R. Bernhardt (ed.), *Encyclopedia of Public International Law*, Vol. III(Elsevier, 1997), pp. 1141-1144). Frederic L. Kirgis, "Some Proportionality Issues Raised by Israel's Use of Armed Force in Lebanon," *ASIL* Insight, Vol. 10, Issue 20 (2006), at http://www.asil.org/insights/2006/08/insights060817.

35 Bowett, *supra* note 1, p. 269.

36 Gardam, *supra* note 27, pp. 162-179.

37 Christopher Greenwood, "Self-Defence and the Conduct of International Armed Conflict," Yoram Dinstein (ed.), *International Law at a Time of Perplexity* (Kluwer Academic Publishers, 1989), pp. 273-288. ただし，グリーンウッドは必要性と均衡性とを明確に区別していない．

38 高野雄一教授は厳格な「釣り合い」を要件とせず，自衛行為が止むをえない範囲内である限り，原因行為が引き起こした権利侵害を超えるものでも合法な自衛行為であるとする（高野雄一『全訂新版国際法概論（上）』（弘文堂，昭和60年）207-212頁．また，カージスは，領土保全や国家の死活的利益を保護することに限定される限り，自衛行為の烈度が原因行為の烈度を上回ることは許容されるとする（Kirgis, *supra* note 34）．

39 A/CN. 4/318/ADD. 5-7, State Responsibility for internationally wrongful acts (part 1), Ago, *supra* note 25, p. 69, para. 121; Waldock, *supra* note 1, p. 464. 武力は，自衛を主張することで国家が合理的に達成することを許される目的と比例すべきであるという見解として，D.W. Greig, *International Law*, 2nd ed.(Butterworths, 1976), pp. 886-887. とはいえ，グレイグはこれを本質的に相対的な基準であると認識し，さらなる侵攻を完全に防止するのに必要な武力を行使することは継続的な脅威との均衡を失しているとして制限的に解する．ガッツィーニも，自衛は攻撃を止めさせるという厳格な範囲にまで拡大しうるが，敵軍の完全な打倒を目的とすることは違法であるとする（Gazzini, *supra* note 26, p. 148）．

40 ヒギンズは，この比較対象の変更こそが，武力行使自体の合法・違法に関する法（*jus ad bellum*）から武力紛争法（*jus in bello*）への転換を表すと主張するが，*jus in bello* における均衡性が自衛権（*jus ad bellum*）の「要件」としての機能するのかどうかは明らかではない（Higgins, *supra* note 33, pp. 231-232）．

41 Ian Brownlie, "The Principle of Non-Use of Force in Contemporary International Law," in W.E. Butler (ed.), *The Non-Use of Force in International Law* (Kluwer Academic Publishers, 1989), pp. 17-27, 25.

42 *Military and Paramilitary Activities in and against Nicaragua (Nicaragua v. United States of America) Jurisdiction and Admissibility,* Judgment of 26 November 1984, *ICJ Reports 1984*, p. 392. 米国は管轄権の基礎であった友好通商航海条約を廃棄し，ならびに選択条項受諾宣言の終了を通告した（"Department of State Letter and Statement conerning Termination of Acceptance of I.C.J. Compulsory Jurisdiction," *International Legal Materials*, vol. 24, no. 6 (1985), pp. 1742-1745; *Nicaragua* Case, *supra* note 4, p. 28, para. 36）．これに対して，ICJはその管轄権の基礎には影響がないとしたが，米国の強制管轄受諾に関する宣言が付されていたため，これによりICJは多数国間条約である国連憲章から生じる紛争には管轄権を持たないという問題に直面した．しかし，ニカラグアは，米国が一般および国際慣習法上の武力不行使義務に違反したことを申し立てていたため，ICJは国連憲章を迂回して，一般・

国際慣習法が本件における適法規であると判断した（*Nicaragua* Case, *supra* note 4, pp. 92-97, paras. 172-182）．

43　*Ibid.*, p. 103, para. 194.

44　*Ibid.*, p. 94, para. 176.

45　*Ibid.*

46　*Ibid.*, p. 118, para. 227. ICJ は，自衛権の合法性を検討する手順を以下のように明示した．すなわち，まず，自衛権行使を要求する状況（武力攻撃の発生）が存在するかどうかを確認し，次に，もしその状況が存在するならば (if so)，その措置が実際に国際法の要件（①被攻撃国であるという「宣言」，②第三国への「要請」，③「必要性」，④「均衡性」）と一致したかどうかを検討するという 2 段構えである（*ibid.*, p. 119, para. 229）．

47　*Ibid.*, p. 119, para. 230.

48　*Ibid.*, pp. 119-120, para. 231.

49　*Ibid.*, p. 120, para. 231.

50　シュウェーベル判事は，ICJ によるこの結論は簡潔すぎて事実が十分に考慮されていないと批判した．ニカラグアによる武器の流入は 1982 年においても行われ，エルサルバドルは反政府組織に抑圧され続け，1981 年，1982 年，その後現在に至るまで継続していると主張する（Dissenting Opinion of Judge Schwebel, *ICJ Reports 1986*, *supra* note 4, pp. 365-367, paras. 206-210）．

51　ガーダムは，一度，武力行使を行う決定がなされれば「必要性」の機能は完了する（complete）と論じる．(Judith Gardam, "Necessity and proportionality in *jus ad bellum* and *jus in bello*," in Laurence Boisson de Chazournes and Philippe Sands (eds.), *International Law, the International Court of Justice and Nuclear Weapons* (Cambridge University Press, 1999), p. 277).

52　*Nicaragua* Case, *supra* note 4, pp. 119-120, paras. 229-231.

53　Hugh Thirlway, "The Law and Procedure of the International Court of Justice 1960-1989," *The British Year Book of International Law*, vol. 66 (1995), pp. 1-96, 78. なお，必要性の判断要素として「時間」概念を利用する手法は，ニュルンベルク国際軍事裁判におけるドイツの侵略に関する判断にも見られる（Judicial Decisions, "International Military Tribunals (Nuremberg), Judgment and Sentences," *American Journal of International Law*, vol. 41, no. 1 (1947), pp. 172-333）．

54　*Nicaragua* Case, *supra* note 4, p. 122, para. 237.

55　*Nicaragua* Case, *supra* note 4, pp. 122-123, para. 237. この点に関する ICJ の多数意見は，米国による武力攻撃が合理的「期間」を超えて行われたという時間的要素を再び登場させて，あたかも必要性要件へ差し戻しを図ったとも見える構成を取って

いる.

56 判決は質の異なる2つのものを比較したことから，アゴーの見解を引用して，「自衛の場合の比例性は，被侵略国又は集団的自衛の行動をとる国の軍事行動とその目的との間の比例性であ」り，「質的比例性」であると評価するものとして，位田隆一「国際法における自衛概念―最近の国家実行からみる自衛概念の再検討への手がかり―」『法学論叢』第 126 巻第 4・5・6 号（1989 年）296-313, 309 頁.「判断基準」としての「質的比例性」という指摘には異論はないが，ICJ が「比較対象」としたものは「手段とその目的」との均衡ではないと解される．これに対して，米国がニカラグアの港湾に機雷を敷設したこととニカラグア政府を転覆させようとする米国の試み（attempts），すなわち目的は，均衡性の要件を充たすという見解として，John Norton Moore, "The Secret War in Central America and the Future of World Order," *American Journal of International Law*, vol. 80, no. 1 (1986), pp. 43-127, 114.

57 Dissenting Opinion of Judge Schwebel, *supra* note 50, p. 367, para. 211.

58 これに対してガーダムは，選択された攻撃目標や攻撃の程度，第三国の権利への影響といった評価から不均衡性が導かれたと推論する（Gardam, *supra* note 27, p. 158）.

59 Dissenting Opinion of Judge Schwebel, *supra* note 50, pp. 367-368, paras. 211-212. シュウェーベル判事は完全な均衡性の存在を否定しながらも，米国の措置がエルサルバルの反政府軍による破壊行為というまさに類似の措置に均衡すると主張する．さらに，ニカラグアによるエルサルバドルとホンジュラスへの地雷敷設や地雷供与の事実と，それによる犠牲者が米国による地雷の犠牲者をはるかに超えるという事実を理由として，米国によるニカラグア港湾への機雷敷設が均衡した自衛権行使であると述べ，行使態様や犠牲者数を基準として均衡性を判断した（*ibid.*, p. 379, para. 237）.

60 *Nicaragua* Case, *supra* note 4, pp. 48-51, paras. 80-81, 85-86.

61 Gazzini, *supra* note 26, p. 147.

62 A/RES/49/75 K, 15 December 1994, U.N. GAOR, 49th Session. この英訳は，"Is the threat or use of nuclear weapons in any circumstance permitted under international law?" である．事件の概要については，国際司法裁判所判例研究会（真山全）「核兵器の威嚇又は使用の合法性（勧告的意見）」『国際法外交雑誌』第 99 巻第 3 号（2000 年）62-87 頁を参照.

63 *Nuclear Weapons* Advisory Opinion, *supra* note 13, p. 244, para. 40.

64 "The proportionality principle may thus not in itself exclude the use of nuclear weapons in self-defence in all circumstances. But at the same time, a use of force that is proportionate under the law of self-defence, must, in order to be lawful, also meet the

requirements of the law applicable in armed conflict which comprise in particular the principles and rules of humanitarian law (Emphasis added)," *ibid.*, p. 245, para. 42.

65　Malcolm N. Shaw, *International Law*, 5th ed. (Cambridge University Press, 2003), p. 1031; Delbrück, *supra* note 34, p. 1142. ヒギンズ判事は，人道法の役割は，「行為の法的要件（legal requirements of conduct）」を規定することであるという（Dissenting Opinion of Judge Higgins, *ICJ Reports 1996*, p. 589, para. 26）．*Jus ad bellum* の均衡性原則が，紛争中の全過程に適用される場合，論理的帰結として，それが「行使態様」を規律する人道法（*jus in bello*）の義務内容と重複するという側面を併せ持たざるをえないのではないだろうか．この点，グリーンウッドも *jus ad bellum* と *jus in bello* を「代替的（alternative）」ではなく「累積的（cumulative）」であると論じる（Christopher Greenwood, "*Jus ad bellum* and *jus in bello* in the Nuclear Weapons Advisory Opinion," in Boisson de Chazournes and Sands (eds.), *supra* note 51, pp. 247-266）．また，*jus ad bellum* と *jus in bello* の関係について，パラグラフ 41 と 42 の重要性を指摘するものとして，Louise Doswald-Beck, "International Humanitarian Law and the Advisory Opinion of the International Court of Justice on the Legality of the Threat or Use of Nuclear Weapons," *International Review of the Red Cross*, no. 316 (1997), pp. 35-55.

66　勧告的意見の構造は以下のようになる．

　　A．法的理由

　　　(1) 管轄権の確認（paras. 10-22）

　　　(2) 適用法規（paras. 23-34）

　　　(3) 核兵器の特殊性（paras. 35-36）

　　　(4) 国連憲章に規定された武力行使に関する法（*jus ad bellum*）（paras. 37-50）

　　　(5) 武力紛争において適用される敵対行為を規律する法（*jus in bello*）（paras. 51-97）

　　　(6) 誠実に交渉する義務の存在（paras. 98-103）

　　B．勧告的意見（para. 105）

67　*Nuclear Weapons* Advisory Opinion, *supra* note 13, p. 257, para. 78.

68　これに対して，米国は先決的抗弁を提起したが，ICJ はこれを却下して管轄権の存在を認定した．*Oil Platforms (Islamic Republic of Iran v. United States of America), Preliminary Objection, Judgment, ICJ Reports 1996*, p. 803. 国際司法裁判所判例研究会（酒井啓亘）「オイル・プラットフォーム事件——先決的抗弁——（判決・1996 年 12 月 12 日）」『国際法外交雑誌』第 100 巻第 5 号（2001 年）87-102 頁．

69　*Oil Platforms* Case, *supra* note 15, para. 25.

70 安全保障上の本質的利益を保護するために必要な措置に関する1955年条約第20条1項 (d) の解釈と，自衛権に関する国連憲章や国際慣習法との関係については，別途考察を要しよう．差し当たり，Enzo Cannizzaro and Beatrice Bonafé, "Fragmenting International Law through Compromissory Clause? Some Remarks on the Decision of the ICJ in the *Oil Platforms* Case," *European Journal of International Law*, vol. 16, no. 3 (2005), pp. 481-497; James A. Green, "The Oil Platforms Case: An Error in Judgment?," *Journal of Conflict and Security Law*, vol. 9, no. 3 (2004), pp. 357-386; Sir Frank Berman, "Treaty 'Interpretation' in a Judicial Context," *Yale Journal of International Law*, vol. 29, no. 2 (2004), pp. 315-322 を参照．

71 *Oil Platforms* Case, *supra* note 15, para. 51. このことは，すでに1996年の核兵器使用・威嚇合法性事件勧告的意見のパラグラフ42に示されていたと評価するものとして，Natalia Ochoa-Ruiz and Esther Salamanca-Aguado, "Exploring the Limits of International Law relating to the Use of Force in Self-defence," *European Journal of International Law*, vol. 16, no. 3 (2005), pp. 499-524.

72 *Oil Platforms* Case, *supra* note 15, para. 74.

73 *Ibid.*, para. 76.

74 *Ibid.*, para. 77.

75 H. Lauterpacht, "The Limits of the Operation of the Law of War," *British Year Book of International Law*, vol. 30 (Oxford University Press, 1953), pp. 206-243, 212-213; Christopher Greenwood, "Historical Development and Legal Basis," in Dieter Fleck (ed.), *The Handbook of Humanitarian Law in Armed Conflicts* (Oxford University Press, 1995), pp. 1-38, 10-11; 真山全「現代における武力紛争法の諸問題」村瀬信也・真山全（編）『武力紛争の国際法』（東信堂，2004年）5-25頁．

76 本章で扱う事例は，自衛権行使事例の一部分に過ぎず，その他の国家実行の包括的な分析が今後の課題となることは言うまでもない．

77 Letter from the President of Iran addresses to the Secretary-General, U.N.Doc. S/14206 , 1 October 1980; U.N. Doc. S/PV. 2251, 17 October 1980, pp. 1-5, paras. 5-38.

78 Letter dated 24 October 1980 from the Minister for Foreign Affairs of Iraq addressed to the Secretary-General, U.N. Doc. S/14236, 27 October 1980, pp. 1-2.

79 S.C. Doc. S/Res/479, 28 September 1980, adopted unanimously at the 2248th meeting.

80 U.N. Doc. S/PV. 2250, 15 October 1980, pp. 1-6, paras. 3-45, especially pp. 5-6, paras. 39-40.

81 レヴィ（Howard Levie）は General Belgrano の撃沈の法的説明として，「疑いなく，交戦国の巡洋艦は，それ自体が敵国からの攻撃を免れる権利を持たない」と言及して，*jus in bello* 上，十分に正当化可能であるという見解を示している（Howard

S. Levie, "The Falklands Crisis and the Law of War," in Alberto R. Coll and Anthony C. Arend (eds.), *The Falklands War: Lessons for Strategy, Diplomacy, and International Law* (George Allen & Unwin, 1985), pp. 64-77, 66).

82 *Parliamentary Debates (Hansard)*, House of Commons official report, 6th series, vol. 23, 4 May 1982, cols. 29-30 and 13 May 1982, col. 1030; Christopher Greenwood, "The Relationship between *ius ad bellum* and *ius in bello*," *Review of International Studies*, vol. 9 (1983), pp. 221-234, 221-225.

83 この見解は，すでに言及したところの *jus ad bellum* と *jus in bello* の独立を混同している側面があるように思われることは否定しないところであるが，本章の立場が，*jus ad bellum* と *jus in bello* の混同を意図したものではなく，両者の独立した個別の法領域を基盤とするものであることには変わりがない．しかし，法的帰結の相違の問題はさておき，両法体系間に厳格な区別が存在するのかどうかは，あらためて検討しなければならない．

84 Gray, *supra* note 9, p. 124.

85 村瀬信也「国際法における国家管轄権の域外執行――国際テロリズムへの対応」『上智法学論集』第 49 巻第 3・4 号（2006 年）119-160 頁．

86 Gray, *supra* note 9, p. 122.

87 コンゴ・ウガンダ軍事活動事件判決では，ウガンダが自衛権を行使する前提としての法的かつ事実的状況が存在しないため，必要性・均衡性原則について検討する必要はないとされたが，ICJ は，ウガンダから数百キロも離れた空港や街を占拠することがコンゴによる一連の越境攻撃と均衡せず，その目的にとっても必要ではないように思われると述べなければならないとして，地理的射程を基準として判断している（*Congo Uganda Armed Activities* Case, *supra* note 16, para. 147）．核兵器使用・威嚇の勧告的意見においては，環境の考慮・尊重も必要性・均衡性原則の評価要素の 1 つであるとされた（*Nuclear Weapons* Advisory Opinion, *supra* note 13, pp. 241-242, paras. 27-33）．

第4章
自衛権と弾道ミサイル防衛の法的根拠

御巫　智洋

Ⅰ　はじめに
Ⅱ　我が国が導入する弾道ミサイル防衛システムと国内法制
　1　弾道ミサイル防衛システムの概要
　2　国内法制の概要
Ⅲ　いわゆる「敵基地攻撃論」との関係
Ⅳ　自衛権の援用と発射国の意図
　1　問題の所在
　2　武力攻撃における攻撃の意図の要件性に関する学説・判例
　3　武力攻撃以外の場合における攻撃の意図の要件性
　4　小括
Ⅴ　自衛権以外の法的根拠
　1　自衛権以外の法的根拠が必要となる状況
　2　国連憲章2条4項の解釈についての考察

3　緊急避難 (necessity)
　Ⅵ　おわりに

Ⅰ　はじめに

　平成18年7月5日に北朝鮮は7発の弾道ミサイルを発射した．日本政府は，この弾道ミサイルの発射直後から国連安全保障理事会に決議案を提出し，7月15日には全会一致でこのミサイル発射を非難する安保理決議1695号が採択された．北朝鮮の弾道ミサイルの問題は我が国にとって極めて深刻な問題であり，我が国は，この決議の採択において中心的な役割を果たした．また，この安保理決議が全会一致で採択されたことは，北朝鮮による弾道ミサイルの発射が国際社会にとっても重大な関心事であり，また，強く非難されるべき行為であることを示している[1]．
　結論を先取りしてしまえば，我が国が行おうとしている弾道ミサイル防衛は極めて防衛的であり，何ら問題視されるものではないことは明らかである．しかし，国際法の観点からこれをどう捉えるべきかというとそれほど単純ではない．
　北朝鮮のミサイルをめぐる議論の中で，いわゆる「敵基地攻撃論」が大きく取り上げられたが，弾道ミサイル防衛システムはあくまでミサイルが発射された後にしか迎撃を行わないので，いわゆる「敵基地攻撃論」とは直接の関係はない．むしろ弾道ミサイル防衛と自衛権の関係に関し問題となるのは，弾道ミサイルは発射から着弾までの時間が短く，迎撃の時点で攻撃国の攻撃の意図の存在を証明することが困難な場合が多いと考えられる点である．ミサイルないしそれと似た飛翔体が地上に落下すれば重大な被害が発生するおそれがある以上，それが向かってきてい

る国としては,「自衛」ないし「自己保存」の観点からその飛翔体を迎撃する必要がある.本章ではそのような場合に,国際法上どこまで自衛権を根拠にできるか,もし自衛権を根拠にできない場合には自衛権以外の法的根拠として何が考えられるのかという点を中心に検討することとしたい.

武力行使の禁止や自衛権については,武力行使の禁止がどの程度包括的であると解すべきか,自衛権行使の要件をどの程度厳格に解すべきかという基本的な方向性について論者によって見解が大きく異なっており,個々の問題についての結論も論者によって大きく異なりがちである.しかしながら,我が国を取り巻く安全保障環境において,弾道ミサイルの脅威の増大は極めて深刻な問題となってきており,関連する国際法についても十分に議論しておくべきであると考えられる.

以下においては,まずわが国が導入を進めている弾道ミサイル防衛システムと関連する国内法制の概要につき説明し,次にいわゆる「敵基地攻撃論」について簡単に述べる.その上で,弾道ミサイルまたはそれに似た飛翔体の迎撃に際して自衛権を援用するために,それを発射した国の意図をどこまで証明する必要があるかについて検討し,更にその迎撃の根拠として自衛権を援用できない場合に何を根拠としうるかについて検討することとする.

なお,本章の内容は,あくまで筆者の個人としての立場に基づくものである.

II 我が国が導入する弾道ミサイル防衛システムと国内法制

1 弾道ミサイル防衛システムの概要

　自衛権と弾道ミサイル防衛の関係につき論じる前に，我が国が導入を進めている弾道ミサイル防衛システムがどのようなものなのか，また，それを運用するための国内法制がどのようになっているのかを概観していくことが有用であろう．我が国が導入を進めている弾道ミサイル防衛システムの概要については防衛白書等において詳しく説明されているが，簡単に言えば，(a) イージス艦による上層での迎撃と (b) ペトリオット・システムによる下層での迎撃を組み合わせた多層防衛のシステムを導入するというものである．

　　(a) 前者のイージス艦による迎撃は，弾道ミサイルが発射され，ロケットエンジンの燃焼による「ブースト」段階を経て慣性運動により大気圏外を飛行する「ミッドコース」段階に入った際に，イージス艦から　発射される「SM3」と呼ばれる迎撃ミサイルに搭載された「キネティック弾頭」の直撃により破壊するというものである．
　　(b) 後者のペトリオット・システムによる迎撃は，弾道ミサイルが「ミッドコース」段階を過ぎた後，大気圏に再突入して着弾するまでの「ターミナル」段階において，ペトリオット・システムを用い「PAC3」と呼ばれる迎撃ミサイルを発射し直撃させることにより破壊するというものである．

　このようなシステムが我が国により運用される場合には，前者のイージス艦による迎撃は，基本的に公海乃至我が国又は周辺国の排他的経済水域 (EEZ) の上空において行われることが想定されており，後者のペ

トリオット・システムによる迎撃については，基本的に我が国の領空内で行われることが想定されている．後者の我が国領空内における迎撃については，領空侵犯への対処という捉え方も可能であり，本章では前者の公海ないしEEZ上空におけるイージス艦による迎撃を念頭に議論を行うこととする．なお，これらの迎撃システムは，弾道ミサイルのみならず同様の飛行経路をたどるその他の物体についても応用可能である．

2　国内法制の概要

　これらのシステムにより実際に弾道ミサイル等を迎撃する場合の自衛隊の活動の国内法上の根拠は，防衛出動に関する自衛隊法第76条，又は平成17年の自衛隊法改正によって追加された弾道ミサイル等に対する破壊措置に関する自衛隊法第82条の2である．

　武力攻撃事態の認定が行われ，武力攻撃に対する自衛権の行使として弾道ミサイル等の迎撃が行われる場合には，武力攻撃に対する自衛権の発動のための規定である自衛隊法第76条が迎撃の国内法上の根拠となる[2]．一方，武力攻撃事態の認定が行われていないが，下記 (a) 及び (b) を含む自衛隊法第82条の2第1項に定める要件が満たされる場合には，同条に基づき迎撃が行われることとなる．

　　(a) 弾道ミサイルその他その落下により人命又は財産に対する重大な被害が生じると認められる物体が，我が国に飛来するおそれがあること．
　　(b) その落下による我が国領域における人命又は財産に対する被害を防止するため必要があると認めるときであること．

　つまり，我が国の法制においては，弾道ミサイルやそれに似た物体が我が国に向かって飛んでくる場合であっても，迎撃までに武力攻撃であるとの判断が行われない場合があることも想定されており，そのような

場合には自衛隊法第82条の2に基づき対処することとされているのである．ただし，これはあくまで国内法上の手続きを定めたものである．もし事後的にそれが武力攻撃であったと判明した場合には，弾道ミサイル等の迎撃は国際法上武力攻撃に対する対処としての自衛権の行使であったという判断をする余地はある．

III いわゆる「敵基地攻撃論」との関係

　北朝鮮のミサイルをめぐる議論の中で，いわゆる「敵基地攻撃論」が大きく取り上げられるようになり，中にはこの議論を「先制攻撃論」と呼ぶ向きもあった．しかし，少なくとも政府関係者は「先制攻撃」が認められるべきという議論はしていない．

　この問題に関連する代表的な政府の国会答弁は，昭和31年2月29日に衆議院内閣委員会において船田中防衛庁長官が代読した鳩山一郎総理答弁であり，それは，「我が国に対して，急迫不正の侵害が行われ，その侵害の手段として我が国土に対し，誘導弾等による攻撃が行われた場合，座して死を待つべしというのが憲法の趣旨とするところだというふうには，どうしても考えられないと思うのです．そういう場合には，そのような攻撃を防ぐのに万やむを得ない必要最小限度の措置をとること，たとえば，誘導弾等による攻撃を防御するのに，他に手段がないと認められる限り，誘導弾等の基地をたたくことは，法理的には自衛の範囲に含まれ，可能であるというべきものと思います」というものであった．

　しかし，これは武力攻撃発生前に自衛権を行使するという意味での「先制攻撃」を認めるという趣旨ではない．政府は，従来から「国連憲章においても，自衛権は武力攻撃が発生した場合にのみ発動しうるものであり，そのおそれや脅威がある場合には発動することができず，したがって，いわゆる予防戦争などが排除せられていることは，従来より政府の

一貫して説明しているところであります．（中略）現実の事態において，どの時点で武力攻撃が発生したかは，そのときの国際情勢，相手国の明示された意図，攻撃の手段，態様等々によるのでありまして，抽象的に，また限られた与件のみ仮設して論ずべきものではございません」（昭和45年3月18日衆議院予算委員会愛知揆一外務大臣答弁）との立場をとってきており，武力攻撃発生前に自衛権を行使するという意味での「先制攻撃」を認めるものではない．

　一方，日本政府は，武力攻撃の発生のタイミングについては，攻撃によって被害が発生するまで待つ必要は必ずしもなく，武力攻撃の着手があれば自衛権の発動が可能との立場をとってきている．また，平成15年1月24日の衆議院予算委員会において石破茂防衛庁長官は，「これからこれを撃って東京を灰じんに帰してやるというふうに言って，そしてまさしく燃料を注入しはじめた，あるいはそういう準備を，行為を始めた，まさしく屹立したような場合ですね，そうしますと，それは着手というのではないですか．それはそうでしょう，意図が明確であり，そういうことですから」と述べている．

　弾道ミサイル防衛システムは，あくまでミサイル等が発射された後にしか迎撃を行わないものであり，発射されたミサイル等だけを破壊するものである．したがって，いわゆる「敵基地攻撃論」とは基本的に関係ない．弾道ミサイル防衛と自衛権の関係について論じる際に特に重要なのは，弾道ミサイルないしそれに似た飛翔体の発射という事態が武力攻撃にあたるか否かという判断の問題である．以下においてはこのような事態が武力攻撃にあたるか否かについて論ずることにする．

IV　自衛権の援用と発射国の意図

1　問題の所在

　前述の石破防衛庁長官（当時）の国会答弁のように，「東京を灰じんに帰してやる」と言いながら，弾道ミサイルと見られる物体を我が国に向かって発射した場合には，攻撃の意図があることは明らかであり，それを武力攻撃と捉えることに問題はないであろう．一方で，弾道ミサイルやそれに似た物体が我が国に向かって飛んできても，発射国の意図が不明な場合，それが武力攻撃であると言えるかどうかが問題となる．

　国連憲章51条は「武力攻撃が発生した場合 (if an armed attack occurs)」という要件を定めている．また，自衛隊法第76条も武力攻撃に対する行動について定めており，基本的に国連憲章51条と同様の趣旨であると解されている．この武力攻撃の発生につき，攻撃を行う意図をどこまで証明する必要があるかという点については，前述の愛知外務大臣の国会答弁においては「現実の事態において，どの時点で武力攻撃が発生したかは，そのときの国際情勢，相手国の明示された意図，攻撃の手段，態様等々による」と述べている．ここでは「相手国の明示された意図」は武力攻撃の発生を判断するに当たって検討されるべき事項であるとしているが，必ず求められる必要条件であるとまでは言っていない．

　弾道ミサイルかそれによく似た物体が我が国に向かって発射されたとしよう．その場合，その物体を発射した国（以下，「発射国」）は，もし攻撃の意図がなければすぐに我が国に対してその旨を伝え，危険を回避するために最大限の努力をはらうべきであろう．また，そのような場合には，我が国がその物体を迎撃することに発射国が反対することは考えがたく，我が国による迎撃が問題になることは考えにくい．しかし，実際には，発射から着弾までの時間は非常に短く，発射から迎撃までの時間

は一層短いため，その間に発射国との間でそのようなやりとりが行える可能性は低い．

したがって，事前に攻撃の意図を明らかにせずに弾道ミサイル又はそれに似た物体が発射された場合，迎撃までに攻撃の意図がないことを確認し発射国の同意を得て迎撃するということは相当困難であろう．となれば，発射国の意図が不明確な段階でその国の同意を得ずに迎撃を行うという可能性があり，その場合，発射国がどのような対応をするかが問題となる．

発射国が事後的に攻撃の意図があったことを認めれば，我が国は武力攻撃があったとして自衛権を援用することは可能であろう．発射国が事後的に攻撃の意図がなかったことを認める場合には，普通であれば，発射された物体が我が国に向かって飛行していたことを我が国が示せば，その迎撃に反対したり抗議したりするということは考えがたい．発射国が迎撃を認めれば，発射国の同意を迎撃の根拠にすることも可能となる．しかしながら，発射国が，発射された物体が我が国に向かって飛行していたということを認めなかったり，仮に我が国に落下しても被害を生じさせるものではなかったと主張したりして，我が国による迎撃を認めないという可能性も完全には排除されない．

我が国としては，発射された物体が我が国に向かって飛行していたことについて最大限の証明を行うであろうし，我が国にそのような物体が飛来すれば，重大な被害が発生する可能性が高いであろう．そうであれば，そのような主張を認めない発射国の態度は，本当に攻撃の意図がなかったのかどうか疑わせるものともなりうる．このような状況で，発射国が攻撃の意図を否定し，我が国が攻撃の意図があったのではないかと疑うという構図となった場合，果たして我が国は，自衛権を援用するためにどの程度発射国の攻撃の意図を証明する必要があるのであろうか．

2　武力攻撃における攻撃の意図の要件性に関する学説・判例

自衛権を行使するにあたって，相手側の攻撃の意図を証明する必要があるか否かという問題は，自衛権というものの基本的な性格にも関わる問題である．相手方に攻撃の意図があろうがなかろうが，現に自分に危険が迫っている以上それを排除するために必要な実力を行使することは，自衛権の行使として認められるという「自己保存」的な側面を強調した考え方に立てば，自衛権の援用にあたって相手側の攻撃の意図を証明する必要はないということになろう．しかしながら，危険の発生の原因如何にかかわらず自己を守るために必要な措置をとることができるというこのような考え方は，国際法委員会（ILC）の国家責任条文草案でいえば「自衛」ではなくむしろ「緊急避難（necessity）[3]」の考え方に近いとも言える．

　「キャロライン号事件」の際のウェブスターの見解は，「目前に差し迫った重大な自衛の必要があり，手段の選択の余裕なく，熟慮の時間もなかったこと」が証明されることが必要であるとし，そのための手段については「その必要によって限定され，明らかにその限界内にとどまるものでなくてはならない」としているが，この見解の中には自衛権を行使する相手方の攻撃の意図についての要件は含まれていない[4]．この「キャロライン号事件」が本当に自衛権のケースであったのかどうかという点については，従来より種々議論されているところであり，英国政府自身，当時「自衛と自己保存（self-defense and self-preservation）」という言葉を用いていた[5]．学説においては，むしろ，これは「緊急避難」のケースであったと捉える見方も有力である[6]．

　「自衛」と「緊急避難」の関係について，かつては「緊急避難」も含めて広義の「自衛」と捉える議論もあったが[7]，ここでは，ILCで「緊急避難」とされている概念は自衛権とは異なるものとして扱うこととし，本章の最後に自衛権以外の法的根拠として扱うこととする．

　その上で武力攻撃についての判断における攻撃の意図の要件性に関する学説・判例を検討するとすれば，ブラウンリーは著書の中で，「一定

のケースでは，侵略の手段に対処する技術的手段が，領域内にその物体が入ってから行動がとられるだけでは十分な防護を確保できないということもあるかもしれない，と言っている．したがって，公海上空，第三国上空または宇宙空間を通って近づいてくるロケットに対して迎撃システムを作動させるのは合理的であろう」と述べている．また，「武力行使に関する法的文書は攻撃の意図 (animus aggressionis) についての言及を含まない．(中略) 犠牲となる国に対して，甚大な攻撃を目前にして攻撃者の意図を明らかにするための努力が行われる間の一定の時間，自ら手を縛ることを期待することは非常に難しい」とも述べている[8]．

その一方で，国際司法裁判所 (ICJ) は，「Oil Platforms 事件」の判決において，米国を旗国とするかまたは米国人により所有される船舶に対する機雷による損害については，米国の船舶を攻撃する具体的な「目的 (aim)」や「意図 (intention)」が証明されなかったことを指摘して，それらの事件は武力攻撃を構成するようには見えないと結論づけた一方，Sea Isle City という船へのミサイル攻撃については攻撃の意図の証明までは求めていない．そのため，この判決からは攻撃の意図の証明がどのような場合にどこまで必要になるのかは明確でない[9]．

武力攻撃 (armed attack) という言葉は，攻撃 (attack) という語を含んでおり，意図の存在を含意しているような印象を与えるが，これらの学説・判例を見ると，武力攻撃についての判断における攻撃の意図の要件性につき明確な結論を導くことは難しい．ただし，少なくともこれらを見る限り，武力攻撃であると判断するにあたって，必ず攻撃の意図を証明しなくてはならないとは言い切れないように見受けられる．

3　武力攻撃以外の場合における攻撃の意図の要件性

武力攻撃以外の場合にも，自衛権を行使しうる場合がありうることを認める論者は多く，そのような自衛権を援用する場合に攻撃の意図の存在が要件とされるか否かについても検討すべきであろう．ただし，この

ような自衛権については議論が分かれており[10]，実際に国家がこのような自衛権を援用することがあまりなかったこともあり，相手方の攻撃の意図が要件とされるか否かを含め，そのような自衛権の発動要件についての議論はあまり深まっていないように見受けられる．

そのような中，武力攻撃以外の場合の自衛権発動の要件について，例えば田岡良一教授は，国連憲章下においても国際社会としての強制措置が不十分である以上，武力攻撃がなくとも違法行為があった場合には一定の要件の下に自衛権を認めることが妥当であると論じていた[11]．この考え方にヒントを得て，現在の国際法においても，発射国による武力攻撃はなくとも国際違法行為があれば一定の要件の下に自衛権を発動できるという考え方をとるとすれば，攻撃の意図がなくとも国際違法行為があれば自衛権を発動できる，との議論を行う余地が生じるかもしれない．あえてそのような考え方に立つとすれば，弾道ミサイル等の飛翔体について発射国は厳格な管理を求められ，それが他国の領域に向かって発射されるようなことがあれば攻撃の意図がなくとも発射国が管理責任を問われて違法行為があったとされ，その違法行為に対して自衛権を発動できる場合がある，という考え方もありうるかもしれない．ただし，このような議論については種々異論もあろう．

4　小括

結局のところ，自衛権についての基本的な考え方が論者によって様々である現在の状況においては，自衛権行使にあたって相手方の攻撃の意図の証明が必要か否かについて確定的な結論を出すのは困難な状況にある．そのような中で，発射された物体が我が国に向かっていたということを発射国が認めなかったり，我が国に落下しても被害を生じさせるものではなかったと主張したりし，我が国による迎撃を認めないようなことがあった場合，どのような対応をとることが考えられるであろうか．自衛権を最大限援用しようとするならば，発射された飛翔体が我が国に

向かって飛来していたこと及びそれが我が国に落下した場合には，甚大な被害が発生する可能性が高かったということを十分に主張するとともに，にもかかわらず発射国が我が国による迎撃を認めない場合には，攻撃の意図を100％証明できなかったからといって自衛権を援用できないわけではないという主張も可能であるように思われる．しかし，前述の通り，自衛権を援用するためにどこまで相手側の攻撃の意図につき証明する必要があるかは不明確である．そうであれば，このような場合に自衛権を援用できない可能性を完全に排除することはできないということになる．次項においては，あえて自衛権が援用できない場合を想定し，ありうべきその他の法的根拠について検討することとする．

V 自衛権以外の法的根拠

1 自衛権以外の法的根拠が必要となる状況

仮に自衛権の援用が認められないとしても，我が国としては，発射した物体が落下すれば重大な被害が発生したであろうから発射国の側は我が国の迎撃を認めるべきであると主張するであろう．しかし発射国は，我が国の迎撃は国際法上禁じられる武力行使にあたり，なんらかの被害が発生する可能性があったからといって発射国の財産である飛翔体を破壊することは正当化できないと主張するかもしれない．また場合によっては，発射国は発射した物体が落下したとしても重大な被害は発生しなかったと主張し，むしろその物体は実験等のために発射され，迎撃を受けたことにより貴重な資料が失われたなどといって我が国の迎撃を非難するということも理論的には考えられる．

そもそも発射された弾道ミサイルやそれに似た飛翔体は，そのまま落下すれば壊れるものであり，それを空中で破壊したとしても何か追加的な損害を発射国に与えるものではないと考えられる．仮に実験等のため

の資料が失われたとして，そもそも他国の領域にその国の了解なく危険な物体を発射しておいて，そこから得られる資料についての権利を主張するということは認めがたい．したがって，このような場合に迎撃を行った国が発射国の側に何らかの被害を生じせしめているわけではなく，迎撃した国が何らかの被害の発生を「正当化」する必要はないであろう．しかしながら，この迎撃が国際法上禁じられる武力行使にあたる場合には，自衛権が援用できないのであれば，自衛権以外の何らかの正当化事由が必要となる．

2 国連憲章2条4項の解釈についての考察

そこで，自衛権以外の正当化事由につき検討する前に，そもそもこのような場合の弾道ミサイルの迎撃が，国連憲章2条4項で禁じられるような武力行使にあたるのかどうかという点について考察することとする．

今議論しているのは，発射国の側が攻撃の意図を否定している場合で，我が国が攻撃の意図を証明しきれないという場合である．攻撃の意図が本当はあったということになれば，それは武力攻撃であろうから自衛権を援用すればよいということになろう．したがって，ここで検討する必要があるのは，本当に発射国に攻撃の意図がなかった場合においても，発射国から発射された飛翔体を迎撃することが国連憲章2条4項で禁じられる武力行使にあたるかどうかである．

我が国の憲法の解釈としては，攻撃の意図なく発射されたミサイル等の迎撃行為は憲法上の武力行使にはあたらないとされている[12]．この解釈は国連憲章2条4項に関するものではないが，このような迎撃行為は，国際法上も国連憲章2条4項で禁じられている武力行使にはあたらない，という解釈は十分可能ではないかと考えられる．そこで，以下あくまで個人的な見解ではあるが，この点につき可能な範囲で検討を加えることとしたい[13]．

これまで国連憲章2条4項の解釈については，「いかなる国の領土保全

又は政治的独立に対するものも」という文言に，ここで禁じられる武力行使の範囲を限定する意味があるか否かをめぐり様々な議論が行われてきている．ここで議論されているような迎撃行為について，国連憲章2条4項において禁じられている use of force にあたらないという整理をするためには，まずは，できる限り同条の文言にその根拠を見出すべきであろう．そして，何が国連憲章2条4項で禁じられているかを文言に即して検討するにあたっては，「いかなる国の領土保全又は政治的独立に対するものも」という文言の解釈について改めて検討する必要があろう．

　この文言については，限定的な意味を認める学説も見られる一方[14]，日本におけるこれまでの通説は，起草経緯や国連憲章の趣旨等から，この文言には限定的な効果はないという立場であるように思われる[15]．確かに一般論としては，国連憲章は武力行使を可能な限り包括的に禁止しようと意図されているものと解すべきと思われる．また，この文言について，「領土保全又は政治的独立」を侵害すること自体を「目的」とした行動以外は禁ずるものではないという解釈をとり，そのような限定された主観的要素の不存在を理由として，禁止される武力行使の範囲を過度に限定するというようなことは避けるべきであろう．

　その一方で，国連憲章2条4項の中にこの文言が条文として存在することもまた否定できない事実であり，条文中の文言の意味を完全に無視するという解釈が果たして妥当なのかという疑問もある．これまでのこの文言についての議論においては，他国の領域に侵攻することはその侵攻の目的如何にかかわらず認められないという点を強調するものが多かったように見受けられる[16]．本章で論じているのは，発射国は攻撃の意図を否定しているがその国から他国に向けて弾道ミサイルないしそれに似た物体が発射され，飛んでいく先の国が公海上空でその物体だけを破壊する，という行為である．過去の議論においては，このような他国への侵害の度合いが極めて低く，必要性の高い行為を念頭において議論が行われていたわけではないように思われる．

この問題に関する議論においてよく言及されるのは「コルフ海峡事件」に関するICJの判決である．特に，この裁判において英国の代理人であったベケット卿は英国の行動が「いかなる国の領土保全又は政治的独立も脅かすものではない」と主張したが[17]，ICJはこの議論を受け入れなかったという点が強調されがちである．ICJは，判決において「英国の代理人は，答弁において，『Operation Retail』を自己保存ないし自助の手段として位置づけた．裁判所はこの防御も受け入れることはできない．独立国間では，領域主権の尊重は国際関係における不可欠の基礎である」と述べている．この判決については様々な解釈が行われているが[18]，この判決は少なくとも明示的には「いかなる国の領土保全又は政治的独立に対するものも」という文言に限定的な意味がないとは言っていない．また，裁判所がここで「領域主権の尊重」の重要性を強調していることは興味深い．少なくとも，この判決のみから国連憲章2条4項の「いかなる国の領土保全又は政治的独立に対するものも」との文言が限定的な効果も持たないとの結論を導くのは難しいのではないかと考えられる．この事件において英国海軍は，アルバニアの領海内で行動した．たとえ，その行動が「領土保全又は政治的独立に対するもの」となることを意図して行われたのでなかったとしても，その行動はアルバニアの領域主権に影響を与えうるものであったのではないか．仮に英国海軍が領海外で行動していたら，アルバニアの領域主権には影響を与えず，「領土保全又は政治的独立に対するもの」ではなく，国連憲章2条4項の下で禁じられる武力の行使にあたらないという議論が可能であったかもしれない[19]．

1976年の「エンテベ事件」において，イスラエルはウガンダの空港において人質救出作戦を行い，国連安全保障理事会においてこの事件について議論が行われた[20]．この安保理における議論においてイスラエルは，国連憲章2条4項は，国連憲章において想定されていた機構が効果を発揮しない状況において，国家自身の保全と国民の重大な利益の保護に目的と効果を限定された use of force を禁ずるものと解すべきではないとい

うオコンネルの議論を引用した[21]．また，米国は，一時的なウガンダの領土保全の侵害は国民の保護のための限定的な実力の行使の権利により正当化できると論じた．

一方，ベナン，リビア及びタンザニアは，イスラエルの行動をウガンダの「主権と領土保全」に対する明らかな侵害として非難する決議を提案した．英国及び米国も別の決議を提案したが，結局議論の結果どの決議も採択されずに終わった．この際，ベナン，リビア及びタンザニアが共同提案した決議は，イスラエルの行動を非難する理由として，イスラエルの行動がウガンダの「主権と領土保全」を侵害するものであったことをあげていることは注目に値する．また，安保理における議論においてイスラエルの行動を非難した国々の代表は，ウガンダの「主権と領土保全」に対する武力行使は正当化できないと述べていた[22]．確かにイスラエルの行動は，「領土保全又は政治的独立」に対するものではない合法的な行動として安保理によって受け入れられたわけではなかった．一方で，安保理における議論は，ウガンダの「主権と領土保全」の侵害が，イスラエルの行動を国連憲章2条4項の下で禁じられる武力行使として非難した国々にとって重要な理由であったことを示しており，「主権と領土保全」の侵害の有無が国連憲章2条4項の下で禁じられる武力行使にあたるか否かを判断する際に，考慮されるべき重要な要素と捉えられていたことを示しているようにも見受けられる．

この国連憲章2条4項の文言の解釈は大きな問題であり，人道的介入に関する解釈にも関わる問題であるが，前記を踏まえれば，いかなる国の領土保全又は政治的独立にも全く影響を与えない行動は，国連憲章2条4項の下での武力行使の禁止から除外することができるという考えも成り立ちうると思われる．もし，ある行動が他国の領域主権に影響を与えず[23]，その意思に反して特定の政策や行動をとらせるよう強制するものでもなければ[24]，「いかなる国の領土保全又は政治的独立」にも影響を与えないと考えることができる余地があるのではなかろうか．仮にこのような解

釈をとったとしても，この文言に大きな効果を認めるものではなく，例外的に国連憲章2条4項で禁じられる武力行使にあたらない，いかなる国の領土保全又は政治的独立にも全く影響を与えない use of force が存在するということを示すのみであり，国連憲章2条4項の下での一般的な武力行使の禁止は維持されるであろう．

国連憲章2条4項の「いかなる国の領土保全又は政治的独立に対するものも」という文言に限定的な意味があるとの議論への反論として，この文言は国家の領土保全と政治的独立を守るために挿入されたものであることから，この文言に制限的な意味を持たせる意図はなかったという議論が行われてきている[25]．しかしながら，この文言が武力行使の禁止の範囲を広くしようと意図して挿入されたものであったとしても，この文言が一切制限的な意味を持ち得ないということにはならない．この文言は，ダンバートン・オークス提案の段階ではテキストに入っていなかったが，1945年のサンフランシスコ会議（the United Nations Conference on International Organization [UNCIO]）において挿入された．このことは，むしろこの文言にはそれまで明確でなかった武力行使の禁止の外縁を明らかにする効果があったと解するべきであろう．そうであれば，この文言が挿入されたことにより，それが意味しうる範囲を超えて，領土保全や政治的独立を害し得ない use of force まで禁止されることとなった，と解するのには無理があるのではないかとも考えられる[26]．

ここで論じているような飛翔体の迎撃行為は，公海上空で行われ，発射された飛翔体のみを破壊する行為である．したがって，他国の領域主権に影響を与えるような行為ではない．また，仮に発射国が合法的に公海においてミサイルの発射実験を行った場合にそれを迎撃するのであれば，非常に広い意味においては発射国の意思に反して特定の行動を強制すると捉えられる可能性はある．しかし，ここで議論しているのは，発射国が意図に反して他国に向かって飛翔体を発射してしまった場合にその飛翔体を迎撃することであり，そのような迎撃行為が，他国にその意

思に反して特定の政策や行動をとらせるよう強制するものとなるとは思われない．

このような解釈は，我が国における通説的な見解とは異なるかもしれないが，ここではあえて，「いかなる国の領土保全又は政治的独立に対するものも」という文言の解釈に依拠するとしたらどのような議論が可能かという観点から検討を行った．同時に，そもそも果たして国連憲章2条4項の文言が，その後の時代の変化の中で生じてきた新たな事態にすべて対応できるかと言えば，疑問が残る面もある．時代の変化と共に安全保障環境が変化し，安全保障に関する技術革新も進む．それにより，当初想定されていなかったような措置が現実化し，当初行われていた解釈を当てはめるだけでは不適切な状況が生じることはありうるであろう．ここで議論されている弾道ミサイル等の迎撃という措置は，国民の生命を守るために極めて重要であり，他国への影響を最小限に抑えたものである．また，自衛権で正当化できない可能性が排除されないのは，発射国に攻撃の意図がない場合である．そのような場合に，迎撃「ミサイル」と呼ばれる手段を用い，他国の「ミサイル」ないし「ロケット」を破壊するものであるからといって，必ずそれが国際法上禁じられる武力行使にあたる，と解さなければならないというわけではないのではなかろうか[27]．もちろん，国際法上禁じられる武力行使の範囲はできる限り明確であるべきであり，曖昧な議論は避けるべきであろうが，硬直的な解釈により不合理な結論となることもまた避けるべきであろう．

3　緊急避難（necessity）

前述のような「国連憲章2条4項で禁じられる武力行使にあたらない」という議論が受け入れられない場合，ここで議論されている迎撃行為は国連憲章2条4項でいうところの武力行使にあたらないという議論は一層困難となる．その場合，何らかの正当化事由が必要となるが，このような場合に「緊急避難」によって正当化することが可能であろうか．

2001年のILCの国家責任条文草案第25条は以下の通り定めている．

1．国は，次の場合を除き，国際的な義務と一致しない国の行為の違法性を阻却する根拠として緊急避難を援用することはできない．
（a）その行為が重大でかつ急迫した危険に対して不可欠の利益を保護するための当該国にとって唯一の手段であり，かつ，
（b）その行為が義務の相手国又は国際社会全体の不可欠の利益に対する重大な侵害とならない場合．
2．いかなる場合にも，国は，次の場合には違法性を阻却する根拠として緊急避難を援用することはできない．
（a）当該の国際義務が緊急避難を援用する可能性を排除する場合，又は，
（b）国が緊急避難に寄与する場合．

弾道ミサイルやそれに似た物体が我が国に飛んできた場合に，前述の自衛隊法第82条の2の規定に従って迎撃を行うのであれば，ここにいう緊急避難の要件は満たすと思われる．すなわち，自衛隊法第82条の2で定められている，①弾道ミサイルその他その落下により人命又は財産に対する重大な被害が生じると認められる物体が，我が国に飛来するおそれがあること，②その落下による我が国領域における人命又は財産に対する被害を防止するため必要があると認めるときであること，という要件を満たせば，国家責任条文草案第25条1項（a）の「その行為が重大でかつ急迫した危険に対して不可欠の利益を保護するための当該国にとって唯一の手段であ」るという要件を満たすであろうし，発射された弾道ミサイル等を公海上で破壊する行為は，基本的に発射国に対して被害をもたらすものではなく，同項（b）でいう「義務の相手国又は国際社会全体の不可欠の利益に対する重大な侵害」となるとは考えられない．

一方，弾道ミサイルを迎撃する行為が国際法上本来禁じられる武力行

使にあたる場合，その違法性阻却事由として緊急避難を援用できるかどうかが問題になる．ILC の国家責任条文草案の第一読の際の報告者であったアゴーは，国連憲章2条4項で禁じられる武力行使には，強行法規に違反するものとそうでないものがあり，後者については緊急避難が適用可能であるという考え方を提示した[28]．この考え方に立てば，ここで論じられるような，攻撃の意図を否定している発射国から我が国にミサイルないしそれに似た物体が発射された場合の迎撃などは，相手国に対する侵害の度合いが非常に低く，極めて限定された措置であり，アゴーのいう強行法規によって禁じられない武力行使にあたり，緊急避難で説明できるということになるかもしれない．しかしながら，このアゴーの議論については否定的な見解も有力であり，国連憲章2条4項の下で禁じられる武力行使のうち何が強行法規に違反し，何が違反しないのかという難しい問題を惹起するものであることも事実である[29]．

VI　おわりに

米国のロバート・ケーガンは，『ネオコンの論理』という著書の中でヨーロッパと米国を対比し，統合が進みポストモダンの「楽園」の中にいるヨーロッパは国際法を重んじるが，米国は直面する安全保障上の脅威に対処するにあたって既存の国際法を超えざるを得ない時があるという趣旨のことを述べていた[30]．

ここで我が国も安全保障上の脅威に対処するためには国際法を遵守しなくてもいいという議論をするつもりはもちろんなく，当然我が国は国際法を遵守していかねばならない．しかし，このケーガンの議論は，国際法学者にとっても重要な指摘を含んでいると思われる．すなわち，ケーガンの議論を「国際法について考えるにあたっては現実の安全保障環境を踏まえる必要があり，その意味でこれまでの国際法は現実の課題に対

応できていない面があるのではないか」という問題提起として捉えれば，あながち無視し得ない面もあるのではなかろうか．

　我が国が直面する国際法上の課題に，既存の国際法ないしその解釈が十分に対応できているのかという意識は常に持ち続ける必要があり，特に安全保障環境が変動する中，安全保障に関する国際法についてはこうした意識は重要である．本章においては，自衛権と弾道ミサイル防衛の法的根拠という切り口から安全保障に関する国際法につき若干の問題提起を試みた．今後，ここで提起した論点を含め，我が国をめぐる安全保障環境を見据えつつ，関連する国際法についてさらに活発な議論が行われていくことが期待される．

注

1　ただし，我が国が導入を進めている弾道ミサイル防衛システムは特定の国を対象としたものではない．（なお，「脅威＝能力＋意図」であると言われており，「能力」だけで「脅威」になるわけではないが，平成18年度版『日本の防衛（防衛白書）』は，弾道ミサイルの「能力」に関して，中国について次のように記述している．「我が国を含むアジア地域を射程に収める中距離弾道ミサイル（IRBM/MRBM）を相当数保有している．従来から，液体燃料推進方式の DF-3 が配備されており，最近では固体燃料推進方式で，発射台付き車両（TEL）に搭載され移動して運用される DF-21 への転換が進みつつあると見られている．これらのミサイルは，核を搭載することが可能である」（44頁））

2　第76条は防衛出動の根拠であり，武力行使の根拠は自衛隊法第88条である．

3　むしろ「緊急状態」と訳すべきとの意見も有力である．本章ではとりあえず「緊急避難」の語を使用する．

4　R.Y. Jennings, "The Caroline and McLeod Cases," *American Journal of International Law,* Vol. 32 (1938), p. 89.

5　*Ibid.,* p. 85；田岡良一『国際法上の自衛権』（勁草書房，1964年）40頁．

6　田岡，前掲書41-42頁，筒井若水『自衛権　新世紀への視点』（有斐閣選書，1983年）121-126頁．

7 例えば，横田喜三郎『国際法（改訂版，下巻）』（有斐閣，1940年）125-129頁参照．

8 I. Brownlie, *International Law and the Use of Force by States* (Oxford University Press, 1963), pp. 367, 377.

9 Case concerning *Oil Platforms* (Islamic Republic of Iran v. United States America), Merits, Judgment of 6 November 2003, para. 51, at http://icj-cij.org/icjwww/idocket/iop/ipoframe.htm.

10 C. Gray, *International Law and the Use of Force*, 2nd ed. (Oxford University Press, 2004), pp. 98-99.

11 田岡，前掲書（注5）123-124頁，359-363頁．

12 例えば，平成17年3月31日の衆議院武力攻撃事態等への対処に関する特別委員会における阪田雅裕法制局長官答弁．

13 拙稿 "Legal Basis of Missile Defense," *Japanese Annual of International Law*, No.48 (2005), pp. 72-79 参照．

14 J. Stone, *Legal Controls of International Conflict* (Stevens & Sons, 1954), p. 234; D. W. Bowett, *Self-Defence in International Law* (Manchester University Press, 1958), p. 150.

15 例えば，田畑茂二郎『国際法新講（下）』（東信堂，1990年）192-193頁．Brownlie, *supra* note 8, pp. 265-268 参照．その他参照すべき文献として，H. Lauterpacht (ed.), *Oppenheim's International Law ii, Disputes, War and Neutrality* (7th ed., Longmans, 1952), p. 154; O. Schachter, *International Law in Theory and Practice* (M. Nijhoff, 1991), p.112; Yoram Dinstein, *War, Aggression and Self-Defense* (3rd ed., Cambridge University Press, 2001), p. 81; Goodrich, Hambro, and Simons, *Charter of the United Nations* (3rd ed., Columbia University Press, 2001), p. 44; A. Randelzhofer, "Article 2 (4)," in Bruno Simma (ed.), *The Charter of the United Nations: A Commentary* (2nd ed., Oxford University Press, 2002), pp. 123-124; Gray, *supra* note 10, pp. 29-31.

16 例えば，Lauterpacht, *supra* note 15, p. 154; Randelzhofer, *supra* note 15, p. 123.

17 *ICJ Pleadings, Corfu Channel Case*, Vol. III, p. 296.

18 Gray, *supra* note 10, p. 31.

19 Schachter, *supra* note 15, p. 113 参照．

20 安保理における議論については，*International Legal Materials*, Vol. 15 (1976), pp. 1224-1234; *UN Yearbook*, Vol. 30 (1976), pp. 315-320 及び D. J. Harris, *Cases and Materials on International Law* (4th ed., Sweet & Maxwell, 1991), pp. 864-868 参照．

21 *International Legal Materials*, Vol. 15 (1976), p. 1230; D.P. O'Connell, *International Law*, Vol. 1 (2nd ed., London, 1970), pp. 303-304.

22 例えばモーリタニアとカメルーンの発言. *International Legal Materials*, Vol. 15 (1976), p. 1228 and pp. 1231-1232.

23 Schachter は、「領土保全に対する」という文言は他国の領域に同意なく侵入を強行することと解釈できるとしている (Schachter, *supra* note 15, pp. 112-113).

24 同様の解釈をとるものとして、*ibid.*; Goodrich, Hambro and Simons, *supra* note 15, p. 51.

25 Brownlie, *supra* note 8, pp. 266-268 参照.

26 ちなみに、サンフランシスコ会議においてこの文言を提案したオーストラリアのフォード副首相は、提案理由につき以下の通り述べており、この発言を見る限り、領土保全や政治的独立を害し得ない use of force まで禁ずる意図があったとは考えにくい. "…In the Charter should also be a specific undertaking by all members to refrain in their international relations from force or the threat of force against the territorial integrity or political independence of another state. The application of this principle should insure that no question relating to a change of frontiers or an abrogation of a state's independence could be decided other than by peaceful negotiation. It should be made clear that if any state were to follow up a claim to extended frontiers by using force or the threat of force, the claimant would be breaking a specific and solemn obligation under the Charter." (*The United Nations Conference on International Organization Selected Documents* 〔Department of State Publication 2490, 1946〕p. 101 and p. 270)

27 筒井、前掲書(注6)においては、「トリー・キャニオン号事件」とともに人工衛星の落下を防ぐための軍事的措置も例に挙げつつ、このような措置については武力行使ではなく、国際法上「自衛」をもって論じるまでもないと述べている. (96-97頁)

28 *ILC Yearbook 1980*, Vol. II, pp. 43-44. このような考え方に好意的な論者の例として、N. Ronzitti, "Use of Force, Jus Cogens and State Consent," in A. Cassese (ed.), *The Current Legal Regulation of the Use of Force* (M. Nijhoff, 1986), p. 150; Schachter, *supra* note 15, pp. 169-173 参照.

29 山田卓平「トリーキャニオン号事件における英国政府の緊急避難理論」『神戸学院法学』第35巻第3号 (2005年) 113-114頁、注85 は、ILC は、クロフォードが特別報告者となって以降の議論においては、武力行使を緊急避難で正当化することはできないとの立場をとっていると解される旨論じている. アゴーの提示した考え方に否定的な例として、Dinstein, *supra* note 15, p. 81 参照.

30 ロバート・ケーガン (著)、山岡洋一 (訳)『ネオコンの論理——アメリカ新保守主義の世界戦略』(光文社、2003年).

第5章
低水準敵対行為と自衛権

植木　俊哉

Ⅰ　はじめに
Ⅱ　前提的考察：国際法上の「自衛権」——国連憲章51条と国際慣習法の位置づけと解釈
Ⅲ　「自衛権」行使の要件　その1——武力攻撃の「発生」と低水準敵対行為
Ⅳ　「自衛権」行使の要件　その2——「武力攻撃」概念と低水準敵対行為
Ⅴ　低水準敵対行為に対する自衛権行使に関連する国家実行
Ⅵ　低水準敵対行為に対する自衛権行使に関連する国際判例
　1　「ニカラグア事件」ICJ本案判決（1986年）
　2　「核兵器使用合法性」事件ICJ勧告的意見（1996年）
　3　「イラン油井事件」ICJ本案判決（2003年）
Ⅶ　おわりに

I はじめに

本章は，自衛権の発動が許容される対象として国連憲章51条が規定する「武力攻撃」(an armed attack; une agression armée) に該当するほどの高水準（高強度）ではない敵対行為ないしは武力の行使に対して，いかなる場合に自衛権を行使することが法的に可能であるかを検討するものである．例えば，隣接国間の国境地帯での発砲事件や小規模な武力衝突，国境地帯でのゲリラや非正規兵の越境活動，単発的な爆撃，機雷敷設や海上封鎖といった行為は，しばしば「低水準（低強度）敵対行為」と呼ばれ，これらの行為のみでは必ずしも自衛権発動の対象となる「武力攻撃」であるとはみなされてこなかった．

しかし，以上のような低水準（低強度）敵対行為に対する自衛権行使の問題について考察を行うためには，まず最初に，「武力攻撃の発生」を自衛権行使の要件と規定する国連憲章51条の法的位置づけとその解釈について検討する必要がある．そこで，本章ではまず，前提となるこの問題につき最初に検討した後に，実質的な内容の考察に進むこととしたい．

II 前提的考察：国際法上の「自衛権」
―― 国連憲章51条と国際慣習法の位置づけと解釈 ――

現代の国際法における「自衛権」に関する問題を検討する場合，その具体的な手がかりとなる規定が国連憲章51条であることは，ここで改めて指摘するまでもない．国家が固有の権利として有する「自衛権」の内容と国連憲章51条が規定する「自衛権」の内容とが同一のものであ

るか否かについては，1986年に国際司法裁判所（以下，ICJ）が下した ニカラグア事件本案判決を契機として，さまざまな議論が展開されてきた[1]．同判決の多数意見は，国連憲章51条が規定する個別的自衛権及び集団的自衛権と同一の内容の自衛権が国際慣習法上も同時に認められるとの見解を示した[2]．ICJの多数意見がこのような結論を導く根拠として挙げたのは，①憲章51条が自衛の「固有の権利」(inherent right; droit naturel) という表現を用いていること，②1970年に国連総会決議として採択された「友好関係原則宣言」の中にこれを示唆する文言が盛り込まれていること，の2点であった[3]．

ニカラグア意見の多数意見が判示した以上のような見解に対しては，集団的自衛権が国連憲章51条のみならず国際慣習法上の規則としても独自に存在することは学説上ほとんど異論がないとの評価がある一方で[4]，1945年の国連憲章制定時に存在した広範な自衛権行使を認める国家実行が国連憲章51条の制定によって厳格にその範囲内に制限されたことを裏づける事後の国家実行 (subsequent state practice) は必ずしも十分には存在しない，との指摘もなされている[5]．国連憲章51条の規定する自衛権とは別個に，国際慣習法に基礎を置く自衛権が存在することが認められた場合にも，この両者の内容が全く同一であるということは必ずしも自明ではなく，国連憲章51条の規定する自衛権行使の要件とは異なる内容の要件が，国際慣習法に基づく自衛権に関しては認められるということも論理的には当然考えられ得る．そのような前提に立った場合，本章の直接の考察対象である「低水準（低強度）敵対行為」に対する自衛権行使は，このうちの前者，すなわち国連憲章51条に基づく場合には，「低水準（低強度）敵対行為」が憲章51条の規定する要件である「武力攻撃」に該当しない限り認められないが，後者，すなわち国際慣習法に基づく自衛権においては，「低水準（低強度）敵対行為」に対する自衛権行使もその要件を認められると解釈できることになる．他方で，自衛権に関してこのように2つの異なる内容の法規範が現代において並行し

て存在すると解釈することは，一定の混乱を招く危険性を含むものであることもまた事実であろう．

　そこで，以下本章では，取りあえず「武力攻撃の発生」という国連憲章51条の定める要件を満たすことが自衛権の行使のためには必要であるという前提に立って，「低水準（低強度）敵対行為」（以下，本章では「低水準敵対行為」と表記する）に対する自衛権行使の問題について検討することとしたい．

III　「自衛権」行使の要件　その1
　　──武力攻撃の「発生」と低水準敵対行為──

　以上IIで整理したように，少なくとも国連憲章51条の文言を前提とする限り，換言すれば少なくとも国連憲章上の自衛権を問題とする限りにおいて，ある国家が「自衛権」を行使するためには「武力攻撃の発生」がその要件として必要とされるものと解釈されることになる．但し，国連憲章51条の日本語の公定訳において「国連加盟国に対して武力攻撃が発生した場合には」と訳されている部分は，これに対応する英語の正文が "if an armed attack occurs against a Member of the United Nations" とされているのに対して，フランス語の正文は "dans le cas où un Membre des Nations Unies est l'objet d'une agression armée" であり，英語の「武力攻撃」(an armed attack) に対応するフランス語は，"une agression armée" とされていることに留意する必要がある[6]．この部分のフランス語正文は，直訳すれば「軍事的侵略の『対象』(objet) とされた場合には」となるものであり，英語正文の場合のように「武力攻撃が『発生した』(occurs) 場合には」の「発生」という要件は，少なくともフランス語正文の文言上からは直接には読み取ることができない[7]．

　この武力攻撃の「発生」という要件は，武力攻撃の「現実の」発生を

どの程度必要とするかという問題との関係で，将来の武力攻撃が予想される場合のいわゆる「予防的自衛」「先制的自衛」(preventive self-defense; anticipatory self-defense) の問題や，過去に終了した武力行使に対する「事後的自衛」の問題等を検討する場合の解釈論上の手がかりとなるものである．このうちの前者の「予防的自衛」「先制的自衛」に関する主張は，特に核兵器や大量破壊兵器等による武力攻撃に際してその「現実の発生」を待たなければ自衛権行使による反撃行為が許されないと解することは現実的でない，という理解に基づくものである．しかし，このような「予防的自衛」の行使という主張は，少なくとも 2001 年の同時多発テロ以前は米国政府によっても必ずしも明確には主張されていたわけではない[8]．2001 年 9 月 11 日に発生した米国におけるいわゆる同時多発テロ以降は，いわゆる「国際テロリズム」に対する「予防的自衛」又は「先制的自衛」（場合によっては「事後的自衛」）がどのような要件の下でいかなる場合に認められるか，という問題が国際社会における大きな政治的かつ法的争点として議論されることになった[9]．この議論における実質的な法的争点は，どのような国際テロリズム又はその準備行為がなされれば，それが憲章上の「自衛権」行使の要件である「武力攻撃の『発生』」に該当するのか，あるいは「国際テロリズム」に対する反撃行為については，たとえ当該国際テロリズム行為が「武力攻撃」に該当しないものと解される場合においても，「自衛権」を援用してこれを正当化することができるのか，といった問題であった．従って，「国際テロリズム」に該当する行為又はその一定の準備行為の中に，もし仮に低水準敵対行為に分類できるものが含まれるとすれば，この点はまさに低水準敵対行為に対する自衛権の行使が認められるか否かという問題として位置づけることができる．

「予防的自衛」という概念が初めて国際社会で明確に主張されたのは，1981 年のイスラエルによるイラクの原子炉破壊の爆撃の事例においてであった．この事例でイスラエル側は，イラクはイスラエルを攻撃する

ための核兵器を開発しており，これを開発段階で破壊することは予防的自衛として認められるべきであると主張した．しかし，国連の安全保障理事会は，全会一致でイスラエルの攻撃を非難する決議を採択した[10]．但し，米国と英国がこのイスラエル非難決議に賛成をしたのは，必ずしも「予防的自衛」という概念自体が国際法上認められないとの理由からではなく，本件においては爆撃対象とされたイラクの原子炉施設が実際に核兵器を開発していたことが十分に証明されていない，という理由からであったものと解される．他方で，この事件に際して，大多数の国連加盟国は，予防的自衛として武力の使用を正当化することは国際法に照らして認められないと主張した[11]．

1986年には，西ベルリンにおいてリビアが指揮したと主張される爆破事件が発生し，多くの米国兵が死傷したことに対する報復として，米国はリビア本土を爆撃した．その際に米国のレーガン大統領は，当該爆撃を（武力による）報復 (reprisal) ではなく，国連憲章51条の下での「（リビアの）テロ施設に対する先制的行動」(preemptive action against terrorist installations) であると主張した．この主張は，一種の「事後的」自衛の主張であるというよりは，むしろ将来予期されるさらなるテロ攻撃に対する「予防的」自衛の主張として理解することができる[12]．もし仮に，西ベルリンにおけるテロ行為が，「武力攻撃」には該当しないものの，低水準敵対行為という範疇に属する行為として捉えられるとすれば，この米国によるリビア爆撃は，法的には低水準敵対行為に対する自衛権行使が認められるか否かという問題としてこれを整理することができよう．このような米国の行為に対して，非同盟諸国外相会議は，米国によるリビア爆撃は「明確な侵略である」と非難した．しかし，この非同盟諸国外相会議による非難の根拠が，西ベルリンにおけるテロ攻撃がリビアによるものであることの立証が不十分であることを理由とするものであったとすれば，これは必ずしもすべての場合にテロ行為のような低水準敵対行為に対する予防的な自衛権の行使を全面的に否定する趣旨では

ない，と解することもできよう[13]．

　以上のような低水準敵対行為に対する自衛権行使の問題は，武力攻撃の「発生」という要件との関連で，2001年の米国における同時多発テロ発生以降，「国際テロリズム」というものを法的にどのように捉えるべきかという問題をめぐって，新たな状況の中で議論が展開されることとなった．他方で，低水準敵対行為に対する自衛権行使に関しては，以上のような武力攻撃の「発生」という要件をめぐる問題とともに，そもそも国連憲章上自衛権発動の要件として規定されている「武力攻撃」概念そのものを，本章の検討対象である低水準敵対行為との関係でいかに理解すべきであるかという問題が重要な検討課題として提起されることになる．そこで次のIVでは，国連憲章51条が規定する「武力攻撃」概念そのものの解釈との関係で，低水準敵対行為に対する自衛権行使の問題について検討を行うこととしたい．

IV 「自衛権」行使の要件 その2
——「武力攻撃」概念と低水準敵対行為——

　「自衛権」行使が認められるための要件として国連憲章51条が明記している「武力攻撃」(an armed attack; une agression armée) とは，いかなる概念であり，具体的にどのような行為がこれに含まれるものと解釈できるであろうか．本章の検討課題との関係でいえば，個々の具体的な行為自体は必ずしも「武力攻撃」に該当しないもの，例えばいわゆる低水準敵対行為であっても，これが一定程度集積し累積する場合には，国連憲章上の自衛権行使の対象となる「武力攻撃」を構成するものと認められ得るであろうか[14]．

　自衛権に関しては，国境地帯での発砲事件や小競り合い，単発的な爆撃，海上封鎖や機雷敷設，ゲリラや非正規兵の越境活動に対する援助等

が，自衛権行使の対象となる「武力攻撃」を構成するものであるか否かが，従来から議論されてきた[15]．例えば，北大西洋条約機構（NATO）の設立条約である北大西洋条約は，国連憲章51条に基づく個別的又は集団的自衛権の発動対象となる「武力攻撃」の中に，締約国の船舶又は航空機に対する「武力攻撃」が含まれることを明記している（同条約6条）．また，これに加えて最近では，いわゆる「テロ支援国家」に対する武力行使を「自衛権」を根拠として正当化することが可能であるかといった問題や，核兵器等の特定の兵器を用いた武力攻撃に対する反撃を自衛権を根拠として行う場合の特別の問題等が，国際法上の重要な論点として議論されるようになった[16]．

そこで以下では，国連憲章上の自衛権行使の対象とされる「武力攻撃」概念に関する検討素材となる国家実行及び重要な国際判例を取り上げ，いわゆる低水準敵対行為に対する自衛権行使の問題について具体的に検討を行うこととしたい．まず，このような低水準敵対行為に対する反撃行為に関連する自衛権の援用に関して，国際社会でどのような国家実行とそれに関する法的主張が展開されてきたかについて，次のVで簡単に整理することとしたい．

V 低水準敵対行為に対する自衛権行使に関連する国家実行

国連憲章が「自衛権」発動の要件として規定する「武力攻撃」概念の解釈に関連して，特に国境地域での小競り合いや不正規軍（ゲリラ）・叛徒等の越境活動の支援又は黙認等のいわゆる低水準敵対行為に対する武力による反撃行為を，「自衛権」の援用によって正当化することが認められるか否かに関して，国際社会では，一定の国家実行とそれに関連する法的議論が展開されてきた．

1980年代末以前のいわゆる東西冷戦期においては，例えばポルトガルがアフリカに領有していた植民地の隣国に対して，また南アフリカ共和国が近隣国であるアンゴラ，ボツワナ，モザンビーク，ザンビア等に対して，さらにイスラエルがレバノンに対して，それぞれ不正規兵やゲリラ等の国境を越えた侵入を理由に自衛権を援用して武力行使を行った．しかし，これらの行動に対する国連安保理における評価及び国際社会における反応は，いずれも大変厳しいものであった[17]．結果として，これら不正規軍やゲリラ等による越境侵害活動に対する反撃行為を自衛権を援用して正当化することについては，当該侵害活動の規模や程度，それらを総合的に評価した違法性の度合い等によってもちろん結論は左右されるものの，一般的には，国際社会における広い支持が存在するとは言い難い状況にあったものと総括することができる．

　他方で，東西冷戦終結後の1990年代においても，タイ政府によるミャンマー領への越境攻撃（1995年），セネガルによるギニア・ビサウに対する越境攻撃（1992年，95年）など，叛徒の取り締まり等のため短期的で一時的な越境攻撃を自衛権を援用して正当化する事例は，ある程度存在している[18]．これに対して，1991年以降のトルコによるイラク領クルド人地区に対する事実上の侵攻と占領のように，自衛権を援用することなく他国領域に対する軍事力の行使が行われる事例も存在しないわけではない[19]．

　それでは次に，このような低水準敵対行為との関係で「自衛権」援用の前提とされる「武力攻撃」概念，さらには「必要性」「均衡性」といった「自衛権」行使が認められるための要件等について，国際司法裁判所（ICJ）が下した判決を手がかりとして具体的検討を行うこととしたい．

VI 低水準敵対行為に対する自衛権行使に関連する国際判例

1 「ニカラグア事件」ICJ本案判決（1986年）

　外国領域内の叛徒やゲリラ等に対して国境を越えた援助等を行うことが「武力攻撃」に相当するものとして「自衛権」行使の対象となり得るか否かに関する重要な判断を示した先例が，1986年のニカラグア事件に関するICJの本案判決である[20]．この事件では，米国政府はその管轄権段階での弁論の中で，米国によるニカラグアに対する一連の行動は，ニカラグア政府による近隣諸国（エルサルバドル，ホンジュラス，コスタリカ）に対する武力攻撃及びゲリラ支援等に対する「集団的自衛権」の行使である旨を主張していた[21]．同判決の多数意見は，以上のような米国政府の主張に対して，1981年初頭までの間にニカラグア領内からエルサルバドルの反政府勢力に対する武器流入があったことは認めつつ，それ以降についてはその継続を示す十分な証拠は存在しないと認定した[22]．また，ホンジュラスとコスタリカとの国境においてニカラグアによる「武力攻撃」が行われたという米国側の主張に対しては，ニカラグアによるいくつかの越境攻撃の存在を一応認定した[23]．しかし，判決の多数意見は，本件で適用される国際慣習法上の集団的自衛権の行使が認められるためには，①「武力攻撃」の存在及び，②武力攻撃の被害国による援助の要請，の2つが必要であるが，第一にホンジュラスとコスタリカは米国に対して援助の要請を行っておらず，第二にエルサルバドルはニカラグアからの武力攻撃を受けたとして米国に対する援助要請を行ったが，その要請が行われたのは1984年8月15日のICJへの訴訟参加の要請の際であり，米国によるニカラグアに対する諸活動のはるか後であると指摘した[24]．以上の理由から，多数意見は，米国による集団的自衛権の行使という主張は認められないとの結論を導いた上で，集団的自衛権の行

第5章　低水準敵対行為と自衛権　123

使が認められるためにはさらに，③反撃行為の「必要性」(necessity) 及び，④武力攻撃と当該反撃行為との間の「均衡性」(proportionality)，という2つの要件を満たすことが必要であり，本件における米国によるニカラグアに対する軍事的諸活動は，これら2つのいずれの要件も満たさない，として米国の主張を退けた[25]。

　以上のようにニカラグア事件の多数意見は，エルサルバドルの反政府勢力に対するニカラグアの武器支援等は，場合によっては他国の内政に対する「干渉」等に該当し，国際法上違法なものと評価される可能性があることは認めつつも，「集団的自衛権」行使の対象となるような違法な「武力攻撃」に該当するものではない，との見解を示した[26]。この点に関しては，SchwebelとJenningsの2名の裁判官が，それぞれの反対意見の中で多数意見の見解に対する批判を展開しており，また米国を中心に学説上もこれを批判する意見が提起されている[27]。例えば，米国出身のSchwebel裁判官は，国連総会が1974年に採択した「侵略の定義に関する決議」（国連総会決議3314(ⅩⅩⅨ)）等を引用しながら，ニカラグアによるエルサルバドルに対する非正規軍の派遣等は「武力攻撃」に該当するものであり，米国による集団的自衛権行使が認められるべきであると強く主張した[28]。また，英国出身のJennings裁判官は，国連憲章第7章に基づく国際社会の平和維持が実効性を欠いている現実の中で，合法的な自衛権の行使に対して必要以上の厳格な制限を課すことは危険であると述べ，多数意見を批判した[29]。

　以上のようなニカラグア事件判決の多数意見の見解は，武力行使ないしは敵対行為を「低水準（低強度）」のものと「高水準（高強度）」のものとに二分し，自衛権行使の対象となるものは後者の「高水準（高強度）」の武力行使ないしは敵対行為，すなわち「武力攻撃」に該当するものに限定され，前者の「低水準（低強度）」の武力行使ないしは敵対行為に対しては，少なくとも自衛権を援用して武力による反撃行為を行うことは認められない，との立場を示したものであると理解することができよ

う.

2 「核兵器使用合法性」事件 ICJ 勧告的意見（1996 年）

次に，自衛権の行使が認められるための要件の1つである「均衡性」(proportionality) に関する重要な見解を示した事例として，ICJ が 1996 年に下した核兵器使用の合法性に関する勧告的意見が挙げられる[30]．

ICJ は，同勧告的意見の中で，国際慣習法及び国連憲章第 51 条のいずれに基づく自衛権の行使に関しても，「必要性」(necessity) 及び「均衡性」(proportionality) という2つを満たすことが要件とされることを前述のニカラグア事件判決を援用しながら述べた上で，「均衡性原則は，すべての状況における核兵器の使用をそれ自身では排除するものではないかもしれない．しかし同時に，自衛の法の下での均衡性を満たす武力の行使が合法的であるためには，とりわけ人道法の原則及び規則を含む武力紛争に適用される法の要件に合致するものでなければならない」と述べた[31]．

ICJ がこの部分で示した見解をどのように理解すべきかについては，二通りの解釈が考えられ得る．第一の解釈は，自衛権行使の手段として核兵器を使用することも「均衡性」の要件等の一般的要件を満たす限りにおいて許容されることを ICJ は承認したという解釈である．この ICJ の多数意見が，主文 (2) E の後半部分で，「国家の存亡そのものがかかった自衛の極限状況の下で，核兵器による威嚇又は核兵器の使用が合法であるか違法であるかについては，明確な結論を下し得ない」との見解を示している点も，このような解釈を裏づけるものとなり得る[32]．これに対して，第二の解釈は，ICJ は，前述の引用部分の後段の箇所で「人道法の原則及び規則を含む武力紛争に適用される要件に合致する」という条件を明示しているが，（核兵器による「威嚇」は別として）少なくとも核兵器の「使用」はこの条件に合致するとは考えられないため，自衛の手段として核兵器を「使用」することは禁止されるものと解釈する見解

である．

　本勧告的意見において取り上げられた問題は，直接的にはいわゆる低水準敵対行為に対する「自衛権」の発動に関係する問題ではなく，主として武力攻撃に対する反撃行為の内容と手段，具体的には核兵器を自衛権行使のための手段として用いることができるか否かという点であった．しかし，自衛権行使の合法性ないしは許容性を審査する際に，自衛権援用の原因とされた侵害行為とこれに対する反撃行為との間の相互関係を「必要性」や「均衡性」といった要件に照らして考察することの重要性が，本意見の中では明示された．このことは，とりわけ自衛権に関する「均衡性」の要件に照らして低水準敵対行為に対する「自衛権」の援用の適否を検討する場合に，一定の重要な示唆を与えるものであると考えられる．

3　「イラン油井事件」ICJ 本案判決（2003 年）

　自衛権発動の対象となる「武力攻撃」概念に関して，低水準敵対行為と直接的に関係する問題として，「集積理論」（doctrine of accumulation of events）の主張がある．これは，個々の行為それ自体では「武力攻撃」に該当しないものであっても，それらの行為や事態が一定程度「集積」（accumulation）した場合には，それが自衛権発動の対象としての「武力攻撃」（armed attack）と同視し得る程度にまで至る場合があり得るという考え方である．このような考え方が実際に主張され，その当否が問題とされた事例が，2003 年に ICJ が下したイラン油井（オイル・プラットフォーム）事件判決であった[33]．この事件では，米国海軍が自衛権を援用してイランの石油精製施設（油井）に攻撃を加えたが，米国側はイランによる一連の行為（米国艦船へのミサイル攻撃，機雷への触雷など）が集積して「武力攻撃」と同視し得る程度のものになったと主張して，自らの自衛権発動を正当化する主張を展開した．

　ICJ は，本判決においても，1 で前述したニカラグア事件本案判決で

示された自衛権行使が認められるための基準，すなわち「（武力）攻撃への対応が合法的であるか否かは，自衛としてとられた措置の『必要性』(necessity) 及び『均衡性』(proportionality) の基準の遵守による」との見解を示して，本件における米軍によるイランの油井への攻撃がこれらの要件を満たすか否かを検討した[34]．本件で具体的に問題とされた米軍によるイラクの油井に対する具体的攻撃は，いずれもイラン・イラク戦争最中のものであったが，① 1987 年 10 月 16 日に，米国国旗を掲げたタンカーがクウェート領海内でイランからのミサイル攻撃を受けたことを理由に，3 日後にイランの油井 1 つを攻撃し破壊した行為，② 1988 年 4 月 14 日に，バーレーン沖公海を航行中の米国軍艦が機雷に触れて被害を受けたことを理由に，4 日後にイランの油井 2 つを攻撃し破壊した行為，の 2 つであり，これら米軍による攻撃行為が，自衛権を根拠として正当化することができるか否かが争点とされた．ICJ は，①に関しては，自衛権行使の要件のうち，「均衡性」の要件は満たしている可能性は認めながらも，「必要性」の要件を満たさないものとし，②に関しては「均衡性」「必要性」いずれの要件も満たさないと判示して，米国による自衛権行使という主張を認めなかった[35]．

　1986 年のニカラグア事件本案判決が集団的自衛権に関して判断を下した初めての ICJ 判決であったのに対して，本判決は，ICJ が個別的自衛権に関する具体的判断を示した重要な判決であると解することができる[36]．ICJ は，本判決の中で，当時のイラン・イラク戦争下でのイランによるペルシャ湾岸における一連の行動の「集積」が，イランに対する米国による「自衛権」行使を正当化するだけの「武力攻撃」を構成する，という米国側の主張を結果として採用しなかった．しかし，このような結論は，本件の具体的状況を前提とした上で，米国側によるこの点に関する立証が十分にはなされなかったことを理由とするものであり，本判決によって ICJ が低水準敵対行為に関する「集積理論」の適用そのものを明確に否定したとは必ずしも考えられないことに留意する必要があろ

う．

VII おわりに

　以上，本章では国際法上の「自衛権」に関する法的な問題状況を整理し，主要な国際判例及び国家実行等を具体的に取り上げ，その発動の前提とされる「武力攻撃」概念や「必要性」「均衡性」の要件等の検討を通じて，いわゆる低水準敵対行為に対する「自衛権」行使に関する法的現状の分析を試みた．2001 年の米国における同時多発テロ発生以降，従来にも増して混迷を深めつつあるかにみえる自衛権理論に関して，可能な限り幅広い国際社会における共通理解の構築をめざして，より体系的で理論的かつ実証的な分析と検討が必要とされているものと考えられる．

注

1　1986 年 6 月 27 日「ニカラグアに対する軍事的及び準軍事的活動事件（本案）」（ニカラグア対米国）ICJ 判決．Case conerning Military and Paramilitary Activities in and against Nicaragua (Nicaragua v. United States of America), Merits, *ICJ Reports 1986*, p. 14.

2　*Ibid.*, pp. 102-103. なお，本事件でこの点が具体的に問題とされたのは，米国が援用した「集団的自衛権」についてであった．米国は本件に関する本案段階での審議には欠席したが，1984 年の管轄権判決の段階での審議の中で，ここで問題とされた米国のニカラグアに対する一連の行動は，ニカラグアによる近隣諸国に対する武力攻撃に対応するための「集団的自衛権」の行使であったと主張した．*ICJ Reports 1986*, p. 70.

3　*Ibid.*, pp. 102-103. 但し，このうちの後者の友好関係原則宣言は，「この宣言のいかなる規定も，憲章の規定，憲章に基づく加盟国の権利及び義務又は憲章に基づく人民の権利をいかなる形でも損なうものと解釈してはならない」と規定するのみで

あって，ここでいう「加盟国の権利」の中に「自衛権」が含まれることが明記されているわけではない．

4 松田竹男「武力不行使原則と集団的自衛権――ニカラグア事件（本案）――」，山本草二・古川照美・松井芳郎編『国際法判例百選（別冊ジュリスト 156 号）』（有斐閣，2001 年）207 頁．

5 Bruno Simma(ed.), *The Charter of the United Nations, A Commentary*, Oxford University Press, 1994, p. 678.

6 国連憲章の正文とされるものは，中国語，フランス語，ロシア語，英語及びスペイン語であり，これら 5 つの言語の本文がひとしく正文とされる（国連憲章 111 条）．

7 但し，例えばこの部分のスペイン語による表現 "en caso de ataque armada" は，フランス語正文よりも英語正文に近い，との指摘もある．Peter Malanczuk, *Akehurst's Modern Introduction to International Law*, 7th revised ed., Routledge, 1997, p. 310.

8 例えば，1962 年に発生したいわゆるキューバ・ミサイル危機に際して，キューバ政府によるソ連からの核ミサイル搬送を実力で阻止する際の根拠として米国政府が援用したのは，「予防的自衛」(anticipatory self-defence) ではなく，国連憲章第 8 章の下での地域的平和維持であった．Christine Gray, *International Law and the Use of Force*, 2nd ed., Oxford University Press, 2004, p. 131.

9 この点に関しては，拙稿「国際テロリズムと国際法理論」『国際法外交雑誌』105 巻 4 号（2007 年）12-14 頁参照．

10 1981 年 6 月 19 日の国連安保理決議 487．同決議の内容については，*International Legal Materials*, Vol. 20, 1981, pp. 965-997. 参照．

11 Malanczuk, *op.cit.*, p. 313.

12 *Ibid.*, p. 316.

13 *Ibid.*

14 この問題を指摘したものとして，真山全「自衛権行使における武力紛争法の適用：戦時国際法と武力紛争法の連続性・非連続性」『国際問題』556 号（日本国際問題研究所，2006 年）35 頁，44 頁．真山教授は，このようないわゆる行為の集積理論又は行為の累積理論に言及した事例として，本章のⅥの 3 で取り上げる ICJ のイラン油井事件判決の他に，エリトリア・エチオピア請求権委員会の事例を挙げている．

15 「自衛権」の要件としての「武力攻撃」概念をめぐるこれら個別の論点に関する具体的検討については，Simma, *op.cit.*, pp. 669-674.

16 このうちの後者の問題に関しては，例えば，Gray, *op.cit.*, p. 108, 参照．

17 米国や英国を含むいわゆる西側諸国も，これらの行動を非難する国連安保理決議にしばしば賛成をし，また少なくともいわゆる拒否権を行使して反対することはそれほど多くはなかった．Gray, *op.cit.*, pp. 111–115.

18 *Ibid.,* p. 115.

19 トルコ政府自身は，トルコによるイラクのクルド人居住地区の占領を正当化する根拠として国連憲章51条の自衛権の規定を援用することは避けているのに対して，トルコのこの行動を支持する米国政府は，トルコの行為は自衛権の行使として認められると述べている．Gray, *op.cit.*, pp. 115–116.

20 Case concerning Military and Paramilitary Activities in and against *Nicaragua* (Nicaragua v. United States of America), Merits, Judgment of 27 June 1986, *ICJ Reports 1986*, pp. 13–150.

21 *ICJ Reports 1986*, pp. 70–71 (para. 126–127). なお，同判決の多数意見に関しては，拙稿「ニカラグア・米国紛争に関する国際司法裁判所判決」『法学教室』75号（有斐閣，1986年）93頁参照．

22 *ICJ Reports 1986*, pp. 71–86. 多数意見は，この部分の事実認定を極めて詳細かつ丹念に行っている．なお，この間エルサルバドルは1984年に本件への訴訟参加の申請を行ったが，ICJは1984年10月4日の命令において，エルサルバドルの訴訟参加申請を却下している．*ICJ Reports 1984*, p. 215.

23 *ICJ Reports 1986*, pp. 86–87. なお，本件においては，米国政府が強制的管轄権受諾宣言に付していたいわゆる「多数国間条約留保」の法的効力をICJが認めたため，本件紛争に関しては多数国間条約の1つである国連憲章が適用されないこととなり，従って自衛権に関しても国連憲章51条は適用されずに，国際慣習法上の自衛権に関する規則のみが適用されることとなった．この点に関しては，前掲拙稿（注21）93頁，94–95頁参照．

24 *ICJ Reports 1986*, p. 88, pp. 120–122.

25 *Ibid.,* pp. 122–123.

26 *Ibid.,* pp. 103–104.

27 1987年の*American Journal of International Law*は，このニカラグア事件ICJ判決に関する特集を組み，同判決の内容を紹介するとともに判決に対する多くの学者の論文を掲載しているが，その中で例えばHargroveは，特に同判決における自衛権行使の要件としての「武力攻撃」概念に関する解釈を強く批判している．John Hargrove, "The *Nicaragua* Judgment and the Future of the Law of Force and Self-Defense," *American Journal of International Law*, Vol. 81, pp. 135–143. なお，Martin Dixon and Robert McCorquodale, *Cases and Materials on International Law,* 4th ed., Oxford University Press, 2003, pp. 533–534; Gray, *op.cit.*, pp. 109–110. も参照のこと．

28　Dissenting Opinion of Judge Schwebel, *ICJ Reports 1986*, pp. 331-348.

29　Dissenting Opinion of Judge Sir Robert Jennings, *ICJ Reports 1986*, pp. 543-544.

30　Legality of the Threat or Use of Nuclear Weapons, Advisory Opinion of 8 July 1996, *ICJ Reports 1996*, pp. 226-267.

31　*ICJ Reports 1996*, pp. 244-245; Dixon and McCorquodale, *op.cit.*, pp. 534-535; D. J. Harris, *Cases and Materials on International Law*, 5th ed., Sweet and Maxwell, 1998, pp. 924-925.

32　*ICJ Reports 1996*, p. 66. 本勧告的意見の中で最も著名かつ論争を招いたこの意見主文 (2) Eの部分は，裁判官14名の賛否が7対7に分かれ，Bedjaoui 裁判所長によるCasting Vote の行使の結果，ようやく採択されたものであった．

33　Case concerning *Oil Platforms* (Islamic Republic of Iran v. United States of America), Merits, Judgment of 6 November 2003. 本判決については，*ICJ Reports* 未収録のため，判決文は頁数ではなくParagraph で引用することとする．

34　判決 para. 74. ニカラグア事件判決の当該引用部分は，*ICJ Report 1986*, pp. 103.

35　判決 paras. 75-77.

36　この他にICJ が自衛権に関連して扱った事件としては，英国軍艦によるアルバニア領海における無害通航権と掃海活動が問題とされた1949年の「コルフ海峡事件」(Affaire du dètroit de Corfou) 本案判決を挙げることができるが，同判決は自衛権に関する判断を示したものというよりは，武力不行使原則と不干渉原則に関してその後に影響を与えたものと理解される．田中則夫「軍艦の無害通航——コルフ海峡事件（本案）——」山本草二・古川照美・松井芳郎編『国際法判例百選（別冊ジュリスト15号）』(有斐閣，2001年) 82-83頁，松井芳郎「コルフ海峡事件」松井芳郎編集代表『判例国際法 第2版』(東信堂，2006年) 150-155頁．

第6章
自衛の発動要件にとっての非国家的行為体の意味
――国際判例の観点からの分析――

宮内　靖彦

I　はじめに
II　非国家的行為体への対応の歴史
III　ニカラグア事件判決における整理
　1　「国際立法」の状況
　2　ニカラグア判決における解釈と基準の提示
IV　米国同時多発テロ事件と「非国家的行為体への自衛権」論の問題点
　1　米国同時多発テロ事件の意味
　2　「帰属」基準の問題
　3　「武力攻撃」要件をめぐる議論との関係
V　ニカラグア判決後の国際判例の動向――「武力攻撃」該当基準の問題
　1　オイル・プラットフォーム事件本案判決（2003）
　2　パレスチナ分離壁事件勧告的意見（2004）

3　コンゴ領武力行動事件（対ウガンダ）判決（2005）
　　4　判例の小結
Ⅵ　領域支配の責任の強化
　　1　裁判所の判断の背景
　　2　国家の統治の責任の強化
Ⅶ　武力不行使原則違反に対する「均衡する対抗措置」としての解釈の可能性
　　1　自衛概念で捉えられない部分への対応の必要性
　　2　対抗措置として分析する際の課題
Ⅷ　おわりに

Ⅰ　はじめに

　2001年の9・11事件（米国同時多発テロ事件）に劇的に示されたように，テロリスト集団や，国家の正規軍ではない私的な武装集団といった，「非国家的行為体（non-state actors）[1]」による暴力行為の被害が戦争並みに大規模化し，「新たな脅威」として認識され，安全保障問題を惹起するようになり，そのような事態のコントロールの問題が浮上してきた．
　9・11事件と，それに対応した米英のタリバン及びアル・カイダに対する軍事行動も，その構造自体は，それまでの対テロ武力行使と変わらないと考えられるものの[2]，原因行為たるテロ行為の被害が著しく大規模であったため「武力攻撃」該当性が議論されるようになった．そのため，国家の非国家的行為体に対する「支援・黙認」の結果生じたテロ行為が「武力攻撃」として自衛権の対象となるかということが問題とされてきた[3]．コンゴ領武力行動事件でも，ウガンダを襲撃しているとされ

る武装集団の攻撃が極めて大規模となった[4]．そのため，自衛権をめぐる論調も変化し，「非国家的行為体に対する自衛権の行使」が許容されるとの議論もなされるようになった．さらに，自衛の発動要件たる「武力攻撃」の該当性の基準そのものも変化したとの認識がよく見られるようになった．そのような議論は，しばしばカロライン号事件を先例として引用し，自衛権が国家に対すると同様に非国家的行為体に対応するのは当然であると見る．そして，一般には安全保障の問題として，国家間関係だけの時代から，非国家的行為体も国家を脅かす時代，まさに「新たな中世」に突入したかのような印象が醸し出されている．

　しかし，本当に「非国家的行為体に対する自衛権」の行使が許容されるようになったのか．非国家的行為体は，国際法上，本当に国家から独立して，自衛権の発動の契機たる「武力攻撃」の「主体」となり，自衛権に基づく武力行使の対象となったのだろうか．

　しかし，自衛権の発動要件の問題は，2001年に突如生じたわけではない．国連憲章体制の下，一般国際法上の自衛権の発動要件が同憲章第51条に規定される「武力攻撃が発生した場合」に限定されるのかどうか，長らく議論が続いてきた．「武力攻撃」に限定されるという説（制限説）は，武力攻撃以外の国家の法益侵害に対する自衛権の行使を認めず，先制自衛にも否定的であるのに対して[5]，「武力攻撃」に限定されないという説（非制限説）は，自衛権で保護される領土保全や政治的独立その他の国家の基本的法益を特定し，そのような法益の侵害があれば，必ずしも「武力攻撃」が発生せずとも，自衛権の行使は可能であると解し，先制自衛にも許容的である[6]．

　両説の対立は国家実行や法的信念の解釈が異なるだけでなく，自衛権の本質についての理解も異にしていた．つまり，制限説は，自衛権の実定法化が戦争の違法化を契機とし，戦争を代表とする国家間の正規軍の衝突する大規模な武力行使（実質的意味の戦争）を前提として議論を組み立てていたのに対して，非制限説はカロライン号事件を実定法化の嚆

矢と解し，戦争のみならず，被害国の保護法益を脅かす行為に対する実力行動一般の正当化を念頭に置いていた．

このような学説の対立は国家実行上も応用され，冷戦期を通じて，個別の事件において，武力を行使する国は非制限説に，武力行使を非難する国は制限説に依拠するという状況が続き，自衛権の要件に関する一義的な解釈ができない原因となった．冷戦後は，学説の対立を固定化するような政治状況が消滅したこと，また，米国同時多発テロ事件のように，国際社会のすべての国が実力による対処に反対しない状況が顕在化してきたことにより，国家実行上，武力行使の賛否に関して，非制限説的な解釈を制限説に基づく主張で否定することもなくなり，自衛権の発動要件の問題が最終的に非制限説的な理解で収束したかのようにも見える．

しかし，一方で，冷戦後期より，国際司法裁判所は自衛権の発動条件として「制限説」を採用し，武力行使に関する紛争を判断するようになった．その点で，一見，「国家実行と国際判例の乖離」のような状況が生じつつある．武力行使問題を国際裁判で扱うことの適切さは別途問題になりえようが，他方，国際裁判の判決が国家実行に与える影響も軽視はできない．判決に強制力はないといっても，実質的法源として作用し，その法的推論が影響を与える可能性がある．冷戦後，さらにポスト冷戦後の現在，安保理が軍事的措置も含めて作動するようにもなると，諸国の実行だけを前提とした解釈だけでは済まなくなってきている．安全保障の分野でも，安保理や国際司法裁判所（ICJ）等の判断・措置の意味を国家実行との関係で，今後の国家実行にも影響を及ぼすものとして分析し，その意味を解明する必要がある．

本章で取り扱おうとする「非国家的行為体に対する自衛権」問題も上記のような文脈の中にある．したがって，問題は「武力攻撃」の「主体」として国家のみが認められるのか，それ以外の者も認められるのかという問題に矮小化されるのでなく，これまでの「武力攻撃」をめぐる伝統的議論の文脈の中において，その意味を確定していく必要がある．これ

までにも国家実行や国際判例を素材に様々な議論がなされてきたが，問題をこのような文脈の中において，あらためて，関係する最近のいくつかの ICJ 判決の含意を検討することが本章の目的である．

II 非国家的行為体への対応の歴史

　非国家的行為体が及ぼす脅威に対する対応は，ここ数年，突如始まったものではない．中世はともかく，国際社会では既に 19 世紀に対応されてきたのであり，その都度，必要な正当化事由が唱えられてきた．自衛概念を生み出したとされる 1837 年のカロライン号事件にしても，英領カナダ内の反徒への米国民の支援を断ち切るためのものであった．19 世紀後半には，公債支払いの強制や外国領域内の暴動鎮圧のために「在外自国民保護のための武力行使」が行われることもあったが，そのような「在外自国民保護のための武力行使」の正当化事由は，当初，復仇に求められていた．しかし，20 世紀に入り，戦争を一般的に違法化した 1928 年の不戦条約以後，「在外自国民保護のための武力行使」の正当化事由として自衛が求められるようになったことが[7]，現在につながる問題を生じさせている．

　国連期に入ると，ゲリラ戦を戦っている武装集団がハイジャック等による人質行為を行うようになったが，国家に対するその政治的主張とともに，国民に対する脅威を国家に対する脅威と解釈して展開された人質救出作戦（rescue operations）の正当性が「在外自国民保護のための武力行使」として自衛権の下で主張されるようになった[8]．軍事作戦と救出作戦の区別が主張されたのもこの頃である[9]．

　1980 年代後半になると，それまで人質の誘拐・監禁・殺害に限定されてきたテロ行為が，爆弾を使うようになり，行為の目標・対象者のみならず，周辺の者をも巻き込みうる破壊的行為が企画され，あるいは，

実行されるようになった．1986年の西ベルリン・ディスコ爆破事件，1993年のブッシュ元大統領暗殺未遂事件，1998年の在ナイロビ・ダルエスサラーム米国大使館爆破事件等は，そのような事件である．

これらの事件のテロ行為は，軍事行動として見れば低強度であるが，実際に，破壊的テロ行為が国家を目指して行われたことが特徴である．また，1985年と1993年の事件はリビアやイラクの国家機関が実行したため，国家間の問題であったが，1998年の米国大使館爆破事件に至っては，実行者はアル・カイダという民間のテロ集団・ネットワークであり，当時，既にアフガニスタンの9割を支配していたタリバンが政策として行わせたものではない[10]．その意味で，国家によるのでも，国家のために行うのでもない，私人集団のテロ行為が安全保障問題を惹起したという新たな側面があった[11]．これらのいずれの事件においても，被攻撃国たる米国はそれぞれ，トリポリ爆撃，バグダッドへのミサイル攻撃，アフガンのアル・カイダ拠点へのミサイル攻撃を行ったが，いずれも自衛権の行使として正当化してきた．

III　ニカラグア事件判決における整理

1　「国際立法」の状況

非国家的行為体による脅威は，暴動やハイジャック等のテロ行為だけに限られるわけではない．第二次世界大戦後は，民族解放団体が植民地本国政府と戦うことも多くなり，その戦術としてゲリラ戦が頻繁に展開されるようになった．武力紛争法上，そのような戦闘行為の規制が問題となるとともに，安全保障の側面でも，「間接侵略」として，その正当性が議論されるようになった．このことは，国家の正規軍同士の全面的軍事衝突ほど高強度でなくとも，低強度の武力行使が安全保障問題を惹起する状況になってきたことを意味し，どのような状況であれば，どの

ような軍事的対応が認められるのかが問題となった．テロ行為とともに，そのような状況を規制しようとしたのが 1970 年の友好関係原則宣言（国連総会決議 2625（XXV））と，1974 年の侵略の定義に関する決議（国連総会決議 3314（XXIX））である．1970 年の友好関係原則宣言においては，武力不行使原則の下の義務として，武装集団の組織・奨励が禁止され，また，テロ行為や内戦行為に対する支援・黙認の禁止が合意された（友好関係原則宣言第 1 原則第 8 項・第 9 項）．テロ行為・内戦行為に対する支援・黙認の禁止に関して，それらの行為を行っている集団の行為が「武力行使または武力による威嚇に該当する場合」という条件がついているのは，米英が自衛権の行使を正当化する程度の強度を必要とすると考えたからであるという[12]．一方，1974 年の侵略の定義に関する決議では，「［同条 (a) 〜 (f)］の諸行為に相当する重大性を有する武力行為を他国に対して実行する武装部隊，集団，不正規兵または傭兵の国による派遣もしくは国のための派遣またはこのような行為に対する国の実質的関与」と規定して，武装集団等の派遣または，かかる行為への実質的関与が，侵略の条件とされたが（侵略の定義に関する決議第 3 条 (g)），この定義の作成においては，「武力攻撃」要件への該当性が意識されていたとされる[13]．

2　ニカラグア判決における解釈と基準の提示

　国家実行と「国際立法」の状況がこのようにそれぞれ進展してきたところ，そのように発達してきた規範を具体的な事件に適用して調整を図り，武力行使の規制の解釈枠組みを示したのが，1986 年のニカラグア事件本案判決である[14]．ニカラグア事件は，米国が ICJ の裁判管轄権を否認したため，欠席裁判となり，本案判決そのものは履行されなかったにもかかわらず，同判決で示された解釈と基準は，その後，学説上も判例上も，武力行使の適法性の問題を判断する際の基準として扱われてきている[15]．

同判決では，自衛権の発動要件についての伝統的な「武力攻撃が発生した場合」という文言の解釈については，明確に「武力攻撃の発生した場合」に限定する説（制限説）を採用する[16]．その場合，「武力攻撃」に該当し自衛権による対処が向けられる行為の特定が必要になるが，ここで裁判所は，「武力攻撃」と「より重大でない形態の武力行使」を区別し，その基準を提示し（以下，「ニカラグア基準」），両者の区別の基準について，侵略の定義に関する決議と友好関係原則宣言の関連部分を引用しつつ基準を立てている．武装集団等の非国家的行為体が行う「間接的武力行使」については，「結果の重大性」と「国家の関与の方法」の2つの要素を参照し，侵略の定義第3条 (g) の規定する，同条 (a) 〜 (f) の諸行為に相当する重大性を有する武力行為を実行する武装集団等の派遣または，かかる行為への実質的関与は「武力攻撃」に該当するが，武力行使または武力による威嚇を伴う内戦行為・テロ行為への活動の黙認・支援（友好関係原則宣言第1原則第9項，第3原則第2項第2文）は「武力攻撃」には該当せず，「より重大でない形態の武力行使」にとどまるとした[17]．2001年の米国同時多発テロ事件は，このような枠組みの妥当性が問われていることを意味した．

IV 米国同時多発テロ事件と「非国家的行為体への自衛権」論の問題点

1 米国同時多発テロ事件の意味

2001年の米国同時多発テロ事件は，米国の経済と安全保障の拠点が攻撃され，それまではテロ行為の死者数も200〜300人規模であったのに比べて，当初6000人とも最終的には3000人弱ともいわれる大規模な被害を初めて出した事例である．この死者数をどのように評価するかについては色々見方がありうるものの，「戦争」並みの被害との認識で国

際社会が衝撃を受けた事実が重要である．この事件に対して，米国は自国のアフガン攻撃を自衛権で正当化し，NATO も北大西洋条約 5 条の発動を決定，日本も米国を支持した[18]．安保理も決議1368 と 1373 によって，「テロ攻撃」そのものを「国際の平和と安全に対する脅威」と認定するとともに，個別的または集団的自衛権を'recognize'した．安保理議長も個別的集団的自衛権の行使をテイク・ノートした[19]．

この状況は，その後，パレスチナ分離壁事件（2004 年）でも[20]，2006 年のイスラエルによるレバノン攻撃でも変わっていない．レバノン攻撃では，安保理の審議でギリシャ外相がイスラエルの自衛権に配慮した発言をしているし[21]，国連事務総長もイスラエルの自衛権を認める発言をしている[22]．この間の，テロに対する武力行使への支持の拡大は，その正当化の推論への支持拡大をも意味しうることとなる．学説上も，このような動向を受けて，純粋な私人や私人集団のテロ行為に対する自衛が認められるようになってきたと主張するようになっている．このような「非国家的行為体に対する自衛権の行使」の議論は，「武力攻撃」の主体をめぐって喧しかったが，その際，注意すべき点は 2 点ある．「行為の帰属」の問題と，「武力攻撃」要件をめぐる「制限説」と「非制限説」の対立という伝統的議論との関係である．

2 「帰属」基準の問題

まず，9・11 事件後，非国家的行為体の武力行為・暴力行為に対する自衛権を肯定する議論は，この問題をそのような行為の支援・黙認国への「帰属」の問題として処理する嫌いがある[23]．

しかし，「帰属」要件の問題は国家責任法上の二次的規則（secondary rule）の問題であるのに対し，「武力攻撃」と「武力行使」の区別で問題となる「派遣・実質的関与」「支援・黙認」等の行為は，国家責任法上，一次的規則（primary rule）の問題であって，「帰属」の問題ではない．

ニカラグア判決は，国家責任の発生のための国際違法行為の成立要件としての「帰属」の要件について，いわゆる「実効的支配 effective control」の基準を示した[24]．その後，旧ユーゴ国際裁判所のタジッチ事件上訴審判決において，「実効的支配」の基準は批判され，「全般的支配 overall control」の基準が示されたが[25]，国際法委員会の国家責任条文草案の審議では，「行為の帰属」が問われるのが国家責任のためなのか国際人道法上の個人責任のためなのか，その機能のゆえに異なるとして区別され，「実効的支配」の基準を前提に同草案第8条が起草された[26]．

　ニカラグア判決の「行為の帰属」の基準に従う場合，国家が外国を攻撃するテロ集団や内戦団体を「派遣」「支援」したり，それらの活動を「支援・黙認」したといっても，その国が，それらの集団に対する「実効的支配」をしていない限り，それらの集団の行為がその関与国の行為となるわけではない．「実効的支配」はなくとも，派遣・支援・黙認といった関与行為がなされることはありうる．この場合，実行の決定と実施はテロ集団や内戦団体自身が行うのであり，行為そのものとしては非国家的行為体自身の行為であるという性質に変わりはない．それらの行為が，関与国に帰属することはないが，友好関係原則宣言第1原則第9項の「武力による威嚇または武力の行使を伴う」という条件を満たす限り，支援・黙認国の武力不行使原則違反になったり，自衛権が行使される可能性が示されているに過ぎない．その意味で，国が武装集団等に派遣・支援・黙認等の関与をする場合，その国は間接的に発生した事態についての責任を追及されているに過ぎず，その点を看過してはならない．

　実際，1998年以後，とりわけ9・11事件後，明確になったのは，非国家的行為体との武力行使のやり取りをめぐる問題について，大抵，支援・黙認国の非国家的行為体への「実効的支配」はないにもかかわらず，非国家的行為体の武力行為・暴力行為の物理的被害が大規模に生じる場合である．例えば，コンゴ領武力行動事件判決は，ウガンダのコンゴ反政府集団MLCへの訓練や軍事援助の供与等の支援そのものの，武力不

行使原則の一義務としての内戦行為支援禁止義務（友好関係原則宣言第1原則第9項）への違反は認めても，MLC の行為がウガンダに帰属しない理由を，ウガンダの MLC への「実効的支配」がないことに求めるにとどまる[27]．一方，いくつかの反対意見では，むしろ，コンゴ政府の「統治不能領域」からウガンダ反政府集団への攻撃と，それに対するウガンダの自衛権行使が問題とされ，「国家の関与なき非国家的行為体の攻撃」への自衛権が問題とされたのである[28]．パレスチナ分離壁事件についての議論でも，パレスチナ当局のテロリズム抑止についての支配不能を問題とする論者もいる[29]．いずれの事件も，国家への「帰属」を云々する事例ではない．

　従って，問題となるのは，非国家的行為体の武力行為の支援国への「帰属」ではなく，むしろ武力不行使原則という「一次的規則」である．このことは，国際裁判上，今でも，国による非国家的行為体への「実効的支配」こそが，個人の行為の国への「行為の帰属」の基準であって，「派遣・実質的関与」「支援・黙認」は帰属基準ではないことを意味している．

　近年，「非国家的行為体への自衛」という文脈で捉えるゆえに，新たな問題が発生したかのように言われるが，このような状況は 21 世紀になって突如現れたものではなく，既に 1960 年代 70 年代以後，「間接侵略」「間接的武力行使」として問題とされてきた分野である．これまで一連の議論もなされてきたのであり，それを忘れて「帰属」の問題と混同すべきではない．

3　「武力攻撃」要件をめぐる議論との関係

(1) 次に，「武力攻撃」要件をめぐる議論との関係については，9・11 事件においても，米国は国連憲章第 51 条の「武力攻撃」の文言と一般国際法上の自衛権の発動要件との関係について，上記「非制限説」を変更したわけではない．カロライン号事件を現代の自衛権の実定法化の嚆矢と見る「非制限説」に立てば，アル・カイダの攻撃が「武力攻撃」で

なくてはならないわけではなく，領土保全や政治的独立を初めとする自衛権の保護法益を侵害する行為であればよい[30]．友好関係原則宣言において，武力不行使原則の下でテロ行為に対する支援・黙認が禁止されるのは，テロ行為が「武力による威嚇または武力の行使を伴う場合」という条件を満たした場合であるが，この条件から見ても，その被害規模の巨大さはタリバンの代表するアフガンによる武力不行使原則の違反となり，武力行使と武力攻撃を同義と見る米国にとって，自衛権の発動を根拠づける可能性があることになる．

(2) 学説では，その被害の規模が想像以上に大き過ぎたがゆえに，国家の正規軍の攻撃と同程度の著しい損害を出したことをどう評価すべきか，テロリストによる「武力攻撃」と見て自衛権の行使を許容すべきかが問題となり，テロリストとそれをかくまう政権に対する自衛権の行使が主張されたに過ぎない．そして，テロ行為に対する自衛権の議論，非国家的行為体が「武力攻撃」の担い手となったかという問題の契機となったかに見える[31]．しかし，自衛権で保護されている法益に脅威を及ぼす「主体」も，カロライン号事件を前提とすれば，保護法益を脅かしうる者であればいいのであって，国家でなくてはならない必然性はない．その意味で，「非制限説」をとる米国から見れば，侵害行為の「主体」も問題にならない．

(3) しかし，ニカラグア判決の基準に照らしてみれば，様子は変わってくる．ニカラグア基準では，「武力攻撃」と「より重大でない形態の武力行使」の区別の基準は，「結果の重大性」と「国家の関与方法」であった．事件に対する国家の「関与」の構造という点から見た場合，テロリストによる実行行為と，テロリストの所在する領域国が事件に関係する構造は，1998年と異なるものではない．米国から見た場合でも，実務的には，「低強度紛争」として対応してきた冷戦後期の構造と変わらない．つまり，「国家の関与」方法は変わらないにもかかわらず，何らかの「関与」を受けた非国家的行為体の引き起すテロ行為の結果が重大

になったため，テロ行為が「武力攻撃」であるかが問われ，国家の関与が「より重大でない形態の武力行使」への該当基準である「支援・黙認」にとどまるとすると，ニカラグア基準からはそのような事態をどのように扱えばいいのか，ニカラグア基準の変更が必要かという問題となる[32]．

(4) その意味で，「武力攻撃」の「主体」が問題となるのは，あくまで「制限説」の立場に立った場合である．「制限説」は，現代の自衛権は戦争の違法化を契機に実定法化されたと主張するがゆえに，「武力攻撃」の「主体」は当然に国家が措定されてきた．しかし，上述のように，現代は非国家的行為体，中でも私人集団すら国家の安全を脅かしうるほどにまで技術が発達したため，そのような脅威にいかに対応するかが問題となり，そこで，非国家的行為体をも「武力攻撃」の「主体」と解釈し，それに対して直接に自衛権の行使が可能かが問題となったのである．

ニカラグア事件本案判決で ICJ は実際に「制限説」を採用し，それを前提に一定の解釈基準を立てたのであり，それを今後も維持するとすれば，上記のような文脈で捉え処理する必要がある．ゆえに，「ニカラグア判決の欠缺」と言われ[33]，あるいは，「非制限説」の妥当性があらためて主張されたりもするのである[34]．では，どのように捉えるべきであろうか，国際判例の動向を見てみよう．具体的に検討すべきは，①一体，この事件を契機に，「武力攻撃」の解釈は「制限説」から「非制限説」に変わったか，②「武力攻撃」の「主体」として国家以外に非国家的行為体が認められるようになったというべきか，③「武力攻撃」の主体として非国家的行為体を措定しない場合でも，この事件を契機として，「結果の重大性」が「武力攻撃」並みとなれば，「派遣」はせず「支援・黙認」という関与形態だけでも，「武力攻撃」への該当性が認められ，自衛権の行使が認められるようになったと解すべきか，の3点である．

V ニカラグア判決後の国際判例の動向
―――「武力攻撃」該当基準の問題―――

　ニカラグア判決後，具体的事件を前提に武力行使や自衛権の解釈適用を検討した事件は，オイル・プラットフォーム事件（本案判決，2003）[35]，パレスチナ占領地域における壁建設の法的効果（勧告的意見，2004）（パレスチナ分離壁事件）[36]，コンゴ領武力行動事件（対ウガンダ）（本案判決，2005）[37]である．特に非国家的行為体の行動を扱った事件における「武力攻撃」要件をめぐる解釈基準について，パレスチナ分離壁事件勧告的意見やコンゴ領武力行動事件判決における扱い方は重要である．

1 オイル・プラットフォーム事件本案判決（2003）

　オイル・プラットフォーム事件本案判決（2003）では，裁判管轄権が1955年の米＝イラン友好・経済関係・領事の権利条約にのみ基づくものであったため，ニカラグア事件と異なり，自衛権の問題が正面から問題となったのではない．しかし，裁判所は，米国の1987年と1988年の2つの攻撃行動の妥当性を判断するため，同条約第20条1項d号の「自国の重要な安全保障上の利益を保護するために必要な［措置］」を解釈するあたって，そのような措置に該当する武力行使の自衛権による正当化が主張される場合には，同条項の解釈は自衛行為としての妥当性の問題と重なるとして[38]，自衛の問題を考察した．その際，米国の違反が申し立てられている同条約第10条1項の違反を認定する前に扱っている．二国間条約のこのような条項と一般国際法上の概念との関係について，このような扱いをすることには，賛成の意見もあるが[39]，強い反対が示されている[40]．同じように二国間条約違反を扱っても，ニカラグア事件判決と状況が異なることも指摘されており，本件における扱い方が妥当であったかどうかは別途問題とすべきであろうが，結果として，自衛権や「武力攻撃」の問題を扱うことになったのであり，国際判例上の認識

を確認する材料とすることはできる．

　本件で，米国も安保理への書簡においてイランによる「武力攻撃」「攻撃」に言及しており[41]，また，裁判所も，米国はイランの行為が国連憲章と慣習国際法上の「武力攻撃」とみなされうるものであることを示さなくてはならないとして，自衛権の発動要件が「武力攻撃」であることを確認し，イランの様々な行為の「武力攻撃」該当性を判断している[42]．

　また，「武力攻撃」該当性に関する解釈基準についても，例えば，1987年の米国に対するいくつかの攻撃が，イランに帰属することを証明できるとしても，また，それらの行為を累積的に捉えても，武力行使の「最も重大な」形態，つまり「武力攻撃」とみなすことはできないと述べて，「ニカラグア基準」に基づく判断をしている[43]．

　このようにして，オイル・プラットフォーム事件判決において，裁判所は，ニカラグア判決で示した判断，つまり，自衛権の発動要件について，引き続き，「武力攻撃」に限定する立場（制限説）をとることを示した．また，「武力攻撃」の該当性の基準についても，本件は米国とイランという2つの国家間の紛争であり，非国家的行為体の行為が問題となったわけではないが，少なくとも「ニカラグア基準」を引き続きとることを示したものである[44]．

2　パレスチナ分離壁事件勧告的意見（2004）

　パレスチナ分離壁事件では，イスラエルが，国連憲章第51条と安保理決議1368および1373に基づき，分離フェンスの建設を自衛権に根拠づけたため[45]，自爆攻撃を含むテロ行為の「武力攻撃」該当性が問題となった．勧告的意見は，51条の自衛権の発動が「一国の他国に対する武力攻撃の場合」に認められることを確認しつつ，「イスラエルは自国に対する攻撃が外国に帰属するとは主張していない」と述べている[46]．これに対して，Kooijmans裁判官は，個別意見で，9・11事件で採択された安保理決議1368と1373は国による武力攻撃に言及しておらず，国

家に帰属しない非国家的行為体のテロ行為に対する自衛権の行使が「新たに」認められたと主張する[47]．また，Buergenthal 裁判官は，その宣言で，51 条の自衛権の発動が武力攻撃の場合に限らないと解し，壁の建設を自衛権に根拠づける理論的可能性を認めつつ，イスラエルが壁の建設を必要とする事実関係を裁判所が十分に検討していないと批判している[48]．Buergenthal は 51 条の解釈につき「非制限説」に立って判決を批判し，Kooijmans は 9・11 事件の安保理決議 1368 と 1373 で認められた「完全な新しい要素」として「テロ行為に対する自衛」を認めている．このように，テロ行為に対する自衛が認められる推論と時期に違いはあるものの，いずれも多数意見の推論を批判しているのであり，このことは，多数意見が自衛の発動要件について「武力攻撃」に限定する「制限説」を採用し，また，テロリストの攻撃がそれ自体では「武力攻撃」にならないこと，「国による武力攻撃」に対する自衛しか認められないことを示していると言える．

　勧告的意見が自衛権に言及するのは，この他，安保理決議 1368 と 1373 が本件に適用できないことのみであって，「武力攻撃」該当性の基準を詳細に検討しているわけではない．しかし，Higgins が個別意見で，ニカラグア判決の「武力攻撃」と「武力行使」の区別の基準そのものを，自衛権によって保護しえない部分が生じるとして批判的であるのを見ると[49]，勧告的意見は「ニカラグア基準」を維持し従う意思を示したものと解釈できる[50]．

　一方，上述の Kooijmans 裁判官の見解は，現在の問題があくまで 9・11 事件後の新しい状況に基づくという認識と[51]，そのための対応の必要性を示しているし，勧告的意見を分析した Breau は，ICJ がテロの脅威に対する自衛を議論するせっかくの機会を逃し，現代の武力紛争の現実を無視したと批判している[52]．つまり，少なくとも現在，何らかの対応の必要性があることも問題となっていると言えよう．

3　コンゴ領武力行動事件（対ウガンダ）判決（2005）

　コンゴ領武力行動事件（対ウガンダ）では，ウガンダのコンゴ民主共和国内の軍事行動が問題となった．最終的に，ウガンダの行為は武力不行使原則違反と認定されたが，その主要な理由はウガンダの軍事行動の「重大性」「規模」であって，「均衡性」が問題とされた[53]．

　ただ，判断の過程においては，コンゴとウガンダそれぞれに対する反政府集団の武力行為とそれぞれの支援行為が問題となったため，パレスチナ分離壁事件と比べて，非国家的行為体と国家の関係の問題がより詳細に議論されることとなった．

　この判決でも，自衛権は国家の「武力攻撃」に対して発動されることが確認され，非国家的行為体の武力行為と国家との関係については，「ニカラグア基準」が適用されて処理されている[54]．具体的には，MLCの行為がウガンダに帰属しないと認定しつつも，不正規軍に軍事上，兵站上，経済上，資金上の支援を積極的に与えたことも，ウガンダの武力不行使原則違反の認定理由の一つとなっている[55]．つまり，「ニカラグア基準」が適用され，内戦行為への支援が武力不行使原則という一次的規則に違反しているとされたのである．

　しかし，この判決で特徴的な点は，反対意見も，最終的にウガンダの行為を違法としつつも，判決を批判し，判決は，ウガンダの行為の正当性の主張を根拠づける証拠を十分に検討しておらず，事件全体の文脈を捉えていないとして[56]，統治不能領域からの非国家的行為体の攻撃への対応の根拠を明らかにすべきことを強く主張している点である．「統治不能」は，国の関与の基準に関連する問題である．「統治不能」という権力の真空状態にある領域からの，国の関与の全くない純粋な非国家的行為体の攻撃への対応が検討されていないと批判され，非国家的行為体に対する自衛権の行使が許容されるべきことが主張されているのである[57]．つまり，国家の「支援」を超えて，「統治不能」，あるいは，国とは切り離されて，純粋な非国家的行為体の行為への対応すら問題とされるよう

になったのである．特に Simma は，9・11 事件が契機になっていることを強調しつつも，裁判所はニカラグア判決以後の判断で，非国家的行為体の武力攻撃に対する自衛の問題を残したのであり，ニカラグア判決で混乱の元を作ったのだから，その基準を洗練させるべきことまで主張している[58]．

この点に関し，ウガンダは，そのような活動が許容されないことを確保する警戒義務が領域国にあると，コルフ海峡事件判決（1949）を引用しつつ，主張したのに対し[59]，裁判所は，ウガンダの counter-claim への回答として，「統治不能」が「黙認」に当たらないこと，また，領域国が自国領域内における外国に対する反乱軍の活動を「認識」するだけでは「黙認」や行動の「容認」にはならないと答えている[60]．そうだとすると，領域国であるコンゴは，ウガンダに対する武力不行使原則違反の責任を負わなくていいことになるし，ウガンダも，コンゴの違法行為に条件づけられている自衛権に基づき武力を行使できないことになる．それにもかかわらず，コンゴ領域内の武装集団によって生じる被害に対する何らかの行動がウガンダに認められねばならないとすれば，それは自衛権以外の正当化事由で根拠づけられねばならないことになろう[61]．

いずれにせよ，判決が非国家的行為体の武力行為に対する自衛権行使の主張の妥当性を，「ニカラグア基準」に基づき国家の関与との関係で処理しようとしたのに対して，反対意見は非国家的行為体の行為そのものに対する自衛権の枠組みで捉えようとしており，非国家的行為体の行為の捉え方についての現在の混乱状況が浮き彫りになっていると言える．

4　判例の小結

以上，3件における裁判所の解釈を見る限り，裁判所はニカラグア事件判決以来一貫して，自衛権の発動には「武力攻撃」要件を満たすことを求め，「武力攻撃」への該当性の基準についても，ニカラグア判決の「武

力攻撃」と「より重大でない形態の武力行使」の区別の基準から変わらず，いわゆる「ニカラグア基準」が堅持されている．そうすると，「非国家的行為体に対する自衛」はありえないことになる．しかし，個別意見においてではあっても，このような判例の基準を超えるように思われる状況（国の支援・黙認を得た非国家的行為体による「大規模な」攻撃や，「統治不能領域」から外国への非国家的行為体の大規模な攻撃など）が生じていると認識され問題とされてきており，「国家の関与しない非国家的行為体の大規模な攻撃」への対応の必要が，反対意見という形で強力に主張されるようになってきているのである．

　このような状況は，判例の依拠してきた「ニカラグア基準」に「欠缺」が存在すると捉え，その修正の必要を意味するのであろうか．ICJの判例の枠を前提とする限り，自衛権として正当化することはできない．しかし，だからといって（ニカラグア基準の枠の中に含まれないがゆえに）単純に違法なのではなく，国家実行上の要請が生じてきていると考えるべきであり，何らかの制度的対応が求められていると見るべきである．諸国の認識の上での制度的整理がついていないがゆえに，自衛権等の既存の制度の中で主張されているだけのことであり，国際司法裁判所の示している枠を前提とするなら，その枠組みを前提としつつ，どのように解釈すべきかを検討すべきである．

VI　領域支配の責任の強化

1　裁判所の判断の背景

　反対意見の強く主張する「非国家的行為体への自衛権行使」は，冒頭に述べたように，国家実行や国際組織の実行の反映である．しかし，裁判所は，そのような判断を採用せず，だからこそ，個別意見や反対意見として別個表明されているのである．なぜ裁判所は，これらの個別意見

等に示される「非国家的行為体に対する自衛権」の許容という解釈をとらないのであろうか．もちろん，大半の反対意見が考えるように，裁判所は過去の自らの判断基準を墨守し，現実の問題から逃げていると捉えることもできよう．しかし，裁判所の「こだわり」に全く意味はないのであろうか．

裁判所の「消極的」判断の理由としてまず言えることは，裁判所が判断を求められているのは，問題となっている（武力）行為の適法性の問題にすぎないということである．オイル・プラットフォーム事件では米国の2つの攻撃であり，パレスチナ分離壁事件ではイスラエルの分離壁建設という非軍事的措置，コンゴ領武力行動事件ではウガンダの軍事行動であった．そして，裁判所はこれらの問題だけに特化して判断をした．

そして，いずれの事件でも，非国家的行為体の行為そのものの *jus ad bellum* 上の性質が決定的理由ではなかった．オイル・プラットフォーム事件はそもそも非国家的行為体の行為が関連した事件ではないが，争点も米＝イラン間の二国間条約の安全保障条項の解釈が本来の争点であって，自衛としての正当性の判断が必要であったかどうかについて強い疑義が示されていたことは，既に指摘した通りである．パレスチナ分離壁事件の本筋は壁建設の人道法・人権法違反であって，自衛ではない．イスラエルが分離壁建設の正当化のために自衛権を援用したがゆえに言及しただけであり，壁建設そのものは非軍事的措置であって，武力不行使原則の例外として自衛権を位置づけるのであれば，自衛権の適用を否定すれば済む問題であった．コンゴ領武力行動事件では，ウガンダの武力行使の規模があまりにも重大であって，武力行使の契機を問う必要がないほどであったことは裁判官の共通認識であった．その意味では，後の2件においても，裁判所にとって，非国家的行為体の行為の問題は二義的であった．

しかし，非国家的行為体がこれまで以上の能力を持ち，大規模な被害をもたらしつつあることも事実であって，非国家的行為体の問題を避け

郵 便 は が き

料金受取人払

本郷局承認

6147

差出有効期間
平成20年 2月
28日まで

113-8790

(受取人)

東京都文京区向丘1-20-6

株式会社 **東信堂** 読者カード係行

ふりがな お名前	（　　　歳）男・女

（〒　　　　）　　（TEL　　－　　－　　） 　　　　　　　市 区 　　　　　　　　郡 ご住所	

ご職業　1.学生（高 大 院）2.教員（小 中 高 大）
3.会社員（現業 事務 管理職）4.公務員（現業 事務 管理職）
5.団体（職員 役員）6.自由業（　　　　　　　）7.研究者（　　　　　）
8.商工・サービス業（自営 従事）9.農・林・漁業（自営 従事）
10.主婦　11.図書館（小 中 高 大 公立大 私立）

お勤め先
・学校名

ご買上 書店名	市 郡	区 町	書店 生協

東信堂愛読者カード

　ご愛読ありがとうございます。本書のご感想や小社に関するご意見をお寄せください。

┌─ご購入図書名─────────────────────────┐
│   │
│   │
└──────────────────────────────────────┘

■ご購入の動機
1. 店頭　　　　　　　　　　　2. 新聞広告（　　　　　　　　　）
3. 雑誌広告（　　　　　　　）4. 学会誌広告（　　　　　　　　）
5. ダイレクトメール　　　　　6. 新刊チラシ
7. 人にすすめられて　　　　　8. 書評（　　　　　　　　　　　）

■本書のご感想・小社へのご意見・ご希望をお知らせください。

■最近お読みになった本

■どんな分野の本に関心がありますか。

哲学　経済　歴史　政治　思想　社会学　法律　心理　芸術・美術　文化　文学
教育　労働　自然科学（　　　　　　　　　）　伝記　ルポ　日記

記載いただいた個人情報・アンケートのご回答は、今後の出版企画への参考としてのみ活用させて頂きます。第三者に提供することはいたしません。

ては通れない．ここで裁判所は，直ちに非国家的行為体に責任を追及していくのではなく，もう少し複雑な思考をとっているようである．パレスチナ分離壁事件では，自爆攻撃等のパレスチナ・ゲリラのテロ攻撃の発進領域をイスラエルが「占領」している事実を強調した．そのため，外部からの攻撃ではないとして，9・11 事件の安保理決議 1368・1373 の適用を否定もした[62]．コンゴ領武力行動事件では，反対意見が問題としたコンゴの「統治不能」について，判決はウガンダ反政府集団の行為への「黙認」ではないとだけ述べる．むしろ，コンゴによるウガンダ軍の領域内展開への同意や，ウガンダ反政府集団に対する掃討作戦のウガンダとの共同実施に言及しており，コンゴそのものの統治を問題としているのである[63]．つまり，いずれにしても，国家の責任が問題とされ，領域を支配している国家による「統治」あるいは「支配」を問題としているのであって，この事実は看過しえない．翻って国家実行を見れば，9・11 事件では安保理決議 1373 もテロ行為への支援・黙認禁止義務を確認しているし，米国はアル・カイダがタリバンに「支援を受けている（supported）」ことを認識して自衛権を発動している[64]．このことは，米国すらタリバンの支援とその国際法違反を認識して対応したことを意味するのであり，純粋な非国家的行為体への対応ではなかったことを意味する．また，2006 年のレバノン攻撃でも自衛権が主張されたが，領域国による非国家的行為体の行為の「黙認」との関係で，ヒズボラが南部レバノンを支配するとともにレバノンの国会議員も出していた事実の評価が問題となろう．また，シリアやイランによるヒズボラ支援は周知の事実として前提とされていたのであって[65]，純粋な（国家の関与なき）非国家的行為体の行為への規制が問題なのではないと言うべきであろう．

2 国家の統治の責任の強化

現在,「非国家的行為体」と言われるものは,元来,国家統治の「客体」である．内戦団体や武装集団,不正規兵,傭兵も,一定の条件と手続を満たした者に限って,武力紛争法上の主体とされるだけであるし,テロ行為は,元来,テロ規制条約に基づき,諸国の国内法で規制される犯罪であって,戦闘行為ではない．また,「制限説」は,戦争の違法化を前提とし,「武力攻撃」も,武力不行使原則に違反する行為に対して自衛権を発動するための要件という構造を持つが,非国家的行為体を「武力攻撃」の実行者と認めるなら,国際法上,それに対応する違反された国際義務が非国家的行為体に課せられていなくてはならない．しかし,国際法上,テロリスト・テロ集団・武装集団等に,そういう義務が課されているわけでもない．その意味では,「非国家的行為体に対する自衛権」の問題は,これまで自衛権が議論されてきた文脈とは全く異なる問題,つまり,「国への脅威」のみを問題として自衛権の行使が認められるかどうかが議論されているのである．これは,形を変えた「非制限説」の挑戦である．

国家による領域支配と国家に対する責任追及への裁判所のこだわりは,このような背景で分析することが可能である．つまり,裁判所は,自衛権を国際法主体たる国家間の国際違法行為への対応手段に留めることによって,「非制限説」の挑戦をあらためて否定する意思を示すとともに,非国家的行為体のコントロールは領域支配国を媒介とすることを意図しているのであり,それゆえに武力行為等の性質の截然とした区別をしているのではなかろうか．そして,非国家的行為体に対して,被害国が無媒介に軍事力で対応するのでなく,非国家的行為体の駐留領域の支配国の領域統治の責任を強化し,国際義務履行のための実効的統治の実現を求めているのではないか[66]．

それにもかかわらず,「制限説」論者からすら,非国家的行為体に対する自衛権の肯定説が強く主張されているのは,領域の支配国が実効的

統治を実現できず，その結果として，武力不行使原則にすら違反する結果と被害を招く場合には，国際社会は，国際社会または周辺諸国の強制力[67]による統治の補完をしてでも，国際義務を履行しうる国家の実効的統治の実現を求めるようになっていると解すべきであろう．

Ⅶ　武力不行使原則違反に対する「均衡する対抗措置」としての解釈の可能性

1　自衛概念で捉えられない部分への対応の必要性

(1) では，「武力攻撃」に該当しない「より重大でない形態の武力行使」に対して必要と認識されるようになった武力行使は，どのような条件・手続の下に認め，どのようにコントロールすべきであろうか．

ここに，ニカラグア判決で示唆された武力不行使原則違反に対して，その被害国による「均衡する対抗措置」の概念が機能する余地がある[68]．つまり，これまで問題となってきた武力行為はすべて武力不行使原則との関係で問題となってきたのであり，違反を認定するとすれば，武力不行使原則違反である．自衛権の行使は「国による武力攻撃」に対する緊急対応であるが，「武力攻撃」に該当しない「より重大でない形態の武力行使」も国家安全保障を脅かす時代には，武力不行使原則違反に対する「対抗措置」が許容される必要性が主張されているものと思われる．

(2) 本章で分析した事件に関わった裁判官の中に，このようなことを主張する者が出てきたことは注目に値する．従来より，自衛権の発動要件について「制限説」の立場をとってきたSimmaが[69]，オイル・プラットフォーム事件とコンゴ領武力行動事件の両判決において，イランやコンゴの行動が「武力攻撃」に該当しないため米国やウガンダの行動は違法だと言うのでなく，「武力攻撃」に至らざる武力行為と，それに対する対応の必要性を認めるようになっているからである．

Simmaは，オイル・プラットフォーム事件判決に対する個別意見において，「武力攻撃」に該当しない武力行使に対して，軍事的性質を有する「均衡する防衛措置」が認められると主張する．そして，ニカラグア判決で言及された直接被害国による「均衡する対抗措置」は，彼の主張する「均衡する防衛措置」と類似したものと見ている[70]．このような主張も，彼によれば，オイル・プラットフォーム事件で突如出てきたものではなく，それまでに既に主張されていたものである．つまり，彼によれば，従前より「国連憲章第51条は，『武力攻撃』に対する防衛措置，つまり，(部隊，軍艦または戦闘機による)軍事力の手段によるものだけを念頭に置いているため，国境警備隊間の偶発事件にも，外国の(戦闘機を除く)航空機の禁止された飛行に対する防御措置にも適用されない．」したがって，「51条の防衛措置に加えて，暴力行為または，2条4項の武力行使の禁止の下には入らない他の禁止された行為に対する，他の防御措置もある……」「それゆえ，51条の意味における武力攻撃の基準に至らない，これらのいわゆる『小さい武力』に対する軍事的防御措置は，……その措置が釣り合いが取れている限り，許容される」という[71]．Simmaにとっては，オイル・プラットフォーム事件における船舶への攻撃に対する米国の行動も同じと考えており，裁判所は，米国の行動の自衛としての正当化の可能性だけを扱うのではなく，「武力攻撃」に該当しない武力行為への防衛措置の文脈での検討も為されるべきであったと批判する[72]．

　したがって，ニカラグア事件判決で裁判所が「均衡する対抗措置」を認めたことは，Simmaにとって何ら問題はない．彼にとっては，裁判所が「均衡する対抗措置」を認めたことによって，従来，一般に考えられてきたような，軍事行動そのものは国連憲章第51条の「武力攻撃」に対する自衛権の行使しか認められず，同条で認められない武力行使以外の軍事行動そのものは一切許容されない違法行為であるという考え方は採らないこと，国連憲章上，軍事行動が明文で認められるかどうかに

かかわらず，国際社会の何らかのニーズに応じて，国際法とその解釈が発達する国際法の動態性が認められていることになる．この考え方から見れば，80年代に米国が「低強度紛争」として取り組んできた1998年の在ナイロビ・ダルエスサラーム米国大使館爆破事件と，それに対するアル・カイダ訓練基地へのミサイル攻撃も，類似の文脈で捉えるべきことになるのかもしれない．

（3）ただ，その後，事態はさらに進展しており，Simmaにとっても，2001年の米国同時多発テロ事件や，コンゴ領武力行動事件における反ウガンダ政府集団の行動は，質的に異なる事態となるようである．実際，コンゴ領武力行動事件において，Simmaは「均衡する防衛措置」を主張せず，むしろ「非国家的行為体による大規模武力攻撃に対する自衛」の判断をすべきだったと批判し，領域国の統治不能領域からの非国家的行為体の攻撃に対して，「たとえ，その行為が領域国に帰属しえないとしても」，自衛権を認めるべきことを主張するからである[73]．つまり，「[ウガンダ反政府集団である] ADFの攻撃がたとえコンゴ民主共和国に帰属しないとしても，国連憲章第51条の意味のうちにおける『武力攻撃』の水準に達するほどに十分な規模である場合，必要ならば，コンゴ領内のこれらの集団と交戦することによってウガンダは反撃できただろうかという問題」について裁判所は答えていないと批判している[74]．そして，このような解釈は，米国同時多発テロ事件以来の国際法の発達であることを指摘し，安保理決議1368と1373をそのような解釈を認めたものと考えている[75]．

　Simmaがこのような解釈に至るのは，「武力攻撃」への該当性を専ら「結果の重大性」によってのみ判断しているからである．彼にとっては，テロ行為やゲリラ等の従前は低強度とされてきた行為でも重大な結果をもたらすことになれば，それらも「武力攻撃」になることになる．しかし，そもそもSimmaの主張する「均衡する防衛措置」は，国連憲章2条4項の「武力行使」に該当しない暴力行為に対するものに限られるた

め,非国家的行為体の大規模攻撃に対して「均衡する防衛措置」を認めるわけにはいかなかったであろう.つまり,その部分が,これまでの彼の解釈からは「欠缺」となるのであり,それゆえ彼が,裁判所がニカラグア判決で混乱の元をつくったのであるから,その基準を洗練させるべきであり,そのため,パレスチナ分離壁事件でイスラエルが分離壁建設を自衛権で正当化しようとしたのだという批判も[76],そのような背景によると言える.

しかし,注意しなくてはならないのは,ニカラグア判決で裁判所が認めた「均衡する対抗措置」の前提となる,違反される国際義務は武力不行使原則であるということである.また,米国同時多発テロ事件の安保理決議1368と1373で問題となった義務違反も,武力不行使原則の一義務としてのテロ行為への支援・黙認の禁止の義務である.武力不行使原則違反の行為はSimmaが「均衡する防衛措置」の対象行為からはずしていたものであり,それに対して,裁判所が「均衡する対抗措置」を認めたのであることを考えれば,裁判所の「均衡する対抗措置」はSimmaの「均衡する防衛措置」よりも,武力不行使原則で規制されているという意味で,より重大な武力行為・暴力行為に対して行われうるものである.したがって,「結果の重大性」という観点からのみ見ても,2条4項の規制対象とならない強制措置以上の結果をもたらす行為が生じたからといって,裁判所が直ちに「武力攻撃」を認定し自衛権を認めねばならないものではない.

結局,現在の武力行使の問題は,「結果の重大性」に着目するのみで解明できるものではない.裁判所は武力行使の規制にあたって,もっと細かい基準を示してきたのであり,それに耐えられる説得力が求められよう.確かに非国家的行為体のもたらす被害の大きさが巨大になったことの衝撃は理解できるとしても,だからといって,「非国家的行為体に対する自衛」を主張するのでは,なぜ,非国家的行為体の所在する領域国の主権の壁を通過して,外国が非国家的行為体に対して直接行動でき

るのかが説明できないし，非国家的行為体が所在し，その行動を黙認・支援している国に対しても強制が行われるという現象が説明できないのである．

2　対抗措置として分析する際の課題

　もちろん，「均衡する対抗措置」と考える前に，いくつか検討すべき点があろう．

　一つは，国際法委員会の「対抗措置」概念との関係である．ニカラグア事件本案判決で示された「均衡する対抗措置」の概念と，国連国際法委員会が国家責任条文草案で構成した「対抗措置」の概念が必ずしも一致するとは限らない．そもそも，国家責任条文草案上の概念では，武力行使を伴う対抗措置は禁止されているようにも見える（同草案第50条1項（a））．また，対抗措置の目的は，「国際違法行為の責任を負う国に対して第二部に基づく義務［賠償義務］の履行を促すためにのみ」とされる[77]．しかし，50条1項（a）も，対抗措置が「国際連合憲章に示された武力による威嚇または武力の行使を慎む義務」に影響を及ぼすものではないと書かれているだけであって，解釈は国連憲章次第である．また，条文草案で規定されていないことが国際法として認められないということにはならないし，両概念は別の目的と機能を有するものと考えることも可能である．

　対抗措置の問題点として指摘されるもう一点は，一方的認定の問題である．国際法委員会が「対抗措置」概念を構成した際に最も苦労したのも，認定の客観性をいかに確保するかであった．確かに，一方的認定を公然と認めることで，違法行為の応酬が始まるきっかけを与えることとなり，望ましくないことは理解できる．しかし，「対抗措置」との解釈は現状の解釈であり，望ましさを議論しているわけではない．また，一方的認定の危険性，濫用の危険性であれば，自衛権についても妥当する批判であり，「対抗措置」に限ったことではない．濫用防止のため，国

連憲章第51条で「自衛権」に求められている報告義務も確かに「対抗措置」には課されていない．しかし現在，武力が行使される場合，安保理で問題とならないことはなく，審査も可能である．

　望ましさという点から言うのであれば，「対抗措置」と解釈することにより，むしろ，性質の異なる武力行為を一括して自衛権概念によって正当化しようとすることによって自衛権概念を拡張する必要はなく，自衛権概念を違法行為への緊急対応として一義的に捉えることが可能となるし，かつ，新たに生じた強制行動のニーズに個別に対応し，実行者や強度に応じたきめ細かな対応を求めつつある国際法の傾向を捉えることができるというメリットがある[78]．また，客観的認定が望ましいということであれば，安保理などの集団的手続を整備すればいいのであり，その場合であっても，国際法の解釈として，自衛権以外に，武力不行使原則違反への対応として集団的統制と個別的統制のデュアル・プロセスが存在していると考えることができる．さらに，武力不行使原則違反に対する対抗措置と解釈することにより，問題を国家の責任問題として処理することが可能であるとともに，主権国家間の戦争という水平的関係とは異なる，国家と非国家的行為体という半垂直的な関係から生じる安全保障問題を区別し，領域統治の問題の関連する問題として扱うことが可能である．また，とられる措置の内容も，均衡性要件によって，先行する暴力行為の強度に応じて柔軟に調整することが可能となる．しかし，このようなことは，自衛権にこだわっている限りできない．

　実際，米国同時多発テロ事件の安保理決議1368で自衛権を'recognize'したことは，このような意図の先駆と解釈することも可能であろう．また，近年提案された安保理改革のための国連事務総長報告も[79]，そのための努力と解釈することができるのである．

VIII おわりに

　以上のようにして，近年問題となっている非国家的行為体の武力行為等に対する対応は，「非国家的行為体に対する自衛権の行使」の問題として扱うべきではなく，国家に対する規制の枠組みの中で，国際義務を履行する領域国の，領域管理主体としての実効的統治と，その国際社会による強制的確保が問題となっていると見るべきもののように思われる．その意味で，「非国家的行為体への自衛権」論は，新しい問題の発生を示しているものの，国家による領域の統治という国際社会の基本構造を見落としており，この主張そのものを実現しようとすることが，現在の国際社会に健全な結果を生み出すとは思われない．安全保障の国際法の側面から見た場合，17世紀にウェストファリア条約を契機に成立した主権国家を主要な構成要素とする国際社会の体制が，9・11事件以後，変容したと考えるのは現状では先走り過ぎであり，依然として領域統治を前提とした国家から成る国際社会の分権的権力構造は盤石であって，その枠組みの中で対処可能であるし，国際社会はむしろ領域国の実効的統治を強化・補完して対処しようとし，主権国家や国際組織もその方向の再編が求められているとして解釈する方が，実際の動向に即しているように思われるのである．

注

1　本章において「非国家的行為体 non-state actors」という用語は，国際政治学上の概念を借用している（川田侃・大畠英樹（編）『国際政治経済辞典［改訂版］』（東京書籍，2003年，647-648頁）．これまで，「非国家主体」「亜国家主体」「サブ・ナショナルな主体」等，様々表現されてきたが，「国際法主体」たる国家や国際組織以外の者であり，個人，個人集団，テロ集団，ゲリラ戦術をとる不正規兵，武装

部隊，集団，傭兵等を含む．国際法主体か否かにかかわらず，これらの actors が国家の安全保障を脅かす時代となったのであり，その現象を全体として示すに適当な概念と訳語と考えられるからである．従って，国際法主体とは異なり，事実上の概念であり，それぞれの行為体の国際法上の扱いは，関連する国際法規則によって異なる．例えば，内戦集団，武装集団，不正規兵，傭兵は，武力行為を実行している限り，武力紛争法によって規律されうるのに対して，テロ行為そのものの処罰はテロ規制諸条約等の国際刑事法によって規律される．

2 拙稿「国際テロ行為に対する報復爆撃の問題提起」『國學院法學』38巻1号（2000年）75頁以下参照．

3 例えば，浅田正彦「同時多発テロ事件と国際法上の自衛権」『法学セミナー』2002年3月号；拙稿「新たな脅威をとらえる枠組は？」法律時報73巻13号（912号）（2001年12月）など．

4 *Congo* case, infra note 37, Simma, Separate Opinion, para. 7.

5 Brownlie, Ian, *International Law and the Use of Force by States* (Oxford, 1963).

6 Bowett, Derek, *Self-Defence in International Law* (Manchester University Press, 1958)．

7 松隈清「在外自国民救出のための武力行使と国際法」『八幡大学論集』18巻1・2・3合併号 140-141頁．

8 拙稿「在外自国民救出のための武力行使」『早稲田大学法研論集』59号（1991年）171-172頁．

9 Parliamentary Debates (Hansard), 5th Series — Vol. 983, House of Commons Official Report, Session 1979–1980, p. 879.

10 アル・カイダをタリバンが支配していなかったことについては，例えば，高木徹『大仏破壊』（文藝春秋，2004年）を参照．

11 拙稿，前掲論文（注2）97, 119-121頁．

12 Rosenstock, Robert, "The Declaration of Principles of International Law concerning Friendly Relations: A Survey," *American Journal of International Law* Vol. 65, No. 5, (1971), p. 720.

13 高橋通敏「侵略の定義に関する国連委員会案の成立（上）」『国際問題』176号（1974年）55頁．Report of the Special Committee on the Definition of Aggression, 1974, p. 21.

14 *ICJ Report 1986*, Case Concerning Military and Paramilitary Activities in and against Nicaragua, Merits, Judgment (27 June 1986) [hereinafter cited as *Nicaragua* case]．

15 例えば，Harris, D. J., *Cases and Materials on International Law*, 6th ed. (2004,

London), pp. 893 ff.

16 *Nicaragua* case, paras. 194-195.

17 *Nicaragua* case, p. 101, para. 191; pp. 103-104, para. 195. 詳細は拙稿「武力行使の類型化の意義と問題点」『國學院法學』32巻4号（1995年）138-144頁参照.

18 UN Doc. S/2001/946 (Oct. 7, 2001) (Letter dated 7 October 2001 from the Permanent Representative of the United States of America to the United Nations, Addressed to the Security Council). NATO Press Release (2001) 124. 小泉内閣総理大臣記者会見（平成13年9月12日）．堀之内秀久「9月11日の8時間」山口厚・中谷和弘（編）『安全保障と国際犯罪』（東京大学出版会，2006年）所収.

19 UN Doc. AFG/152-SC/167 (8 Oct. 2001).

20 濱本正太郎「［判例研究］パレスティナの『壁』の合法性——国際司法裁判所勧告的意見，2004年7月9日——」『神戸法学年報』20号（2004年）137-138頁参照.

21 UN Doc. SC/8808.

22 UN Doc. SC/8780 (20 July 2006); SG/SM/10570-SC/8781 (20 July 2006).

23 例えば，Randelzhofer は，「帰属」の中に，奨励，支援，計画・準備，妨害解怠（reluctant to impede），避難所の提供を含めているし（Randelzhofer, 'Article 51,' Simma, Bruno (ed.), *The Charter of the United Nations— A Commentary*, 2nd ed., Vol. 1, p. 802），パレスチナ分離壁事件勧告的意見に対するコメントの中でも「帰属」の問題として扱う論者が数多く見られる（Murphy, Sean D., "Self-Defense and the Israeli Wall Advisory Opinion: An Ipse Dixit from the ICJ ?," *American Journal of International Law* Vol. 99, No. 1 (Jan. 2005), p. 66; Scobbie, Iain, "Words My Mother Never Taught Me — 'In Defense of the International Court,'" *American Journal of International Law* Vol. 99, No. 1 (Jan. 2005), p. 81; Bruha, Thomas & Christian J. Tams, "Self-Defence Against Terrorist Attacks. Considerations in the Light of the ICJ's 'Israeli Wall' Opinion," Dicke, Klaus, *et al.* (hrsg.), *Weltinnenrecht* (2005, Berlin), p. 99.

24 *Nicaragua* case, pp. 64-65, para. 115.

25 *International Legal Materials*, Vol. 38, p. 1546, para. 145.

26 Crawford, James, *The International Law Commission's Articles on Sate Responsibility — Introduction, Text and Commentaries,* (Cambridge, 2002), pp. 110-113.

27 *Congo* case, infra note 37, paras. 160, 163, 345.

28 *Congo* case, infra note 37, Kooijmans, Separate Opinion, paras. 25, 26; Kateka, Dissenting Opinion, para. 38.

29 Wedgwood, Ruth, "The ICJ Advisory Opinion on the Israeli Security Fence and the Limits of Self-Defense," *American Journal of International Law*, Vol. 99, No.1 (Jan.

2005), p. 59.

30　Bowett, D., *supra* note 6, pp. 27-114.

31　例 え ば, "ASIL Insights: Terrorist Attacks on the World Trade Center and the Pentagon," edited by Kirgis, Frederic L. (September 2001) (http://www.asil.org/insights/insigh77.htm).

32　浅田正彦, 前掲論文（注 3）38 頁. 拙稿, 前掲論文（注 3）1-3 頁.

33　*Congo* case, infra note 37, Simma, Separate Opinion., paras. 8, 9-10.

34　Wall Opinion, infra note 36, Higgins, Separate Opinion, para. 33; *ibid., Problems and Process* (Oxford, 1994), pp. 250-251.

35　International Court of Justice, Case concerning *Oil Platforms*(Islamic Republic of Iran v. United States of America, Judgment of 6 November 2003 ― Merits(http://www.icj-cij.org/icjwww/idocket/iop/iopframe.htm) [hereinafter cited as *Oil Platforms* case].

36　International Court of Justice, Legal Consequences of the Construction of A Wall in the Occupied Palestinian Territory, Advisory Opinion of 9 July 2004 (http://www.icj-cij.org/icjwww/idocket/imwp/imwpframe.htm) [hereinafter cited as Wall Opinion].

37　International Court of Justice, Armed Activities on the Territory of the Congo Democratic Republic of the Congo v. Uganda), Judgment of 19 December 2005 (http://www.icj-cij.org/icjwww/idocket/ico/icoframe.htm) [hereinafter cited as *Congo* case].

38　*Oil Platforms* case, Judgment, para. 43.

39　*Oil Platforms* case, Simma, Separate Opinion, p. 1; Koroma, Declaration; Elaraby, Dissenting Opinion, pp. 1-3.

40　*Oil Platforms* case, Buergenthal, Separate Opinion, paras. 3, 5-6, 14, 20-32, 34,; Higgins, Separate Opinion, paras. 40-54; Owada, Separate Opinion, paras. 3, 5, 15, 16, 32, 34-35, 39-40; Parra-Aranguren, Separate Opinion, paras. 5, 10, 13-14; Kooijmans, Separate Opinion, paras. 2-3, 17-18, 23, 35, 43.

41　UN Doc. S/19219 (19 Oct. 1987) cited in *Oil Platforms* case, Judgment, paras. 48 and 67.

42　*Oil Platforms* case, paras. 51, 72.

43　Cf. *Oil Platforms* case, para. 64; Simma, Separate Opinion, para. 12.

44　*Oil Platforms* case, Simma, Separate Opinion, para. 2.

45　Wall Opinion, para. 138; UN Doc. A/ES-10/L. 16, Annex I.

46　Wall Opinion, para. 139.

47　Wall Opinion, Kooijmans, Separate Opinion, para. 35.

48 Wall Opinion, Buergenthal, Declaration, paras. 5-6. Murphy, Gross, 支持（Murphy, *supra* note 23, pp. 62-63; Gross, 'Combating Terrorism,' *Cornell International Law Journal* Vol. 38, No. 2, pp. 571-572).

49 Wall Opinion, Higgins, Separate Opinion, para. 33; *ibid., supra* note 34, pp. 250-251. Murphy 同旨（Murphy, *supra* note 23, p. 66）.

50 つまり，裁判所がイスラエルの立場を検討後，その立場を拒否していることと，Higgins と Buergenthal 両裁判官の個別意見から見て，裁判所は自らの立場を理解していたというべきであろう（勧告的意見の立場に否定的な Murphy 同旨（Murphy, *supra* note 23, p. 63）．対して，裁判所が非国家的行為体の攻撃に対する自衛の援用可能性について曖昧であるという見方をしているのは，濱本，前掲論文（20）136-137頁．

51 Bruha & Tams 同旨（Bruha & Tams, *supra* note 23, pp. 96-97）.

52 Breau, Susan, "Legal Consequences of the Construction of A Wall in the Occupied Palestinian Territory: Advisory Opinion, 9 July 2004," *International and Comparative Law Quarterly* Vol. 54 No. 4, p. 1007.

53 *Congo* case, paras. 119, 148, 153, 345; Simma, Separate Opinion, paras. 2-3, 14; Elaraby, Separate Opinion, paras. 1, 4 & 5.

54 *Congo* case, paras. 143, 146, 148. また，Kateka 裁判官反対意見参照．（*Congo* case, Kateka, Dissenting Opinion, paras. 26, 27）

55 *Congo* case, para. 345, (1).

56 *Congo* case, Simma, Separate Opinion, paras. 10, 15; Kateka, Dissenting Opinion, paras. 24, 25, 28-29.

57 *Congo* case, Kooijmans, Separate Opinion, paras. 25-27, 28, 30; Simma, Separate Opinion, para. 11; Kateka, Dissenting Opinion, para. 38.

58 *Congo* case, Simma, Separate Opinion, paras. 8, 9-10, 11, 12.

59 *Congo* case, para. 277.

60 *Congo* case, paras. 300-301.

61 コンゴ領武力行動事件判決で，Kooijmans 裁判官は，武装集団等の攻撃に対する対応が自衛と呼ばれようと緊急行為と呼ばれようと域外法執行と呼ばれようと，問題ではないとまで述べて，何らかの対応の必要を主張している．（*Congo* case, Kooijmans, Separate Opinion, para. 31）

62 Wall Opinion, para. 139.

63 *Congo* case, para. 303.

64 UN Doc. S/2001/946 (Oct. 7, 2001)

65 『Foresight』2006年10月号，34頁．

66 武力不行使原則における領域国の管理主体としての責任については，拙稿，前掲論文（注2），114-121頁参照．

67 このような「強制力」の法的性質は別途検討を要するが，非国家的行為体に対する国際的警察行動と，武力不行使原則に違反した領域国の政策の強制的是正の2つの目的を有すると考えられる．

68 *Nicaragua* case, paras. 210-211, 248.

69 Verdross, Alfred-B.Simma, *Universelles Völkerrecht*, Dritte, völlig neu bearbeitete Aufl (Dunker & Humbolt), S. 288.

70 *Oil Platforms* case, Simma, Separate Opinion, para. 12.

71 Verdross-Simma, *supra* note 69, SS. 289-290.

72 *Oil Platforms* case, Simma, Separate Opinion, paras.12. もっとも，そのような概念を用いても，オイル・プラットフォーム事件における米国の行動は正当化できないと見ている（*ibid.,* paras. 14-16.）．

73 *Congo* case, Simma, Separate Opinion, paras. 11-12.

74 *Congo* case, Simma, Separate Opinion, para. 7.

75 *Congo* case, Simma, Separate Opinion, para. 11.

76 *Congo* case, Simma, Separate Opinion, paras. 8, 9-10.

77 Cf. 岩月直樹「紛争の『平和的』解決の意義」『本郷法政紀要』7号（1998年）413頁．

78 拙稿，前掲論文（注17）142-144，147頁．

79 UN Doc. A/59/2005

第7章
自衛と域外法執行措置

古谷　修一

I　問題の所在と分析視角
II　域外法執行措置に自衛権が関わる背景
III　自衛権援用の類型化
　1　他国の航空機等の強制着陸
　2　他国領域への侵入による法執行措置
　3　領域国に対する攻撃を伴う法執行措置
IV　域外法執行措置の要件
　1　武力攻撃の発生
　2　措置の必要性
　3　領域国による犯罪行為の防止・処罰の期待可能性
　4　措置の均衡性
　5　逮捕者の待遇
V　結び

I　問題の所在と分析視角

　国家は主権の属性として刑罰権を有するが，その行使は原則として国家領域内に限定される．今日，諸国は何らかの形で自国の刑事法を域外適用しており，たとえばテロを規制するさまざまな国際条約などは，締約国に対して，属人主義，消極的属人主義，普遍主義などに基づいて刑事法を域外適用することを義務づけるなどしている．こうした意味で，国家の刑事管轄権が，領域空間を越えて拡大される傾向にあることは否定できない．しかし，そうしたなかにあっても，捜査，押収，逮捕といった国家による強制的な法執行措置には厳格な属地的制限が課されており，こうした措置を他国領域内で行うことは，当該領域国の明確な同意がない限り許されない[1]．

　このため，自国の刑事法に違反した者が他国領域内に所在する場合，国家は一般に犯人所在国に協力を要請し，犯罪人引渡制度に基づいてその身柄を確保する手段をとることになる．ところが，国家自体やその指導者が当該犯罪に関与しており，相手国の協力が望めない場合や，協力する意思はあっても国家の支配権が十分に確立しておらず，犯人の身柄を確保するだけの警察力がない場合など，本質的に犯罪人引渡制度が機能しない状況が存在することも事実である．

　こうした事情から，今日まで多くの国家が，自国領域外において法の執行を行う「域外法執行措置」（extraterritorial law enforcement measures）を実施してきた．これらは，現場の警察官が独自の判断で行う偶発的かつ小規模なものから，国家の政策あるいは高度の政策決定者の判断に基づき，相当に大規模な軍事力を伴って行われるものまで，その態様は様々である．しかし，いずれにせよ他国領域内において犯人を捜索し，これを強制的に自国に連行する行為であることから，そうした措置が他国の主権を侵害し，国際法違反を構成することについては疑いない．

だが，こうした域外法執行措置を実施する国家は，しばしば自衛権の概念を援用して，自国の行動を正当化してきた．実際，犯罪行為の実質が国家による武力攻撃に匹敵するほどに大規模になり，また恒常的に領域内外の国民や自国施設が脅威にさらされるといった状況においては，本来国家間の武力衝突を念頭においた自衛権への依拠も，あながち的外れとは言えない場合もある．とりわけ，この問題は，9・11テロ事件が発生した後，アメリカが個別的・集団的自衛権を根拠として，アフガニスタンに軍事攻撃を行い，同国内を拠点としていたアルカイダ構成員を逮捕・連行したことにより，大きく注目されることとなった．「テロとの戦争」（war against terrorism[2]）は，明らかに通常の犯罪への対応を意味するが，他面で「戦争」と形容されることに違和感がないほどに大規模な攻撃と反撃の応酬を内在させている．こうした事態に対し，伝統的な自衛権の概念を当てはめ，域外法執行措置を正当化することが適当であるのか，また自衛権が内包する要件は，域外法執行措置にどの程度まで当てはまるのか．

本章は，これまでしばしば自衛権行使の実行として評価されてきた事例を，軍事力を伴った域外法執行措置という独自の国際法現象として検討することにより，その内容と要件を明らかにすることを目的としている．もっとも本章は，単純に域外法執行措置がもはや国際法上合法であると指摘することを目指しているわけではないし，逆にそうした措置はすべて違法であると断罪することも意図していない．

そもそも国際法は，多くの局面で，ある行為の合法性・違法性を判断するために機能しているわけではない．むしろ国際法は，国家が行動を起こすに際して，その行動を制御し，一定の方向に仕向けることを主な任務としている．もちろん，国家がこうした国際法の要請する方向を踏み外した行動をとる場合，そうした行動は「違法」と評価されることは論理的には間違いない．しかし，合法・違法の判断には，判断基準たる実体的な法規の存在とともに，これを判断する機関が必要である．とこ

ろが，国際社会の場合，一般的にはこうした判断権限を持つ集権的な機関が存在せず，国際裁判などに任意に付託される場合を除いて，判断機関が機能する局面は限られている．そうした場合，第一義的には行為を行った国家とこれに影響を受けた国家（被害国）の各々の判断が，行為の法的評価を決定することになる．

しかし，当然のことながら，こうした場合に両国間で評価が一致することはまれである．A国は自らの行為を合法であると主張し，B国は違法であると主張するのが常と言っても良い．当事者がまさしく判断機関なのであるから，判断機関が複数ある限り，それらの判断は各々が正しいというほかはない．こうした場合，国際法学者がしばしば「A国の行為は違法である」といった判断を行うこともある．だが，それはせいぜい「もし私が裁判官であれば，これを違法と判断するだろう」という仮想の判断にすぎない．

もちろん，こうした合法性・違法性判断の基本骨格は，国内社会の場合でも同様である．国内社会においても，行為が行われた当初は当事者が第一義的な判断機関として立ち現れ，たとえばAは自らの行為が合法であると主張し，これに影響を受けたBはそれが違法であると主張するといった事態になる．しかし，国内社会の場合には，こうした判断機能を最終的には裁判所が担うことが予想されるために，裁判所による事後的な評価（フィードバック評価）の内容を事前に予想したうえで，当事者が問題となる行為の評価を行う力学が働くことになる．このため，仮に裁判にならなかったとしても，フィードバック評価を想定した「仮想の裁判所」を各々の当事者が共有することによって，法的に事態が収束される可能性が高い．

一方，国際社会の場合には，こうした「仮想の裁判所」を想定する契機はほとんどない．多くの場合，関係国が自らの考える法的評価を一方的に宣言するだけで終わり，最終的な合法・違法の判断は少なくとも短期的には決着がつかない場合が多い．本章が扱う自衛権の行使などは，

まさしくそうした典型的な事例であろう．

　こうした場合，重要なのは一定の行為の合法・違法を議論することではなく，当該行為が行われた際に，行為国がそれをどのような法的制約を認識しながら実行したのか，また他の諸国が同様の制約をどのように評価し，それに基づいて事後的にどのように対応したかということである．ここにおいて必要なのは，域外法執行措置に関連する国家行動を，国際法がどのようなコースに方向づけるべきであると考えられているのかを，こうした諸国の評価のなかから読み取ることである．行為の方向づけという機能から国際法を見るならば，一定の局面においてなされるある行為が，合法か否かの評価はそれほど重要ではない．重要なのは，行為の間断なき連続のなかにあって，それを大枠で方向づける実行が，具体的にどのような力点をもって機能しているのかである．本章における以下の考察は，こうしたアプローチを基礎としている．

II　域外法執行措置に自衛権が関わる背景

　そもそも法執行措置と自衛権とは，本質的に異なる世界の法概念である．法執行は国内刑事法上の措置を意味し，刑事警察がその実施を担うと考えられる．他方，自衛権は国家間の武力紛争に関連する原則であり，ここでは軍隊がその実施主体となる．一般的には，国内の治安を維持する警察と国際的な安全保障を担う軍隊とはまったく異なる機関であり，多くの国家において両者は別個の組織体系を有している．

　しかし，実際には，警察と軍隊との間の相違はそれほど絶対的なものではなく，国内治安を守る活動に軍隊が出動することはしばしば見られる．また，恒常的に一定の法執行活動を警察ではなく，軍隊が担う場合も存在する．たとえば，海軍に対し，武力紛争への対処機能とともに海上警察機能を与えている国は多い[3]．また，領空侵犯の航空機に対する

措置は，多くの国において空軍等の任務と位置づけられているが，それは一義的には上空飛行に関する国内法令違反を取り締まるための法執行措置である[4]．したがって，犯罪行為が国際化し，国家領域の外側からの侵入を伴う場合が多くなると，これに応じて警察と軍隊の任務の境目は曖昧になる傾向を持つ．

さらに，警察と軍隊の相違は，それらが装備する強制力の規模により特徴づけられるかもしれない．軍隊が戦闘機やミサイルを装備することは普通であるが，警察がこうした強制力を保持することは考えられない．しかし，これは両組織の任務の性質から派生した相違ではなく，対抗すべき敵が保持する強制力に対応した結果である．国内社会においては，基本的に暴力装置は国家により独占されており，犯罪者が保持できるのはせいぜい軽銃器に限られる．したがって，警察はこうした暴力に対応するための強制力を保持すれば足りる．一方，軍隊の場合には，戦闘機，戦艦などを備えた他国との交戦を前提としていることから，これに見合った装備を備えることが求められてきた．したがって，一般的に言えば，国内治安維持について，大きな装備を持った軍隊が出動する必要はないはずである．

ところが，ここでも警察と軍隊の境界は揺らぐことになる．たとえば，反政府のゲリラ活動などが発生している国家では，多くの場合これに立ち向かうのは警察ではなく軍隊である．それはゲリラ側が高度の武装水準を保持しており，警察では対抗できないことによる．こうした犯罪者側の武装の高度化は，近年のテロリズムにおいても顕著に見られる．国外からの重兵器の調達やこれらを使用するための軍事訓練などを行うテロ組織は，国内における犯罪者集団よりも，むしろ外国軍隊を想像させるものである．こうして，敵対する犯罪組織の武装レベルが高度化するにしたがい，これに対する法執行措置は警察ではなく，軍隊が担う傾向にある[5]．

域外法執行措置に軍隊が関わり，それに付随して本来は国家間の武力

紛争に関連する自衛権の概念が登場する背景は，このようなところにある．

こうした警察行動と軍事行動の二重性は，これに関わる国際法規にも反映される．法執行措置は国家の執行管轄権の発現であり，基本的には他国領域または他国が排他的な管轄を及ぼす対象に対しては行使できない．域外法執行措置は，仮に何ら強制力が伴わなくとも，それ自体が国家管轄権に関わる国際法に違反するものである．一方，もしこうした措置が軍隊により武力の行使を伴って実施された場合には，武力行使禁止に関する国際法規に抵触することになる．つまり，武力行使を伴った域外法執行措置は，二つの国際法規範に同時に違反するのである．

ところが，執行管轄権を域外で行使することを禁止する国際法は，これを例外的に正当化する規範を持たない．たとえば，警察や情報機関の構成員が，秘密のうちに外国領域内で容疑者の逮捕を行ったような事例では，これが国家機関の構成員であるか否かが問題となることはあっても，ひとたびその構成員であることが判明すると，国際法違反の追及に反駁する根拠は乏しい．こうした措置の典型例とも言えるアイヒマン事件において，イスラエルは，アルゼンチンにおける拉致行為を国際法的に正当化できず，二国間の交渉においてその責任を認めたうえで，イスラエルにおける裁判の承諾を得るという経緯をたどっている[6]．こうした武力行使を伴わない事例においては，多くは域外措置の違法性は外交的に処理され，関心は専ら，こうした違法な措置に基づいて行われる裁判が合法か否かという問題に集中している[7]．

他方，後に詳しく見るように，武力行使を伴う場合には，措置を実行した国が自衛権を根拠にこれを正当化することが一般的である．国連憲章において武力行使が一般的に禁止され，第7章の強制措置と51条の自衛権行使のみが例外とされていることからすれば，関係国が自衛権を援用することは自然な方向であろう．域外法執行措置に自衛権の概念を当てはめることの当否は後の章における考察に留保するとして，少なく

とも武力行使を伴う域外法執行については，これを正当化する国際法的根拠が存在することが重要である．自衛権は国家責任法の体系においては違法性阻却事由と考えられるため[8]，武力行使の違法性はもちろん，他国の管轄権を侵害した違法性も阻却されることになる[9]．したがって，奇妙なことに，域外法執行措置を実施する国家にとっては，小規模な他国の管轄権侵害よりも，むしろ武力行使を伴う大規模な措置の方が，国際法的に正当化しやすいという力学が働くことになる．

このように，法執行に軍隊が投入される外的要因が増大する側面と，そうした大規模な措置を正当化しやすい国際法の規範的現状が，自衛権を根拠とする域外法執行措置へと国家を導いていると言うことができるだろう．

III 自衛権援用の類型化

域外法執行措置が実施され，それを正当化する過程で自衛権が援用された事例は様々である．本章では，法執行措置により影響を受ける国家との関係性を軸に，三つのタイプに類型化して検討を行う．第一は，他国領域への軍事侵入を伴わないが，他国に登録されている航空機などを軍事的な措置により強制的に着陸させた事例である．第二は，他国領域への軍事侵入を伴うが，基本的に当該他国との交戦が存在しないか，あるいはそれが本来的には意図されていない事例である．そして第三は，法執行の対象たる個人・集団との間だけでなく，措置が展開された領域国との間にも交戦が行われた事例である．

1 他国の航空機等の強制着陸

1973年8月，イスラエル軍機がベイルートからバグダッドに向かっていた中東航空の旅客機をインターセプトし，イスラエル軍事基地に強

制着陸させた．イスラエル当局は，パレスチナのテロリストが搭乗していると嫌疑をかけ，約90人の乗員・乗客を機内から降ろし，数時間の尋問を行った．しかし，結局テロリストは発見されず，同機はその後離陸が許可された[10]．

　この事件を受けて開催された安保理において，イスラエル代表はテロリストに対する自衛権を主張している[11]．しかし，安保理は，全会一致でイスラエルの措置を非難する決議を採択した[12]．本件においては，アメリカもイスラエルの措置は合法でないとの立場をとり，「国際民間航空の分野を含めて，国際問題における法の支配へのコミットメントは，法の外で活動する者〔テロリスト〕から自らを保護するために政府が利用できる方法に，一定の制約を課している[13]」と指摘している．

　ところが，そのアメリカも，アキレ・ラウロ号事件においては，同様の強制着陸を実行している．1985年10月，パレスチナ解放機構（PLO）の4人によりイタリア船籍の同船が乗っ取られ，イスラエルに拘留されているパレスチナ人を直ちに解放しない限り，乗客を殺害すると脅迫した．イタリア，エジプト，西ドイツなどが犯人と交渉をした結果，同船はエジプトの港に入港し，人質も解放された．しかし後に，乗客の一人であったユダヤ系アメリカ人が殺害されていたことが判明した．アメリカは犯人のアメリカへの引渡を求めたが，エジプトは犯人がすでにエジプト領域を離れたと虚偽の対応を行い，引渡しを認めなかった．こうしたなか，犯人はエジプト政府がチャーターした民間航空機でエジプトを発ったが，アメリカ軍機が同機をインターセプトし，イタリア・シチリア島のNATO軍基地に強制着陸させたのである．アメリカ政府は犯人を逮捕し，アメリカに移送したうえで裁判を行う意図であったが，イタリアがこれを認めず，結局犯人はイタリアが拘留することでアメリカ・イタリア間の合意が成立した[14]．

　この事件に対する国際的な反応は「沈黙」であった．アメリカ自身もこうした行為の法的根拠を具体的に示さず[15]，各国も国際法の観点から

これに論評することはなかった．アキレ・ラウロ号の問題が審議された安保理においても，アメリカによるインターセプトについては，実質的に何も議論されていない．ただ，PLO 代表がアメリカの措置を「民間航空機に対する海賊行為」と非難しただけであった[16]．イスラム諸国会議は，この措置が法的意味 (legal implications) を持つ問題であることは指摘したが，それ以上に議論を展開することはなかった[17]．

1986 年 2 月，イスラエルはトリポリからダマスカスに向かうリビア登録の航空機をインターセプトし，イスラエル国内に強制着陸させた．しかし，1973 年の事件と同様に，取調べを行った結果テロリストが搭乗していないことが判明し，再飛行を許可している．

安保理において，イスラエルは自衛権を根拠としながら，「自衛権に対する制限……の原則については，テロリストに攻撃された国家は，将来の攻撃を防止し，先制するために武力を行使することが許されると言いたい．加えて，国際法が国際的な公海や公空においてテロリストを捕獲することを禁止していると主張することは，絶対に真面目なものではない[18]」と指摘している．安保理に出席した諸国は，イスラエルの主張内容そのものを否定する発言を行っているが，アメリカだけは異なる評価を示した．同国は，民間航空機のインターセプトは，テロリストが搭乗しているという強力かつ明確な証拠に基づくべきであるが，イスラエルはこうした裏づけを得ておらず，したがって本件インターセプト措置は許されないとした．しかし，アメリカ代表は次のように指摘している．

> 一般原則として，合衆国は民間航空機のインターセプトに反対する．……同時に，インターセプトが正当化される例外的状況が存在することがあると信じる．……合衆国は，その領域や市民がテロリストの継続的な攻撃にさらされている国家は，将来の攻撃から自らを守るため，武力の適切な行使により対応することができるという原則を，承認し強く支持している．……注意深く定義され限定された状

況において，こうした行動をとる能力は，国連憲章で承認された自衛の固有の権利の一側面であるから，こうした行動が正当化される可能性を考慮せず，航空機のインターセプトそれ自体が違法であると示唆する決議案を，我が国政府は受け入れることはできない[19].

注目すべきは，アメリカが，措置の適切さは必要性（necessity）と均衡性（proportionality）の考慮を伴うと述べ，航空機が措置の対象である場合には，安全性に対する考慮に高度の注意が向けられるべきと理解している点である．航空機に対する措置は本質的な危険を内在させるから，例外的な状況においてのみ取られるべきであり，したがって措置を取る国家は，これが正当化されることを証明する高度の挙証責任を負う，と主張している[20].

以上の三つの事例は，一見するところ，アメリカの180度の方向転換を示唆するものである[21]. しかし，本質的に重要であるのは，アメリカが航空機のインターセプトを野放図に許容しようとしているわけではなく，法執行措置の対象となる容疑者が搭乗している蓋然性，措置の必要性と均衡性を指摘している点である．実際，アキレ・ラウロ号事件においては，エジプト航空機に容疑者が搭乗している蓋然性はきわめて高く，しかも他の一般乗客が搭乗していないという状況があった．また，アメリカ政府は，エジプト航空機に対する発砲を行っていないことを発表している[22]. その点で，武力使用の均衡性の問題も，イスラエルに対してだけ要求しているというよりも，自らの行動を制約する要素として認識していたと考えられる．

2 他国領域への侵入による法執行措置

一定の犯罪行為の被害を受けた国家が，他国領域に侵入したうえで法執行措置をとる場合，第一義的には犯人個人または犯人を含んだ犯罪組織が対象となり，当該領域国は本来武力行使の対象ではない．こうした

場合，問題となるのは，どのような理由づけによって領域国の主権に対する侵害が正当化されるのかである．

この問題の古典的事例は，カロライン号事件である．同事件は一般的には自衛権の先例として検討されてきている．しかし，本件は，英領カナダに対する叛徒の拠点となっているネイビー島に，アメリカ領域から人員や物資を搬送しているカロライン号が，アメリカ領域に停泊中にイギリス兵員により攻撃を受けたもので，典型的な国家間の武力行使に関わる事例ではない．イギリスは当初から「自衛および自己保存の必要性」(necessity of self-defense and self-preservation[23])を主張していたが，その意味はその後の交渉過程から，アメリカの管轄権を侵害したことに関する正当化であると理解できる[24]．1841年4月24日，Webster国務長官からワシントン駐在のイギリスFox公使宛の書簡では，次のように指摘されている．

> 急迫，圧倒的で，他の手段の選択も，考慮のための時間もないような自衛の必要性を証明すべきはイギリス政府であろう．また，合衆国の領域に侵入することを認める時間的な必要性があったとしても，カナダ地方当局が不合理なまたは過度なことを何も行っていないことを証明すべきも同政府である．なぜなら，自衛の必要により正当化される行為は，こうした必要性により制約され，この範囲内に明確に留まらなければならないからである[25]．

これに対して，イギリス側はWebsterが示した原則を受け入れたうえで，事実の問題として必要性があったことを主張した[26]．しかし，Websterは原則に関する理解が一致したことに満足して，事件の収束を図っている．

域外法執行措置との関係で言えば，本件は自国に対する攻撃を実行する個人または組織が所在する領域国が，それを抑止することを期待でき

ない場合において，当該領域国の領域を侵犯して自らこれらの個人・組織を排除することを正当化する原則と，その適用要件を示したものと理解できる[27]．この点で重要なのは，イギリス側が一貫して，アメリカ政府が叛徒の行動を取り締まる意思を持たないか，その能力を持たないことを，その行動の必要性に関連して主張していたことである[28]．これに対して，アメリカ側は，叛徒が自国内で武装することを「許容」していたとする主張を否定し，アメリカにはいかなる義務違反もなかったと主張している[29]．だが，イギリス側はアメリカの義務違反を主張したことはなく，事実として叛徒の取り締まりが効果を持っていない状況を，措置発動の要件と考えていたと理解できる．

　叛徒などによる反政府活動は，国内で行われる限り刑事的な犯罪であり，これへの対応は法執行措置となる．叛徒が他国領域を拠点として活動を行う場合，叛徒の活動が当該領域国に帰属すると認められる程度に関係性を有するか，あるいは当該領域国が叛徒の活動を防止する法的義務を負わない限り，領域国には責任は生じない．したがって，少なくとも当該領域国を対象とする武力攻撃は成り立たないことになる．

　しかし，法執行措置をとろうとする国家にとっては，現実に叛徒の活動を阻止することに目的があるのであるから，理由はどうあれ領域国が阻止しない事実があれば，自国が域外措置を発動して対処しようとする．こうした場合，措置を行う国家は，領域国の叛徒活動との何らかの関係——国家責任が生じる程度ではないにせよ，叛徒の活動を黙認している，またはこれを阻止する能力が欠如しているなど——を主張することになる．そうした方が，他国領域への侵入を正当化しやすいと考えられるからである．

　こうした構図は，第二次大戦後の国家実行にも共通して見られ，60年代後半から80年代にかけて，ポルトガル，南アフリカ，イスラエルなどによりしばしば繰り返された．

　ポルトガルは植民地を独立させることに長らく消極的であったことか

ら，ポルトガル植民地の周辺諸国には反植民地運動の拠点ができた．このため，同国はしばしば，越境してこうした拠点の掃討作戦を行っている．この措置に関連してポルトガルは，周辺諸国はポルトガル植民地に対するテロ行為に責任を有すると主張している[30]．また，南アフリカは，周辺のアンゴラ，ボツワナ，モザンビーク，ザンビアなどが，ANC やSWAPO によるテロ活動を支援または黙認し，少なくともそれらの組織による領域の使用を認めていると主張して，これらの国の領域への侵入を正当化している[31]．イスラエルも，周辺諸国とりわけレバノンにおける域外措置を頻繁に実施し，これを自衛権の行使として正当化しながら，レバノンには同国領域内からの攻撃活動を防止しない責任があると主張している[32]．

　主張された領域国の関与の内容は個々の事例ごとに様々であるが，ポルトガルとイスラエルが自らの域外措置を正当化するうえで，領域国が一定程度に国境を越えた犯罪活動（反ポルトガルまたは反イスラエル闘争）に関わっていることが必要であり，少なくとも防止する措置を怠ったか，または黙認していたという事実が必要であると認識していたことは推定できる[33]．一方，南アフリカは一時期，領域国の関与を問わない「継続追跡」(hot pursuit) 論を展開し，領域国への侵入の正当化を試みたことがあるが[34]，これは安保理決議 568 によって完全に否定された[35]．その後は，再び領域国の一定の関与を問題としており，その点ではポルトガル，イスラエルと同一の論理を展開していることになる[36]．

　だが，これらの国の主張はいずれも，植民地の保持（ポルトガル），ナミビアの不法占拠（南アフリカ），ウエストバンク，ガザ，南レバノンなどの占領（イスラエル）という事実の前に，ほとんど省みられることはなかった．これらの不法占領地域に対する攻撃に対応して自衛権を行使するという主張は，その理論の内実に入るまでもなく，説得力を欠いていたからである．

　しかし，こうした国々以外にも，領域国が反政府組織の越境活動を支

援または黙認している，あるいは少なくともこれを防止できない状況にあることを根拠に，域外措置がとられた実行はある．たとえば，1991年に独立したタジキスタンは，アフガニスタンからの反政府兵の侵入を受けていたが，これらの兵がアフガンのムジャヒディンと防衛省下の部隊により支援されていると非難している[37]．そして，「もしこれが継続するのであれば，国連憲章 51 条に従ったあらゆる必要な措置をとり，独立国家共同体の加盟国により署名された集団安全保障に関する条約上の権利を行使する権利を留保する[38]」と主張している．他方，アフガニスタンはこうした積極的な関与を否定するとともに，自国内にいるタジク難民に対して，タジキスタンへの反政府活動を控えるよう理解を求めてきたことを強調している[39]．

他に注目すべき事例として，イラク北部のクルド人居住地域へのトルコとイランの侵入が挙げられる．トルコ国内の分離主義者がイラクを拠点に越境して侵入することに対抗して，トルコは 70 年代からイラク北部における域外法執行措置を展開しており，とりわけ湾岸戦争が終結した後は頻度が多くなった．これに対しイラクは，テロリストの逮捕を理由として繰り返されるトルコの侵入が，国連憲章に違反すると主張している[40]．この措置の法的根拠に関し，トルコはそれが自衛権であると明確には述べていない．しかし，イラクがその領域から発するクルド人による反トルコ活動を防止できないことを，その主な理由としていることは一貫している．たとえば，1995 年の安保理議長宛の書簡は，そのことを次のように説明している．

> トルコは常に，……イラクの主権の保持と領土保全に最大限の重要性を与えてきた．しかしながら，自らの領土保全と安全を守ることは，トルコにとってそれ以上に重要であることは留意されなければならない．周知の理由により，イラクは 1991 年以来その国土の北部地域に対する権限行使ができなくなっており，トルコはイラク政

府に対し，トルコへのテロ行為の中継基地としてその領域が使用されることを防止する国際法上の義務を履行するよう，要求することができない．こうした状況においては，トルコが自らの安全のために必要な合法的な措置に訴えることを，イラクの主権を侵害するものとみなすことはできない．自らの領土保全が，隣国に拠点を置き，そこから活動を行うテロ集団の明らかな越境攻撃によって，絶え間なく脅威を受けている場合，もし当該隣国がその攻撃を終わらせることができないのならば，いずれの国にもそれを等閑視することを期待できないであろう．時間と範囲において限定された最近の作戦は，こうした枠組みのなかで実施されたものである[41]．

トルコは，イラクが湾岸戦争の結果，北部地域に事実上権限行使ができない状況であることを前提としており，事実イラクに対して，テロリストの活動を防止する国際法上の義務を履行するよう要求していない．こうしたイラク側の能力の欠如（inability）が，トルコによる措置の根拠となっている[42]．

一方，イランは 1993 年 5 月に，イラク国内のテロリスト基地を空爆している．この措置については，テロ集団がイラク領域に基地を持ち，軍事訓練や財政・補給の支援を受けており，このことについてイラク側に警告を与えてきたことが指摘されたうえで，「自衛の固有の権利の行使による純粋に防衛的な措置」であると強調されている[43]．したがって，トルコがイラクの能力の欠如を問題としているのに対し，イランはイラクの意思の欠如を問題としたことになる．他方，トルコはその措置の法的根拠を明確にしないまま作戦行動を行っているため，こうした措置に内在する制約については一切言及していない．これに対して，イランはこれを自衛権に基づく措置と位置づけることにより，空爆が「短時間で，必要な，均衡性のある作戦」（brief, necessary and proportionate operation）であったことを表明している[44]．

さらに，アメリカは，1998年8月7日のケニアとタンザニアのアメリカ大使館に対する爆弾テロ攻撃への対応として，アフガニスタンの訓練キャンプとスーダンの化学工場を攻撃している．安保理に提出された書簡によれば，この攻撃は憲章51条の自衛権に基づく措置と位置づけられている[45]．そして，これらの措置が，スーダン政府とアフガニスタンのタリバン政権に対し，テロ活動の施設を閉鎖し，アルカイダへの協力を停止するよう説得の努力を繰り返した後に実行されたものであることが強調されている[46]．また，更なる攻撃がこれらの施設から行われる準備が進んでいるとの確かな証拠があり，アメリカは攻撃が継続することを防止するために武力を行使する以外には手段がなかったと述べられている．そして，攻撃対象とそのタイミングや方法は，文民への付随的損害の危険を最小限にするよう注意深く計画され，必要性と均衡性の規則を含む国際法に従って行われたものであると指摘されている[47]．

スーダンに対する攻撃に関しては，スーダン，アフリカ諸国グループ，イスラム諸国グループ，アラブ諸国連盟などが反発し，安保理での審議と事実調査団の派遣を要請している[48]．しかし，この問題が安保理の議題となることはなかった．一方，アフガニスタンに対する攻撃については，こうした審議の要請さえなされず，むしろ同月28日に採択された安保理決議1193では，「アフガニスタン領域内に引き続きテロリストが所在する」ことを懸念し，「アフガン諸勢力にテロリストを保護し，訓練することを慎むこと」が要求されている[49]．

3 領域国に対する攻撃を伴う法執行措置

犯罪組織の活動に対する領域国の関与の度合いが高くなると，単に犯罪組織に対する法執行措置だけではなく，当該領域国に対する武力攻撃を伴うことになる．この場合，刑事的な法執行措置と国家間の武力紛争は混合的に発生し，両者にそれぞれ適用される法関係は複雑に展開することになる．

こうした事例の一つは，アメリカによるパナマのノリエガ将軍の逮捕である．1989年12月15日，ノリエガ将軍はアメリカと戦争状態に入ったことを宣言し，パナマに駐在するアメリカ要員を殺傷，逮捕するなどした．これを受けて，20日ブッシュ大統領は軍のパナマ侵攻を命令した．作戦行動の目的は，①アメリカ人の生命の保護，②民主的に選ばれた政府の支援，③麻薬取引を行っているノリエガ将軍の逮捕，④パナマ運河条約上のアメリカの権利の保護であった[50]．こうした行動は，法的には三つの観点から正当化されている．第一は国連憲章51条，米州機構憲章21条に規定された自衛権，第二は運河を保護するために武力の行使を認めているパナマ運河条約4条，そして第三に民主的に選挙されたパナマの正当政府が当該行動を歓迎していることである[51]．

本件では，ノリエガ将軍の逮捕が域外法執行としての意味を持つが，他の目的は完全に国家間の武力紛争に関わるもので，少なくとも法執行が主要な目的であったとは言えない．武力の行使も法執行の必要からだけ行われたわけではなく，その点で法執行措置と自衛権の関係性は必ずしも明確でない[52]．

ただし，本件は，こうした領域国との武力紛争と法執行措置が混在する場合，武力紛争法と国内刑事法の適用関係がどのように処理されるのかを示している点で重要である．ノリエガ将軍は一面で刑事被告人であるが，他面で捕虜としての地位も与えられるものであった．この点について，アメリカの裁判所は，ノリエガ将軍の捕虜資格を認めたうえで，それが普通裁判所における裁判や一般の刑務所における刑の執行を妨げるものでない旨の判断を下している[53]．したがって，両者の法関係は相互に排他的ではなく，競合的に存在すると理解されていると言えるだろう．

さらに，法執行の対象となる犯罪組織と領域国の双方に対する武力攻撃が，本格的に実施されたのは，9・11テロ事件に続くアフガニスタン攻撃である．事件直後，この問題を審議した安保理は，全会一致で決議

1368 を採択し,「テロ行為から生じる国際の平和と安全に対する脅威とあらゆる手段により戦うことを決意」し,「憲章にしたがった個別的または集団的自衛の固有の権利を承認」するとした[54]. これらの点は, 決議 1373 においても再確認されている[55].

領域国であるアフガニスタンとの関係について, ブッシュ大統領は, テロリスト自身とこれを保護する国家とを区別しない姿勢を示し,「テロリズムを保護または支援し続けるいかなる国家も, 今後はアメリカにより敵対体制 (a hostile regime) とみなされる[56]」と宣言している. また, 大統領に戦争権限を与える議会の共同決議も, テロ攻撃を計画, 教唆, 実行, 幇助した者だけでなく, こうした犯人や集団を保護した国家・団体に対しても, 必要かつ適切な武力の行使を実施する権限を与えている[57]. こうした同一化は, アメリカが安保理に提出した書簡にも現れている.

> 2001 年 9 月 11 日の攻撃とアルカイダ組織による合衆国およびその国民に対する進行中の脅威は, アフガニスタン領域をこの組織が活動拠点として使用することを許容する決定を, タリバン体制が行ったことにより可能となった. 合衆国と国際社会の努力にもかかわらず, タリバン体制はその政策を変更することを拒んできた. ……こうした攻撃に対応し, 個別的および集団的自衛の固有の権利にしたがって, 合衆国軍隊は更なる攻撃を阻止することを目的とする行動は開始した. これらの行動は, アフガニスタンにおけるアルカイダのテロ訓練キャンプおよびタリバン体制の軍事施設に対する措置をも含むものである[58].

このようにアルカイダとこれを保護するタリバン体制の双方を攻撃対象とする認識は, アメリカと共同して軍事行動を起こした国々の多くも共有している[59]. こうしたタリバン体制への攻撃の正当化は, 9・11 事

件が発生する以前から,安保理がアフガニスタンに対しこの点を繰り返し警告してきたことが背景にあると考えられる[60].

　この事例において注目すべきは,アメリカを始めとしてアフガニスタン攻撃に参加した国々が,文民の犠牲者と文民財産の被害を最小限に留めるべく,攻撃対象を注意深く選択していることを表明した点である[61].国家との武力紛争という側面を合わせ持つ域外法執行措置(以下,混合的な域外法執行措置)においては,文民保護は武力紛争法上の不可欠の要請となる.事実,アフガニスタン攻撃においては,文民保護の観点を含めた武力紛争法の適用が,域外法執行措置に対する各国の反応を左右する重要な要素となっている.諸国は,アメリカによるアルカイダとタリバン体制への攻撃を挙って支持したが,その後のアルカイダ兵とタリバン兵の取扱いについては,武力紛争法の観点から批判が多いことに留意しなければならない[62].

　最後に,域外法執行の最新の動向を判断するうえで注目すべきは,2006年のイスラエルによるレバノン・ヒズボラへの攻撃である.この事件は,直接的にはイスラエルとヒズボラとの戦闘であるが,実質的にはレバノンへの大規模な軍事作戦として展開されている.これに関して,アナン事務総長は,ヒズボラの攻撃に対するイスラエルの自衛権は認められると述べている.しかし他方で,イスラエルの武力行使により,多数の文民やレバノン軍要員が死傷し,レバノンのインフラが多大の損害を受けていると非難し,「イスラエルによる不均衡な武力の行使とレバノン人の集団的な処罰は停止されなければならない[63]」と指摘している.こうした見解は安保理の議論においても支持されており,イスラエルがテロ組織と考えるヒズボラを専ら対象として――つまり,レバノン国家でも,レバノン人民でもなく――攻撃を行っていると認識していたとしても,実際に文民たるレバノン人に大きな被害を与える効果を持つならば,その攻撃は許容されない,という考え方が背景に現れてきていることを示している.

IV 域外法執行措置の要件

1 武力攻撃の発生

　自衛権を発動するに際しては，相手国からの武力攻撃が発生することが必要である．この武力攻撃が国家からのものに限定されるのか，それとも非国家主体によるものも含むのかの議論は，本書の別章において展開されているので，ここでは論じない．しかし，域外法執行措置との関係で言えば，基本的に違法行為を行っているのは犯罪者ないし犯罪組織であって，これに対して法の執行が行われることは特別な理由を必要としない．むしろ問題なのは，こうした犯罪組織が所在する国家の領域主権を侵害することにある．したがって，仮に非国家主体による武力攻撃を自衛権行使の許容要件と認めるとしても，これに対する法執行措置が領域国の主権を侵害することは，本来は自衛権の論理をもっては治癒できない．

　このように考えるならば，域外法執行措置を自衛権で説明することは，本質的に無理があると言わざるを得ない．国内法の類推から見れば，これはむしろ緊急避難として説明されるべきものであろう[64]．だが，域外法執行措置を緊急避難の枠組で説明することにも，二つの問題点がある．

　第一に，すでに見たように，域外法執行措置は犯罪組織を保護する国家に対しても波及的に及ぶことがあり，その場合には緊急避難の範囲を超えることになる．だが一方で，こうした場合においても，必ずしも自衛権の概念が当てはまるわけではない．前節で検討した事例から見ると，犯罪組織の行為が領域国に帰属することが主張され，犯罪組織による行為が「領域国による武力攻撃」とみなされるから，域外法執行措置に伴う領域国への武力行使は自衛権により正当化されるという論理はとられていない．むしろ事例が示すのは，領域国が犯罪組織を保護または支援する行為そのものを非難し，犯罪組織への法執行の一環として，領域国

に対する武力行使が行われているのである．その意味では，自衛権でも緊急避難でもない，固有の内容を有することになる[65]．

　緊急避難による依拠する第二に問題は，この概念が第三者たる領域国の権利の侵害が許容される要件については説明するが，侵害行為の対象たる犯罪組織と領域国に対する武力行使を規制する明確な要素を必ずしも含んでいないことである．この点では，武力行使を念頭においている自衛権の概念に依拠する方が，有用であると考えられる．

　こうして見ると，域外法執行措置を，自衛権や緊急避難の一類権として考えることは適当でない．むしろ，域外法執行措置を独自の国際法現象として捉え，そのもとで国家の行動がどのように規制され，あるいは規制されていると認識されているのかを考慮することの方が重要であろう[66]．しかしその一方で，自衛権や緊急避難とはまったく異なるものであることを強調することも適切ではない．域外法執行措置は一定の緊急性を背景としていると理解され，その点では自衛権や緊急避難と基底で通じる要素を持つ．何よりも，個々の国家による武力行使という観点では，自衛権概念が蓄積してきた要件論が重要な指針となるし，実際これまでの事例も自衛権を根拠として主張されながら，こうした要件論を域外法執行措置のなかに取り込んでいると理解できる．

　武力攻撃の存否に関して言えば，域外法執行措置は「武力攻撃が発生する」という条件の充足を必ずしも必要としない．その点では，武力攻撃に先んじて自衛権が行使できるかといった先制的自衛の議論も，域外法執行措置については無関係である[67]．本来的に武力攻撃の要件が必要でない以上，措置の実施がこの先か後は問題にならないからである．問題なのは，一定の犯罪が発生しており（実行行為は当然であるが，たとえば共同謀議が犯罪となる場合には，具体的な実行行為が行われる前でも，犯罪は発生していることになる），これに対して法執行措置を基礎づける訴追や逮捕状の発給が行われているかどうかであろう[68]．もちろん，これは起訴さえされていれば，いつでも域外法執行措置が実施できることを意

味するものではない．この点は，措置の必要性の要件に関係することになる．

2　措置の必要性

カロライン号事件が典型的に示すように，域外法執行措置は必要性の要件に服する．もちろん，措置をとるからには，その国家にとっては主観的に必要性が感じられることは間違いないであろうが，それだけでは十分でなく，大規模な犯罪再発の危険などが切迫し，域外措置以外に他にとるべき手段がないことが，他の国にも納得できる程度であることが求められるであろう．

そうした意味では，ここにおける必要性は，実際に自国が攻撃されている場合に，これに反撃することが必要であるかといった自衛権の適用における必要性とは，微妙に性格を異にする．一般的に考えて，犯罪者を逮捕・裁判する必要性は当然に認められるが，それが急がれるのは，当該犯罪者が再度犯罪行為を行う危険が予見され，これを回避するためである．したがって，必要性は将来の行為との関係で問題となる．実際，域外法執行措置を行った国家の多くが，犯罪組織による度重なる犯罪行為にさらされ，犯人を逮捕しない限り，こうした危険を回避できないと主張していることは重要である[69]．

もっとも，そうした域外法執行措置が，犯罪を回避する効果の観点から真に必要であったのかは評価されなければならない．イスラエルによる航空機インターセプトがアメリカにさえ認められず，また南アフリカによる周辺国への攻撃が西側諸国からも批判を受けたのは，まさしくこうした必要性を満たしていないと考えられたからであろう．

3　領域国による犯罪行為の防止・処罰の期待可能性

必要性との関連で重要となるのは，犯罪者・犯罪組織の活動が領域国により防止される期待可能性である．事例の検討から明らかなように，

域外法執行措置を実施する国家は，一様に，領域国が犯罪を防止・処罰する措置をとっていない，あるいはとることができないことを強調している．

防止・処罰が行われない状況は様々である．類型的に整理すれば，①領域国が防止・処罰をする意思をまったく持たず，かえって犯罪組織を保護・支援する場合，②保護・支援しているとまでは断言できないが，積極的に防止・処罰を行っていない場合，③防止・処罰の措置を講じてはいるが，それが十分な効果をあげていない場合，④そもそも防止・処罰の措置を講じるだけの統治権限を行使できる状況にない場合，などが挙げられるだろう．アフガニスタンは明確に①に該当するが，イスラエルとの関係におけるレバノン，南アフリカとの関係における周辺国などは，①と②の中間的な場合とでも評価できるかもしれない．カロライン号事件におけるアメリカは③に，トルコとの関係における北部イラク地域は④に該当する．

必要性との相関で見れば，①のケースが，域外措置が他の国によって最も承認されうる場合であり，これはアフガニスタン攻撃に対し，各国が挙って承認・支持を表明したことが証明している．しかし，アフガニスタンの場合には，テロ組織の保護・支援が安保理決議により繰り返し認定され，その停止が求められていたという特殊な事情も勘案されるべきである．領域国の犯罪組織への積極的関与の事実が，安保理のような組織によって客観的に認定されており，当該領域国に犯罪の防止・犯人の処罰を期待できないことが明確である場合，域外法執行は許容されると考えることはできるだろう．

しかし，アフガニスタンの事例はむしろ例外的であり，大方の場合には領域国の犯罪組織への関与の度合いは主観的な判断に留まり，措置を実施する国と他の国の認識との間にズレがあることも多い．この領域国関与の蓋然性に対する判断は，個々の事例・個々の国家により異なる以上，一律な評価はできないのが実情である．だが，カロライン号事件が

示しているように，論理的には領域国の関与が問題なのでなく，理由はともあれ実際に犯罪行為が阻止できない事実と，それにもかかわらず犯罪行為の発生を防止する必要性があれば，それで十分とも言える．その意味では，領域国の関与は「阻止できない事実」を証明するための材料にすぎない．

　それにもかかわらず，領域国の関与が問題とされるのは，二つの理由によると思われる．第一は，領域国の主権を侵害する以上，域外法執行措置の原因行為につき何らかの帰責性を当該国に負わせる必要があろうという考慮である．しかし，こうした考慮は自衛権を根拠とするために生まれるものであり，先に指摘したように，域外法執行措置を独自の法現象と考える限り必要ではない．第二は，領域国の関与を考慮することにより，域外法執行措置の実施を抑制しようとする意図である．この点は，域外法執行措置に関する国際法が，行為規範として国家の態度を方向づけるに際して重要である．

　少なくともこれまでの事例を見るならば，領域国が犯罪行為の防止・処罰に努力している場合でも，これが実際に効果を発揮しない限り，域外法執行措置をとることができるという認識が，諸国によって共有されているとは言えない．一般的には，防止・処罰に関して，領域国がその意図を持たない場合か，その能力を欠如している場合であることを前提とするものであろう．もちろん，こうした要件の具体的な評価も事実の解釈問題として，各国により異なることはありうる．しかし，たとえば国際刑事裁判所規程17条の受理可能性基準などは，こうした意思と能力の欠如を問題とする類似の観点を持っており，こうした新たに発展してきた制度が域外法執行措置を判断するに際しても，一定の指針を提供する可能性はあるだろう．

4　措置の均衡性

　法執行措置が必要性と同時に，均衡性の要件を満たす必要があるとい

う言及は，多くの事例で見られる．この点に関連して重要なのは，民間人・文民に対する危険と被害が発生する可能性に対する考慮である．民間航空機のインターセプトはこの観点から批判をされているし，アルカイダに関連するアメリカ・イギリスの措置が，こうした点を考慮する言明を伴っていることはすでに指摘した．

　自衛権における均衡性は，受けた武力攻撃と自衛としての攻撃の間の均衡を問題とする．しかし，域外法執行措置の場合には，犯罪行為とこれに対する法執行の間に均衡性が求められているわけではない．むしろ，武力紛争法がその本質に内在させる攻撃対象の限定に力点がある．域外法執行措置はその目的は刑事的なものであるが，それを軍隊が一定の烈度をもって実施する場合，武力紛争と類似する状況となる．とりわけ，領域国に対する武力行使を含む場合には，明らかに武力紛争を惹起させる．こうした場合，軍の内部規律上も，また国際法上も，無辜の民間人を巻き添えにすることを回避する要請が生まれる．イスラエルによるレバノン・ヒズボラに対する攻撃が批判された決定的な理由もここにある．

　均衡性との関連で，法執行措置における武器使用の限界についても，議論がありえる．たとえば，海上警察行動に関する武器使用の先例に照らして，法執行措置の武器使用を容疑者の捜査・逮捕に必要な限度に制限すべきという見解も見られる[70]．しかし，こうした制約は，措置が犯人逮捕などの小規模なものに留まる場合には当てはまるかもしれないが，混合的な法執行措置においては，必ずしも適当とは言えない．武力紛争と法執行措置が混在する場合においては，通常の犯罪行為に対応する武器使用を類推して考えることには無理があり，それよりも武力紛争法が制限・禁止する害敵手段を抑制すべきことを要請する方が，実効的な規制になると考えられる．犯罪者と警察官という非対称な構図を維持したまま，軍隊が武器使用を行うならば，通常の武力紛争以上に武器使用に歯止めがかかり難い状況になる．国内においては，国内法が警察に対して武器使用を制限することによりこうした傾向を抑制しているが，

軍隊の場合にはそうした効果は期待できないからである．それよりは，むしろ武力紛争法の枠組みで武器使用の限界を画定し，これにもとづき実際に行われ措置を検証することの方が意味があるだろう．

5　逮捕者の待遇

　法執行措置により逮捕された容疑者は，刑事手続に関する国内法にしたがい，法の適正手続が保障された訴追・裁判を受ける待遇が与えられなければならない．しかし，混合的な法執行措置が行われた場合，武力紛争の交戦者間には武力紛争法が適用され，捕獲された者は捕虜としての扱いも受ける．

　アフガニスタン攻撃においては，こうした二重構造がかえって容疑者の待遇を劣化させる方向に機能した．最も象徴的なのは，キューバ・グアンタナモ基地に抑留されたアルカイダ兵・タリバン兵の取扱いである．彼らは武力紛争法の枠組で「不法戦闘員」（unlawful combatants）と位置づけられ，捕虜としての保護も与えられず，アフガニスタンとの間の武力紛争が終結した後も継続して拘留されている[71]．他方で，こうした拘留者は，テロに関連していることが判明すれば，軍事委員会（military commission）によって裁かれることになる．この点では，明らかにに刑事容疑者・被告人としての側面を持つが，しかし通常の容疑者・被告人に保障されるべき処遇や公正な裁判を受ける権利は，まったく無視されている[72]．

　だが，アメリカはパナマ侵攻に際しては，ノリエガ将軍に捕虜資格と被告人としての適正手続の両者を保障しており，域外法執行措置は人権法の排除を本来意図するものではない．事実，武力紛争法と国際人権法が相互排他的でないことは，近時の実行が示している．1996年の核兵器使用の合法性事件において，国際司法裁判所は「市民的及び政治的権利に関する国際規約の保護は，戦争時においても停止しない[73]」と指摘し，国際人権法が武力紛争時にまで及ぶことを認めている．また，2002

年3月に米州人権委員会は，グアンタナモ基地の抑留者に対する予防的措置の要請に応えて，「国際人権法がすべての場合に，つまり平時および武力紛争の状況において適用されることは十分に承認されている．…武力紛争の状況においては，国際人権法上の保護と人道法上の保護は相互に補完し，補強することになる[74]」と結論している．さらに，規約人権委員会も，2004年4月に採択した一般的意見31において，「規約は，国際人道法の規則が適用可能な武力紛争の状況においても適用される．いくつかの規約上の権利に関しては，その解釈の目的にとって国際人道法のより特別な規則が特に関連することもあろうが，両法分野は補完的であって，相互に排他的なものではない[75]」と明言するに至っている．

こうした指摘は，国際人権法と武力紛争法のオーバーラップ適用を認めたものであり，仮に武力紛争法の適用がないものであっても，人権法上のデロゲートできない権利は最低限保障されることを意味する．域外法執行措置においても，国際人権法に照らして適切と考えられる手続と待遇が与えられなければならないのである[76]．

V 結び

本章では，一定の制約のもとで，域外法執行措置は肯定されると諸国が認識しており，こうした規範認識のもとで自国の行動を規律し，他国の行動を評価していることを示した．

これまでの自衛権の制約に関する議論は，主として発動の要件論に集中してきた．「武力攻撃の発生」に関連して，誰の攻撃なのか，どの程度の攻撃なのか，切迫した攻撃の発生以前はどうなのか，といった論点である．しかし，現実に自衛権が行使された場合，その適否の議論が集中するのは，むしろ必要性や均衡性などの武力行使の中身であった．だが，安保理は自衛権発動の報告は受けることにはなっているとしても，

発動された武力の内容を検討し，事後的に武力行使の適否を判断することが制度上要請されているわけではない．このため，自衛権はいわば「入口」で抑制されることに力点が置かれ，これを通過した国家に対しては，次の段階の抑制機能が必ずしも十分に働いていない．国家の行動を一定のコースに方向づけるという観点から見ると，伝統的な自衛権の概念は，行使過程における抑制機能が実効的ではないと考えざるを得ないのである．

　翻って，域外法執行措置を見るならば，前節で指摘したように，そもそも「入口」のハードルはそれほど高くはない．これを捉えて，こうした措置を認めるべきではないという主張もあり得よう．だが，筆者はそうであるからこそ，自衛権において十分に機能していない「武力の中身」を精緻化し，このレベルでの抑制を働かせるべきであると考える．実際，検討した事例は，武力紛争法上の制約が，均衡性や逮捕者の待遇に関する要件の中に徐々に取り込まれる傾向にあることを示している．

　国際法では，武力の発動の問題は *jus ad bellum*，武力紛争時の交戦に関する問題は *jus in bello* と区分してきた．そして，後者は武力の発動の問題とは無関係であるという認識が持たれてきた．確かに，*jus in bello* は武力紛争が発生した場合に適用される法であるから，規範論的には武力行使の発動そのものを規制するものではない．だが，国際法が国家の行動を一定のコースに方向づけるものであるという観点から見ると，実は *jus in bello* は，国家の武力発動の判断に大きな影響を持っている．たとえば，ある地域にテロ組織の訓練基地があり，これを急襲して犯人を逮捕する必要があるとしても，それが民間人の居住地域の中にあり，もし軍事作戦が展開された場合，無関係な文民の被害が避けられないといったケースを想定してみよう．こうした場合，国家の判断を左右するのは，法執行措置を実施することが合法か違法かという議論ではなく，民間人に被害を出しても実施することができるのかという考慮である．いかなる政府も，国際法の規範内容を媒介とした，自国国内における議会，

マスコミ，一般国民の反応，さらに他国の政府やその世論などを無視できないからである．

そうした点で，域外法執行措置は *jus ad bellum* 的な視点よりも，むしろ *jus in bello* の視点で抑制されるべきであり，実際にそうしたシフトはすでに起こりつつあると思われる[77]．域外法執行措置を独自の国際法現象と捉える視点が，こうした意味で，*jus ad bellum* と *jus in bello* の関係性を再検討する契機となる可能性もあるだろう．

注

1　たとえば，テロリストによる爆弾使用の防止に関する国際条約 18 条は，「この条約のいかなる規定も，締約国に対し，他の締約国の領域内において，当該他の締約国の当局がその国内法により専ら有する裁判権を行使する権利及び任務を遂行する権利を与えるものではない．」と規定し，同条約が認める締約国の国内法の域外適用が，具体的な法の執行活動を他国領域内で行うことを認めるものではない旨を宣明している．

2　「テロとの戦争」（war against terrorism）という言葉は，9・11 事件の直後に発表されたブッシュ大統領の声明に見られる．See, Statement by the President in His Address to the Nation (11 September 2001), available at <http://www.whitehouse.gov/news/releases/2001/09/20010911-16.html>.

3　真山全「自衛権行使における武力紛争法の適用——戦時国際法と武力紛争法の連続性・非連続性」『国際問題』No. 556（2006 年 11 月）36 頁．

4　たとえば，自衛隊法 84 条は「長官は，外国の航空機が国際法規又は航空法……その他の法令の規定に違反してわが国の領域の上空に侵入したときは，自衛隊の部隊に対し，これを着陸させ，又はわが国の領域の上空から退去させるため必要な措置を講じさせることができる．」としており，領空侵犯機に対する対応が直接的には航空法等の執行を担うもので，直ちに武力攻撃に対応する軍事的措置を意味しないことを示している．

5　警察と軍の相対化，警察行動と軍事行動の接近については，藤原帰一「軍と警察——冷戦後世界秩序における国内治安と対外安全保障の収斂」山口厚・中谷和弘編『融ける境 超える法 2 安全保障と国際犯罪』（東京大学出版会，2005 年）30-33 頁．

6　Security Council Resolution 138 (23 June 1960), Question Relating to the Case of

Adolf Eichmann.

7　これは「不法な逮捕，しかし合法な拘留」（male captus, bene detentus）原則の妥当性の問題として議論される．域外執行措置を論じるに際して，当該原則の検討は不可欠であるが，本章は自衛権との関係を主要なテーマとしており，またこの原則については，拙稿「域外法執行措置と国家管轄権」島田征夫・江泉芳信・清水章雄編『土井輝生先生古希記念――変動する国際社会と法』（敬文堂，1996 年）所収 345-378 頁）で議論したこともあるので，本章では立ち入らない．なお，この原則については，洪恵子「戦争犯罪人の引渡しと強制的身柄の確保」村瀬信也・真山全編『武力紛争の国際法』（東信堂，2004 年）所収 708-740 頁．村瀬信也「国際法における国家管轄権の域外執行――国際テロリズムへの対応」『上智法学論集』第 49 巻 3・4 号（平成 18 年 3 月）123-135 頁も参照．

8　J. Crawford, *The International Law Commission's Articles on State Responsibility: Introduction, Text and Commentaries* (2002), p. 166.

9　自衛権が，武力行使だけでなく，他の国際法上の義務違反についても違法性阻却事由となりえることについては，国際司法裁判所が環境条約上の環境保護義務との関係で言及している．Legality of the Threat or Use of Nuclear Weapons, *ICJ Reports 1996*, p. 242, para. 30.

10　同事件の詳細は，安保理におけるレバノン代表の説明が詳しい．U.N. SCOR, 28th Sess., 1736mtg., UN Doc. S/PV. 1736 (13 August 1973), p. 2, paras. 13-16.

11　*Ibid.*, p. 11, para. 103.

12　Security Council Resolution 337 (15 August 1973), para. 1.

13　U.N. SCOR, 28th Sess., 1736mtg., UN Doc. S/PV. 1738 (14 August 1973), p. 7, para. 62.

14　事件の詳細については，村瀬，前掲論文（註 7）126-128 頁．

15　Statement by the Principal Deputy Press Secretary (10 October 1985), *International Legal Materials*, vol. 24 (1985), p. 1513.

16　U.N. SCOR, 40th Sess., 2622mtg., UN Doc. S/PV. 2622 (11 October 1985), p. 9, para. 92.

17　*Ibid.*, p. 8, para. 76.

18　Security Council, Provisional Verbatim Record of 2651mtg., UN Doc. S/PV. 2651 (4 February 1986), pp. 19-20.

19　Security Council, Provisional Verbatim Record of 2655mtg., UN Doc. S/PV. 2655 (6 February 1986), pp. 112-113.

20　*Ibid.*

21 A. Cassese, "The international Community's 'Legal' Response to Terrorism," *International and Comparative Law Quarterly*, vol. 38 (1989), p. 604.

22 Statement by the Principal Deputy Press Secretary, *supra* note 15, p. 1513.

23 R.Y. Jennings, "The Caroline and McLeod Case," *American Journal of International Law* vol. 32 (1938), p. 85.

24 森肇志「Caroline 号事件における『自衛権』の機能」『社会科学研究』50 巻 6 号 (1999 年) 88-90 頁.

25 Mr. Webster to Mr. Fox, April 24, 1841, in K. Bourne and D.C. Watt eds., *British Documents on Foreign Affairs: Reports and Papers from the Foreign Office Confidential Print, Part I From the Mid-Nineteenth Century to the First World War, Series C North America*, 1837-1914, vol. 1, McLeod and Maine, 1837-1842 (1986), p. 159.

26 Lord Ashburton to Mr. Webster, *ibid.*, pp. 332-335.

27 森, 前掲論文 (註 24) 91 頁, 村瀬, 前掲論文 (註 7) 141 頁.

28 Sir Francis Head to Mr. Fox, January 8, 1838, in Bourne and Watt, *supra* note 25, p. 15; Mr. Fox to Viscount Palmerston, January 13, 1838, *ibid.*, p. 19;

29 Mr. Webster to Mr. Fox, *supra* note 25, p. 156.

30 "Complaints by the Democratic Republic of the Congo against Portugal," *Yearbook of the United Nations* 1966 (hereinafter cited as *UN Yearbook*), vol. 20, p. 117 at 118; "Communications concerning Relations between Zambia and Portugal," *ibid.*, p. 121 at 122; "Communications concerning Relations between Portugal and Senegal," *UN Yearbook 1967*, vol. 21, p. 131.

31 "Complaints by Zambia," *UN Yearbook 1980*, vol. 34, p. 263 at 264; "Angola and South Africa," *UN Yearbook 1981*, vol. 35, p. 217 at 218.

32 "Complaints by Israel and Lebanon," *UN Yearbook 1969*, vol. 23, p. 200; "Complaints by Israel and Lebanon," *UN Yearbook 1970*, vol. 24, p. 227 at 227-228; "The situation in the Israel-Lebanon sector," *UN Yearbook 1978*, vol. 32, p. 295 at 296; "Israel and Lebanon," *UN Yearbook 1982*, vol. 36, p. 428 at 431-432.

33 C. Gray, *International Law and the Use of Force*, 2nd ed. (2004), p. 112.

34 See, U.N. SCOR, 31st Sess., 1944mtg., UN Doc. S/PV. 1944 (27 July 1976), p. 3, para. 22 and p. 9, para. 79.

35 Security Council Resolution 568 (21 June 1985), paragraph 4.

36 決議 568 が採択された安保理の議論においても, 南アフリカは, ボツワナ領域内における ANC のテロ活動を防止するように要請したにもかかわらず, ボツワナがこれに応じなかったことを理由としている. U.N. SCOR, 40th Sess., 2599mtg., UN

Doc. S/PV. 2599 (21 June 1985), p. 8, paras. 77–79.

37　Statement by the Presidium of the Supreme Soviet and the Council of Ministers of the Republic of Tajikistan on 15 July 1993, UN Doc. S/26092 (16 July 1993), p. 2.

38　*Ibid.*, p. 3. ただし，国境を警備していた自国兵員が殺害されたロシアは，「適当な報復的措置をとる権利を有する」としたうえで，タジキスタンとの相互援助条約にしたがい，集団的自衛権に基づく支援をタジキスタンに提供するとしている．Statement by the Ministry of Foreign Affairs of the Russian Federation of 14 July 1993, UN Doc. S/26110 (19 July 1993), pp. 2–3.

39　Main points of the statement dated 25 February 1994, transmitted to the Ministry of Foreign Affairs of Tajikistan by the Consulate of the Islamic State of Afganistan in Dushanbé in response to the protest note of the Tajik authorities dated 22 February 1993, UN Doc. S/1994/310 (18 March 1994), pp. 2–3.

40　See, *e.g.* Letter dated 13 October 1991 from the Minster for Foreign Affairs of Iraq addressed to the Secretary-General, UN Doc. S/23141 (14 October 1991), p. 2.

41　Letter Dated 24 July 1995 from the Charge D'Affaires A.I. of the Permanent Mission of Turkey to the United Nations Addressed to the President of the Security Council, UN Doc. S/1995/605 (24 July 1995), p. 1.

42　See, Letter dated 21 June 1996 from the Minster for Foreign Affairs of Turkey addressed to the Secretary-General and to the President of the Security Council, UN Doc. S/1996/479 (2 July 1996), p. 2; Identical letters dated 2 January 1997 from the Minster for Foreign Affairs and Deputy Prime Minister of Turkey addressed to the Secretary-General and to the President of the Security Council, UN Doc. S/1997/7 (3 January 1997), pp. 2–3. なお，安保理は，こうしたトルコの措置を議題として取り上げてはいない．この点に関して，イラクは安保理の無作為は批判している．Letter dated 25 May 1997 from the Deputy Minister of Iraq addressed to the President of the Security Council, UN Doc. S/1997/393 (26 May 1997), p. 1.

43　Letter Dated 25 May 1993 from the Permanent Representative of the Islamic Republic of Iran to the United Nations Addressed to the Secretary-General, UN Doc. S/25843(26 May 1993), p. 1.

44　*Ibid.*

45　Letter Dated 20 August 1998 from the Permanent Representative of the United States of America to the United Nations Addressed to the President of the Security Council, UN Doc. S/1998/780 (20 August 1998), p. 1.

46　クリントン大統領も，国民向けの演説において「アメリカは軽々しくこの行動を起こしたわけではない．アフガニスタンとスーダンは長年，こうしたテロ集団を保護・支援することを止めるよう警告されてきた．しかし，一貫してテロリストを保

護してきた国に，安全地帯となる権利はない」と述べている. Address to the Nation on Military Action Against Terrorist Sites in Afghanistan and Sudan (21 August 1998), cited in Contemporary Practice of the United States Relating to International Law: "Missile Attacks on Afghanistan and Sudan," *American Journal of International Law,* vol. 93 (1999), p. 162.

47 Letter Dated 20 August 1998, *supra* note 45, pp. 1-2.

48 See, *e.g.* Letter Dated 21 August 1998 from the Permanent Representative of the Sudan to the United Nations Addressed to the President of the Security Council, UN Doc. S/1998/786 (1998), annex.

49 Security Council Resolution 1193, UN Doc. S/RES/1193 (28 August 1998), Preamble and paragraph 15.

50 U.S. Practice: "Protection of Nationals—Deployment of U.S. Forces to Panama," *American Journal of International Law,* vol. 84 (1990), p. 547.

51 *Ibid.,* p. 548.

52 安保理は実質的な審議をしておらず，国連総会だけがアメリカを非難する決議を採択している. UNGA, Resolution 44/240 (29 December 1989), Effect of the military intervention by the United States of America in Panama on the situation in Central America.

53 U.S. v. Noriega, 746 F. Supp. 1506, 1525-1529 (S.D. Fla 1990); U.S. v. Noriega, 808 F. Supp. 791, 799-803 (S.D. Fla 1992).

54 Security Council Resolution 1368, UN Doc. S/RES/1368 (12 September 2001), Preamble.

55 Security Council Resolution 1373, UN Doc. S/RES/1373 (28 September 2001), Preamble.

56 Address Before a Joint Session of the Congress on the United States Response to the Terrorist Attacks of September 11 (September 20, 2001), available at < http://www.whitehouse.gov/news/releases/2001/09/20010920-8.html >.

57 Authorization for Use of Military Force, Pub. L. No. 107-40, 115 Stat. 224 (2001), Section 2 (a).

58 Letter dated 7 October 2001 from the Permanent Representative of the United States of America to the United Nations addressed to the President of the Security Council, UN Doc. S/2001/946 (7 October 2001), p. 1.

59 Letter dated 7 October 2001 from the Chargé d'affaires a.i. of the Permanent Mission of the United Kingdom of Great Britain and Northern Ireland to the United Nations addressed to the President of the Security Council, UN Doc. S/2001/947 (7 October

2001); Letter dated 24 October 2001 from the Chargé d'affaires a.i. of the Permanent Mission of Canada to the United Nations addressed to the President of the Security Council, UN Doc. S/2001/1005 (24 October 2001); Letter dated 29 November 2001 from the Perma nent Representative of Germany to the United Nations addressed to the President of the Security Council, UN Doc. S/2001/1127 (29 November 2001); Letter dated 17 December 2001 from the Permanent Representative of New Zealand to the United Nations addressed to the President of the Security Council, UN Doc. S/2001/1193 (18 December 2001).

60　See, Security Council Resolution 1214, UN Doc. S/RES/1214 (8 December 1998), paragraph 13; Security Council Resolution 1267, UN Doc. S/RES/1267 (15 October 1999), paragraph 1; Security Council Resolution 1333, UN Doc. S/RES/1333 (19 December 2000), paragraphs 1-3.

61　Letter of the United States, *supra* note 58, p. 1 and Letter of the United Kingdom, *supra* note 59.

62　拙稿「国際テロリズムと武力紛争法の射程——9・11事件が提起する問題」，村瀬信也・真山全編『武力紛争の国際法』（東信堂，2004年）176-181頁．

63　Security Council, Provisional Verbatim Record of 5492mtg., UN Doc. S/PV. 5492 (20 July 2006), p. 3.

64　たとえば，カロライン号事件は緊急避難として説明される場合もある．田岡良一『国際法上の自衛権 補訂版』（勁草書房，1981年）41頁．Crawford, *supra* note 8, pp. 179-180.

65　自衛権の枠組みでこの問題を考察する場合，帰属の問題を議論せざるをえず，結論的には帰属しないから武力攻撃は違法であると判断するか，自衛権の概念そのものが変更されたと主張するしかないことになる．たとえば，松田竹男「国際テロリズムと自衛権——集団安全保障との関わりの中で——」『国際法外交雑誌』101巻3号（2002年）5-9頁．

66　同様の問題意識を持つ論考として，森田章夫「国際テロと武力行使——国際法上の観点からする現状と課題」『国際問題』516号（2003年）54-55頁，村瀬，前掲論文（註7）142頁．

67　浅田は，本章が取り上げた事例のいくつかを，先制的自衛権の検討において詳細に分析している．浅田正彦「国際法における先制的自衛権の位相——ブッシュ・ドクトリンを契機として——」浅田正彦編『二一世紀国際法の課題』（有信堂，2006年）313-317頁．確かに，自衛権の枠組みで議論を展開した場合には，「先制性」の当否が問題となりえることは理解できる．しかし，域外法執行措置という観点から過去の国家実行を整理すれば，先制性の有無は決定的な問題ではない．

68　この点で注目されるのは，アメリカが1999年段階において，オサマ・ビン・

ラディンに関する起訴状の内容を，安保理に報告していることである．Letter Dated 1 October 1999 from the Deputy Permanent Representative of the United States of America to the United Nations Addressed to the Secretary-General, UN Doc. S/1999/1021 (4 October 1999), p. 2, Annex.

69　Y. Dinstein, *War, Agression and Self-Defence,* 4th ed. (2005), p. 250.

70　村瀬，前掲論文（註7）145-146頁．

71　アルカイダ兵などの捕虜資格に関しては，森川幸一「『対テロ戦争』への国際人道法の適用——『テロリスト』の取扱いをめぐる米国での議論と日本の捕虜法制を中心に」『ジュリスト』No. 1299（2005年10月15日）74-80頁，新井京「『テロとの戦争』と武力紛争法——捕虜資格をめぐって」『法律時報』74巻6号（2002年5月）17-21頁．

72　グアンタナモ基地における抑留者の人権状況に関しては，Situation of detainees at Guantánamo Bay, Report of the Chairperson-Rapporteur of the Working Group on Arbitrary Detention, Leila Zerrougui; the Special Rapporteur on the independence of judges and lawyers, Leandro Despouy; the Special Rapporteur on torture and other cruel, inhuman or degrading treatment or punishment, Manfred Nowak; the Special Rapporteur on freedom of religion or belief, Asma Jahangir; and the Special Rapporteur on the right of everyone to the enjoyment of the highest attainable standard of physical and mental health, Paul Hunt, UN Doc. E/CN. 4/2006/120 (27 February 2006).

73　Legality of the Threat or Use of Nuclear Weapons, Advisory Opinion, *supra* note 9, p. 240. なお，ICJは「パレスチナの壁事件」において，人権法と人道法の重畳的適用を認めている．Legal Consequences of the Construction of a Wall in the Occupied Palestinian Territories, Advisory Opinion, *ICJ Reports 2004*, para. 106.

74　Inter-American Commission on Human Rights (IACHR): Decision on Request for Precautionary Measures (Detainees at Guantanamo Bay, Cuba) (March 12, 2002), *International Legal Materials,* vol. 41 (2002), pp. 532-533. これに対するアメリカの反論は，United States (U.S.) : Response of the United States to Request for Precautionary Measures – Detainees in Guantanamo Bay, Cuba (April 15, 2002), *ibid.,* pp. 1020-1021.

75　General Comment No. 31 [80] : Nature of the General Legal Obligation Imposed on States Parties to the Covenant, UN Doc. CCPR/C/21/Rev. 1/Add. 13 (26 May 2004), para. 11.

76　テロ規制と国際人権法の関係については，拙稿「『テロとの戦争』における国際人権法の役割——人権法の機能的拡張」『国際人権』第17号（2006年）pp. 2-7頁．

77　武力行使一般におけるこうした傾向とその問題点については，J. Gardam, *Necessity, Proportionality and the Use of Force by States* (2004), pp. 19-27.

第8章
自衛権行使と武力紛争法

真山　全

Ⅰ　はじめに——戦時国際法と武力紛争法の連続性・非連続性
Ⅱ　自衛権行使対象と武力紛争法の適用条件
　1　武力攻撃と武力紛争法
　2　武力攻撃に至らない侵害と武力紛争法
　3　法執行活動の位置付け
Ⅲ　侵害主体の範囲
　1　武力紛争法における「国家間主義」
　2　武力紛争の第三カテゴリーの否定
Ⅳ　平等適用の脆弱性
　1　平等適用の基盤
　2　他の国際法分野からの「必要」の主張
Ⅴ　必要性と均衡性
　1　自衛権行使要件の継続的適用
　2　自衛権行使要件の継続的適用の効果
Ⅵ　第三国に対する措置

  1 戦争状態必要説
  2 自衛権による対第三国措置の可能性
 Ⅶ おわりに

Ⅰ はじめに——戦時国際法と武力紛争法の連続性・非連続性

 武力紛争法 (law of armed conflict) は，法上の戦争状態においてその当事国を拘束してきた戦時国際法 (international law in time of war) の内容を実質的には受け継いでいると認識されている．戦時国際法は，法的に対等な当事国間での一種の決闘のルールと捉えられ，法上の戦争状態を作り出すことでそれ以外の法分野からの影響を最小にしつつ自己完結的な規則群を構築していたが，その構造は，暴力行為規制の観点のみからすれば合理的なものであった[1]．ここから，戦争観の転換にもかかわらず，従前の戦時国際法と武力紛争法の連続性を維持しようとする強い要請が生まれたのは当然である．他方，戦争観転換を含む他の国際法分野における変化は，戦時国際法と武力紛争法の連続性に疑いを投げかけ，後者に新たな性格を付与しようとしてきた．両者の連続性を過度に強調すると，別の方向に働くこの力の効果を見逃し，結果として武力紛争法の現在における位置付けをなすに当たって錯誤をおかすことになるかもしれない．

 戦時国際法と称せられた規則群が生じた後，これが無変化で存続してきたということは勿論なく，常に内部的又は外部的な要因から変化を見せてきた．従って，戦時国際法そのものの時代的変化を吟味する必要が

あるが，ここでは，19世紀後半から20世紀初頭，すなわち当時の戦争観に基づくその法典化が，頂点に達した時点における戦時国際法を念頭に置く．武力紛争法にしてもその性格は不変ではなく，実際，同一の規則群を指す名称として国際人道法 (international humanitarian law) のように視点の大きな移動を思わせるものが使用されているのは，性格変化を認識したからであろうと考えられる．戦時国際法との連続性の程度を見るに当たっては[2]，かかる規則群を武力紛争法と呼称すること自体の妥当性を前提的に検討する必要がある．しかし，現時点では，武力紛争法と国際人道法の相違は，適用対象や適用条件には及んでおらず[3]，本章の目的の範囲内では武力紛争法なる名称を暫定的に採用することに問題はないと思われる．

　戦時国際法と武力紛争法の連続性を検討するに際しては，様々なアプローチがありうるが，主に20世紀前半から進展した *jus ad bellum* における変化の *jus in bello* への影響という形でこれが論じられてきた．すなわち，武力行使禁止原則の確立とこれに伴う法上の戦争状態の否定が，両者の連続性に与える影響である．武力行使禁止原則によって，合法的な武力行使原因は限定され，原則に対する例外として認識される代表的なものは，自衛権となった．戦時国際法の時代にあっても，その想定する法上の戦争以外の状況で自衛権等を根拠とする武力行使が存在した．その意味では，自衛権行使における暴力行為規制規則適用問題は，新しい問題ではない．しかし，法上の戦争状態をいつでも作り出せる場合における自衛権行使状況と，主要な武力行使原因としての自衛権行使状況を同一視するのは必ずしも適当ではなく，従って，以前の戦争状態での戦時国際法と現在の自衛権行使状態における武力紛争法を比較すべきであろうと思われる．本章では，自衛権行使の場合における武力紛争法の適用が従来の戦時国際法と相違するのか，相違するとして如何なる範囲においてであるのかを検討する．

II 自衛権行使対象と武力紛争法の適用条件

1 武力攻撃と武力紛争法

　戦時国際法の適用は，法上の戦争に訴える国家の権利ないし自由があることを前提とし[4]，法上の戦争状態は，国家による明示又は黙示の戦争意思の表明により作り出されるとされた[5]．他方，武力紛争法は，武力紛争という事実状況に適用され，一定の事実があれば適用開始要件が満たされることになり，この点で戦時国際法と適用条件を異にする．もっとも，武力紛争法は，国家が行う暴力行為の法的根拠をさほど顧慮せず，この点では戦争開始原因を問わない戦時国際法と結果として同じになる．武力紛争法がかかる考え方の上に構築されていることは，暴力行為が自衛を根拠になされる場合，様々な問題を惹起せしめる．

　まず，自衛権行使としてなされる行為が全て武力紛争法の適用される武力紛争となるかの論点がある．侵害国の行為が国連憲章第51条のいう「武力攻撃 (armed attack, agression armée)」を構成するのであれば，不正規部隊の国家による派遣の法的評価といった論点はあるものの，多くの場合それのみで武力紛争が生じたということがいえるであろう．憲章第51条は，武力攻撃の語を定義していないが，武力攻撃が武力行使 (use of force) より狭い概念であり，武力行使のうち大規模なものか烈度が高いものであることについては広範な一致があるように思われる[6]．国家により武力攻撃が行われたという事態であれば，被侵害国のとる措置がどのようなものであれ，両者の間に武力紛争が存在することになろう[7]．

　武力攻撃概念に関しては，先制的自衛との関連で武力攻撃が開始されたとされる時期に関する議論がある．この議論は，自衛権行使要件に合致しない先制的自衛を排除するという法的要請と，兵器の速度と破壊力の著しい向上からできるだけ早期に反撃を開始しなければならないとい

う，防衛上の必要の間の調整を巡るものであると理解することができる．後者の必要に配慮して，武力攻撃概念自体を操作し，侵害国による暴力行為の実際の結果が生じていなくとも武力攻撃の発生を認め，それへの自衛権行使が可能であるとの見解も生まれる．この立場からは，最初に暴力行為の結果をもたらすのが自衛権行使国であるということがありえる．武力紛争法の観点からすれば，武力紛争が事実において発生しなければ武力紛争法の適用がない．従って，領域侵入，発砲や破壊が現実に発生する前に武力攻撃は存在しうるとしても，武力攻撃着手をもって武力紛争の発生と認識しない限り，赤十字国際委員会（ICRC）のように広い範囲で武力紛争を捉える立場をとった場合でも，それはまだ発生していないという状況がありうることになる．

　武力攻撃と武力紛争の始期が一致しない状況としては，長距離誘導弾攻撃のように侵害国の発射準備時に反撃しない限り，有効な対応がとりえないような場合が念頭に置かれることが多い[8]．この場合には，武力攻撃開始時と武力紛争開始時のずれはさほどではなく，武力紛争法の適用始期との関係では，この間隙につき検討する実益は大ではなかろう．しかし，侵害国の地上部隊や海上部隊が被侵害国に向け長駆機動しつつある等[9]，このずれが比較的長期に亘ることも想定される．かかる場合には，武力紛争開始前であるため，例えば，被侵害国内に既にある侵害国国民の扱いに関する武力紛争法の適用を開始することができないといったことが生じる[10]．

2　武力攻撃に至らない侵害と武力紛争法

　より重要な問題は，武力攻撃以外の侵害に対し自衛権を根拠として武力を行使することができるかである．つまり，憲章第51条の要求する武力攻撃発生要件を満たさない場合にも自衛権行使が可能かに係わる問題である．1986年の国際司法裁判所（ICJ）ニカラグア判決は，これに関しては「均衡した対抗措置」の文脈で語っているにすぎない[11]．また，

国際法委員会 (ILC) 国家責任条文案も自衛権を離れた場合の対抗措置については，武力不行使原則の枠内での措置と認識している[12]．とはいえ，武力攻撃に至らない行為がなされ，それに対し均衡した措置で応える場合，これらの行為の応酬が武力紛争を構成するか，また，武力攻撃に至らない行為であっても，そのような行為が累積することで武力攻撃となり[13]，従って，武力紛争となるかが武力紛争法からの関心事である．

　武力攻撃に至らない侵害と，それへの措置に武力紛争法が適用されるかについての武力紛争法からする回答は単純であって，自衛権，対抗措置あるいはいわゆる法執行活動いずれであろうとも，その適用可能性を事実的な状況から捉えるであろう．もっとも，武力紛争の存在が事実状況に依拠するとはいえ，その判断は関係国に一義的には委ねられている[14]．烈度や行為の法的根拠に関する判断は，関係国間で同一とは限らない．このため，いずれの法で暴力行為を規律するかについての認識も異なることになる．例えば，軍隊同士の接触であっても，その相互間の暴力行為の烈度が高ではない場合，あるいは文民機関の行為であってその烈度が高い場合の扱いが争われる．前者としては，小規模地上部隊，軍艦，軍用航空機の領域侵入や公海上にある軍艦等に対する散発の暴力行為のような事例が考えられ，後者には，海上警察機関その他による高烈度の行為が含まれよう．

3　法執行活動の位置付け

　軍隊の侵入に対処する場合の諸国家の実行は，まちまちである．軍艦の領海内侵入を武力攻撃と認識して自衛権を発動した事例や[15]，執拗な領海外退去要請に従わない潜没潜水艦の存在を直ちには武力攻撃とはしないが，それに対する措置を自衛権でもって説明するケースがある[16]．また，法執行活動である旨主張して対応することもある．ここでいう「法」が国際法をいうのか被侵害国たる領域国の国内法を指すのかが問われようが，慣習法上の自衛権の表現を避け，法執行活動と称することがある

のはうなずけることである．何故ならば，憲章第51条がその第7章の他の条文に基づく措置とリンクして理解され，第7章の措置がとられない場合には，慣習法上の自衛権がいわば浮上してくるとの立場をとったときであっても[17]，事態の初期段階で第7章措置がとられるか否か不分明の間に，他の国連加盟国に対して憲章第51条以外の自衛権を援用することには困難もある．また，自衛権援用は，侵害国との間で緊張を一層高めることになろう．このため，慣習法上の自衛権のなかに混入ないし埋没し，それとの区分が必ずしも明確にはされていなかった法執行活動が，表面にあらわれてきたと理解することもできよう[18]．

　文民警察機関の行為は，一般には法執行とみなされている．警察比例の原則により，相手方の行為に比例して暴力行為の烈度が高くなるが，一定の烈度に達すると武力紛争を構成するかが問題である．国家実行上，このことは通常否定的に解されているが，それは文民海上警察機関の行為という要素に比重を置いて解しているからであろうと想像される．海軍等の軍隊に，武力紛争への対処機能と海上警察機能の二重機能を与える国は少なからずあるが，海軍による海上警察機能の遂行も文民機関のそれと同様に考えていいはずである．しかし，そのような場合には，武力紛争という構成に寄った解釈がなされることも少なくない[19]．他方，領空侵犯の航空機に対する措置は，いずれの国においても軍航空部隊の任務であるが，相手方が軍用航空機であってこれを無警告で撃墜しても自衛権を正面に出して説明することは稀で，領空侵犯及びこれに対する措置をあわせて武力紛争とし，武力紛争法を適用した事例もほとんどない．領海と領空の法的地位の相違を前提としても，軍艦よりも軍用航空機の危険性の方が大きいことを考えれば，この不一致は奇妙なことであるように思える．

　武力紛争法は，宣戦通告等の国家の意思表示要件を一掃し，その結果，いわゆる事実上の戦争もその適用範囲に完全に組み込むことができるようになった．この主観的要件の排除の反面，武力攻撃以外に対する自衛

権行使や法執行活動における暴力行為のように，戦時国際法が比較的明確な形でその適用範囲から除外していた行為との境界線が曖昧になったといえよう．

III 侵害主体の範囲

1 武力紛争法における「国家間主義」

　戦時国際法は，国家間における法上の戦争に適用され，例外的に交戦団体が適用主体とされていたにすぎない．武力紛争法も主に国家間に生じる武力紛争を想定してきたが[20]，武力紛争法の適用主体は，次第に拡大していく．非国際的武力紛争においても，事実において武力紛争が存在すれば武力紛争法を適用する方式に変化し，1949年のジュネーヴ諸条約共通第3条により「締約国の一の領域内に生じる国際的性質を有しない武力紛争」を戦う反徒が適用対象に入った．非国際的武力紛争に適用される規則は，1977年のジュネーヴ諸条約第2追加議定書で一層拡大された．また，同第1追加議定書第1条4項によって，自決権行使団体も国際的武力紛争に関する武力紛争法適用範囲に組み込まれた．

　しかし，武力紛争法の適用を受けるのは，いずれも一定の地域を支配しているか，又は，そのような支配を目指す団体である[21]．これら以外の団体については，武力紛争法の適用主体とは認識されていない．しかも，国家及び自決権行使団体の行為を除き適用される武力紛争法は，原則としていわゆるジュネーヴ法であって，合法的戦闘員の存在を前提とするハーグ法の適用は極めて限定的である．この意味で，武力紛争法の事実主義的適用には大きな限界があった．非国際的武力紛争にも徐々に適用がなされるようになったとはいえ，武力紛争法全体の適用があるのは，依然，国際的武力紛争のみである．かかる限界が設定されているのは，非国際的部武力紛争における反徒への合法的戦闘員資格付与やそれ

を前提とするハーグ法の導入は，領域国政府の統治の正統性を害するからである．換言すれば，非国際的武力紛争は，領域国政府にとっては自国領域における法と秩序を回復するための国内法の執行活動に他ならないのであり，こうした性格付けと両立しない武力紛争法規則が排除されるのは当然であろう．

2　武力紛争の第三カテゴリーの否定

相手方の侵害行為の烈度が武力紛争のそれに達しているとしても，侵害主体が国家以外の主体である場合，これに対する措置を自衛権行使として説明できるかの問題が提起されている[22]．さらに，侵害主体が国家以外であるので，この状況における暴力行為の応酬を武力紛争法の適用される武力紛争というかの疑問も生じる．これは，先に触れた国家機関の暴力行為の烈度問題とは逆の側面のそれであって，暴力行為の主体の面からの問題である．

主体の側面に関係して最近盛んに議論されているのが，いわゆるテロ行為に対する措置の法的説明である．仮にテロ行為に自衛権で対処するとし，テロ行為が十分な烈度を有するとしたとき[23]，テロ組織が外国領域を根拠地として当該外国の指揮統制下にあれば[24]，それを足掛かりに国際的武力紛争という構成ができるかもしれず，そこからテロ組織と呼ばれる集団構成員の戦闘員資格と捕虜資格が導けることもあろう．しかし，そのような国家との関連性がない場合，適用主体の限定性からして国際的武力紛争に係る規則の適用は困難である．

仮にこの点を克服して，テロ組織が国際的武力紛争を規律する規則の適用主体を構成すると想定するならばどうなるであろうか．そこでは，戦闘員資格と攻撃目標・保護対象選定基準の二側面から行為の合法性が判断されることになる．このいずれかに合致しない行為は，武力紛争法上違法との評価が与えられる[25]．国際的武力紛争ではこの二基準から合法性判断ができるのであるから，武力紛争法から見ればわざわざテロ行

為を抽出して特別に非難の対象とする必要はなくなるのである[26].「脅迫又は恐かつによる措置[27]」や「文民たる住民の間に恐怖を広めることを主たる目的とする暴力行為[28]」の禁止との関連で武力紛争法がテロ的な行為に言及することはあるが，これとても武力紛争法は，基本的に上記の二側面からする評価の問題として処理している．

　武力紛争法は，国際的と非国際的の区分しか知らず，それら以外の例えば国境外からの非国家的集団の暴力行為のような第三カテゴリーを認めていない[29]．このため，テロ行為が国際的武力紛争の文脈で捉えられないときには，武力紛争法の立場からすれば非国際的武力紛争に係る規則の適用を検討せざるをえなくなる[30]．しかし，そうなった際にやはりテロ行為に自衛権でもって対抗するとするなら[31]，今度は逆に，自衛権援用が非国際的側面でもありうるのかという問題が，適用される武力紛争法の観点からして生じてくる[32]．これを肯定的に解し，非国際的武力紛争に係る規則の適用を行うとすると，次のような結果を生む．すなわち，非国際的武力紛争の規則には，合法的戦闘員の観念が認められないから，国の軍隊構成員に対する暴力行為であっても処罰対象とすることを妨げられない．つまり，ここでの自衛権行使とそれに伴う武力紛争は，法執行活動と何等異ならず，そこにおける国家側の行為は，刑事法的な原則に依拠することになる．それでもなお非国際的武力紛争に係る規則の適用から何等かの意義を見出そうとするならば，ジュネーヴ諸条約共通第3条にいうような人道的規則の適用が暴力行為に参加しない者にあるというにとどまる．もっとも，この点から，同諸条約共通第3条を中心とする非国際的武力紛争に係る武力紛争法がその本来の適用範囲を超えて機能し，いかなる武力紛争であってもそのミニマムスタンダードを示すものとなるといった考え方が，一層意味を持ってくるかもしれない[33]．

　なお，留意すべきは，ここにいう最低限の人道的規則は，前述の通りやはりジュネーヴ法のそれであって，ハーグ法はその性格上除外されていることである．従って，目標選定基準や兵器使用禁止制限規則の適用

は原則的にはない．つまり，破壊対象は武力紛争法の規制と無関係に法執行の観点から選定される．また，いわゆるダムダム弾のような武器が，暴力行為に参加する者に対する法執行として使用可能となる．警察比例に従う法執行の方が全体としての破壊の程度は小であるように感じられようが，相手方の抵抗の度合いによっては全ての場合にそうとはいえなくなろう．また，敵戦闘員に対する使用が禁止される「残虐」な武器の使用が法執行場面では許されることは逆説的ではあるが，念頭において置く必要がある．こうしたことは，とりわけ外国領域で法執行活動が行われうるとされる場合に問題となりえよう[34]．

　テロ行為の定義は困難であり[35]，加えて行為者が外国といかなる指揮統制関係にあるかも容易には判断できない．従って，国際的武力紛争を構成するかの判断も難しい．このことから，武力紛争法の適用を安易に排除すべきではないということは正しいであろう．これは，武力紛争法を事実主義的に適用するという主張の延長線上にある見解である．しかし，テロ組織自体に国際的武力紛争に係る規則を適用しようとする場合には，適用主体に関する国家間主義ともいうべきものからくる制限がある．これを克服してこれら規則の全面的適用を認めれば，自決権行使団体の場合ように，テロ組織の武力紛争法上の地位を承認することに他ならなくなる．非国際的武力紛争の規則の適用については，それが戦闘員資格に関する規則を持たないため武力紛争法の中核的部分の適用ができず，結局のところ，人権関係諸条約や国内法でも確保される最低限の人道的規則のみの適用となり，法執行活動との間で意味ある相違が見出せなくなろう．

IV 平等適用の脆弱性

1 平等適用の基盤

　戦時国際法の適用は，法上の戦争に訴えることが違法とはされなかったことから，いずれかの当事国を差別してなされることはなかった．他方，自衛権を行使して戦っていると認識する国家は，相手方が違法に暴力に訴えていると考えるから，武力紛争法の差別適用を主張することが法理的にはできるはずである．

　しかし，この差別適用の主張は実際的考慮ないし必要からして否定され，いずれの当事国も同じ武力紛争法規則に服するという意味での平等適用が確立したとされる[36]．ジュネーヴ諸条約とその第1追加議定書の前文もこのことを明記する．*jus ad bellum* 上の評価が直接に *jus in bello* の適用に影響しないというこの結果において，戦時国際法と武力紛争法は，相違しないように見える．この点で武力紛争法の諸規則の実体的な面における戦時国際法との連続性が認められるとしても，武力紛争法が依って立つ基盤は，戦時国際法とは異なるのであり，武力紛争法の平等適用論は，差別戦争観の上に実際的必要からのせられているという意味では脆弱なものである．つまり，別個の必要が生じた場合には，それと平等適用の実際上の必要との比較の問題として処理される可能性があるといえよう．

2 他の国際法分野からの「必要」の主張

　憲章下の諸国の実行は，朝鮮戦争や湾岸戦争を含めほぼ一貫して平等適用を支持してきたため，この構造的な脆弱性をさほど意識することはなかった[37]．しかし，最近いくらかの事例において，差別適用を示唆するとも思われる現象が見られることが注目される．1999年に北大西洋条約機構は，コソボにおける人道状況を改善するため航空攻撃を行った

が，その際，軍事目標とは従来必ずしも認識されていなかった目標の破壊が作戦目的からして許容されるという議論がなされた．また，2003年のイラク戦争に伴うイラク占領についても，ハーグ陸戦規則やジュネーヴ第4条約の範囲を超えるともいいうる措置がとられた[38]．これらは，自衛権行使の文脈でなされたものでないものが混っているが，武力行使原因によっては武力紛争法の平等適用が揺らぎ，一方の当事者にのみ大きな権利若しくは自由を与えるか，又は禁止規定適用解除を容認することがあることを示しているように思われる．

　自衛権に関連するものとしては，1996年の核兵器の合法性に関するICJ勧告的意見が関心を呼んだ．同勧告的意見では，核兵器使用は，「国際人道法」に「一般的には反する」ものの，「国家の生存そのもの」が危うくされる「自衛の極限的状態」においてその合法性又は違法性を確定的には判断できないとされた[39]．この判断は，「極限的状態」にも言及している．従って，武力紛争法あるいはその差別適用の文脈から扱うことは適当ではないかもしれないが，勧告的意見は，自衛の極限的状態では異なる規則の適用があるとまでは述べていない一方，自衛権行使としてなされる武力紛争であって，かつ自衛権行使国の存亡がかかる極限的状態において，あらゆる点で他の状況と同一の武力紛争法規則が適用されると断言してもいない．

　武力紛争における「実際上の必要」の議論は，武力紛争法の平等適用を確保したといわれる．しかし，こうした理由付けは，かえって平等適用の基盤が浸食される場面を増大せしめる結果をもたらす．平等適用論は，「人道的」状況の確保，法的「正義」の貫徹，占領軍による「民主的」体制の確立，そして「自衛」権行使国の勝利といった武力紛争法以外の法分野から提示される様々な「必要」と，それに基づく差別的な適用の主張に常に対抗することを要求される状態に置かれているといえる．

V 必要性と均衡性

1 自衛権行使要件の継続的適用

　法上の戦争状態が発生すれば，戦時国際法に反さない限りであらゆる破壊が許容される．換言すれば，戦時には戦時国際法以外の暴力行為制約要因は存在しなかった．他方，自衛権行使としてなされる武力紛争では，武力紛争法からの制限に加え，武力紛争全期間を通じて必要性及び均衡性の原則の適用がある．自衛権行使要件は，武力紛争開始時にのみ機能し，開始後は武力紛争法による制限のみとなるという見解があるが[40]，これは認めがたい．武力行使開始後に必要性と均衡性の原則が作用しないならば，自衛権は，正に武力行使「開始」原因の評価にのみ関係することになり，当該の武力行使を自衛の範囲内にとどめる機能をそこから導くことができなくなるからである[41]．

　ところで，憲章下でも宣戦通告を伴う武力紛争が少数ながらある．例えば，中東戦争でエジプトは，自衛権行使としつつ同時に宣戦を通告したとされる[42]．これは，第三国船舶捕獲の法的根拠を用意するためでもあったと考えられるが，安保理事会での議論が示すように諸国は，宣戦通告によって法上の戦争が発生し，武力紛争法以外の制約が解除されたとは認識しなかった．宣戦通告という戦争意思の表明が，法上の戦争を発生させる効果をなお有するとすると，国家はかかる意思表示のみによって憲章上の最重要の原則の適用を回避できることになってしまう[43]．従って，宣戦通告は，武力紛争の当事国間において国際法上何等かの意味を持つものということはできない．

　自衛権からくる武力行使の制限が，武力紛争中にも継続的に作用していることを示す典型的事例とされるのが，1982年のフォークランド（マルビナス）戦争におけるアルゼンチン巡洋艦撃沈事件である．本件で英政府は，武力紛争開始後であれば，武力紛争法に反しない限り敵国の

軍事目標をいかなる状況でも破壊できるという議論を展開せずに，アルゼンチン巡洋艦の撃沈は自衛の必要性と均衡性の要件に反さない敵対行為であったとした[44]．

2　自衛権行使要件の継続的適用の効果

　武力紛争法は，平等適用を基本とし，武力行使原因を考慮に入れないから，自衛権行使として認められない行為であっても，武力紛争法上これを直接には問題としない．このことから，自衛権行使国が自衛の必要性又は均衡性の原則を超えて行ったが，武力紛争法違反ではない敵対行為の全体としての評価が問題となる．この種の問題は，侵略国の武力紛争法に合致した行為の評価としてこれまで扱われ，武力紛争法の平等適用の射程が終わるところと重ねた形で議論されてきたが[45]，自衛権行使側にも同じ問題が起こりうる．

　これにつき，侵略国の行為の場合と同様，自衛権行使要件違反の側面から責任が追及され，武力紛争法上の責任は問われないと整理することは一応可能である．この立場は，法的効果を消滅させることのできない武力紛争法に固有の領域とそれ以外の領域に区分するというに等しい．しかし，しばしば指摘されるように，個別の行為を判断するに際しては，この区分が有効な指針とならない場合もあり，相手方武力紛争当事国船舶やその積載物品の没収，あるいは占領地での財産接収のように，そもそもいずれの領域の問題であるかにつき直ちには判断できない部分が残る[46]．

VI 第三国に対する措置

1 戦争状態必要説

　武力紛争の相手国に対する行為であれば，法上の戦争状態で認められる様々な敵対行為の類型の内で，自衛権によっては当然になしえないとされる行為はないと思われる．軍事占領は，自衛権によっては説明できないとされることがあるが，これも必要性と均衡性の原則からする判断次第であり，軍事占領そのものが自衛の範囲を超えるということは自動的にはいえない．

　しかし，自衛権が相手方武力紛争当事国以外の第三国に影響する措置の根拠になりうるかの問題はある．戦時国際法は，法上の戦争で適用され，そこでは中立国が生じるとされたから，第三国への措置の説明は容易であった．勿論，法上の戦争に至らない状態での自衛その他を根拠とした武力の行使は従前からあり，そこにおける第三国への措置の法的評価が，平時封鎖その他との関連で議論されていた．しかし，戦争状態をいつでも作り出せたのであるから，法上の戦争に至らない状態での第三国への措置の検討の必要性は大ではなかった．現在でも武力紛争において，相手方当事国と第三国の交通を妨害する必要は生じるのであるが，法上の戦争状態が否定されたが故に，第三国への措置の法的根拠を自衛権に求めうるかの問題が改めて浮上してきたといえる．ここでは，「実際上の必要」からする連続性確保の議論が支配する状況は認められず，その意味で武力紛争法の他の分野とは著しい相違を示している．

　法上の戦争状態が存在しえないとされたことの影響が，実際上最も大きくあらわれたのは，第三国の船舶に対する海上経済戦においてである．憲章上の侵略認定や強制措置がない限り従前の戦争状態がありえ，従って中立法の適用があり，第三国は容認義務に拘束されるという議論がしばしばなされたのも，憲章体制下での第三国船舶に対する措置の根拠を

求めてのことであった．これは，中東戦争，印パ戦争やイラン・イラク戦争で武力紛争当事国がとった見解である．米もヴェトナム戦争でこの戦争状態必要説をとり，同戦争が法上の戦争ではないがゆえに第三国船舶への措置を見送った[47]．

2 自衛権による対第三国措置の可能性

　近時，自衛権に基づき第三国船舶への措置を説明する立場が，従来よりも強く主張されていることが注目される．この見解を明示的に表明した最も早い例として知られるのは，1986 年の英政府議会答弁である．英政府は，イラン・イラク戦争で臨検された英船籍船舶との関係で，武力紛争当事国は「固有の自衛権」を行使して，相手方武力紛争当事国に武器を輸送する外国船舶を公海上で臨検し捜索することができると述べた[48]．また，日本の 2004 年の外国軍用品海上輸送規制法も自衛権を根拠とすることを明らかにしつつ，対第三国船舶措置を認めた国内法として知られる[49]．

　自衛権による説明であれば，相手方武力紛争当事国の武力紛争遂行と，第三国船舶の行為の関連の程度を検討する必要が生じよう．第三国船舶が，敵対行為に直接参加するか又は紛争相手国の作戦行動の直接的支援を行っているのであれば，それらへの措置を自衛権に引きつけて説明することがより容易となる．しかし，軍需物資を含むとはいえ単なる物資輸送，すなわち，それ自体武力行使や武力攻撃に該当しない行為を行っているにすぎない第三国船舶について，同様の説明ができるかについては疑問もある．

　これが可能であるとしても，相手方武力紛争当事国の遂行する違法な武力行使と強い関連性が存在すること，すなわち国際違法行為遂行への明確な支援であることの積極的証明が必要であって，そのような関連性が認められる場合に限って措置をとりうることになろう[50]．措置対象たる第三国の受忍義務もここから導く他はなかろう．このようなことから

して，自衛権による対第三国船舶措置は，戦時国際法上の海上捕獲や戦時封鎖と実質的に同じ手続規則を使用するとしても，その法的性格はこれらと異なると認識すべきである．

　もっとも，武力行使の合法性判断は相対的であり，関係国によって異なりうるから，国際違法行為遂行への支援を理由に自国船舶の航行を妨害された国は，自国船舶の行為が違法行為への支援ではないとして受忍義務の存在を否定し，自国船舶防護に必要な措置を講じることが考えられる．自衛権を根拠とした第三国船舶に対する措置の説明には，紛争を第三国にも拡大する契機が孕まれているといえよう．戦時国際法は，中立法とあわせて機能することで，こうした拡大を防止してきたが，自衛権による説明をなせば，かえって紛争拡大を招きかねないという皮肉な結果となる．

Ⅶ　おわりに

　国際法の諸分野や国際社会の変化が，戦時国際法と武力紛争法の連続性にいかなる影響を与えたかを判断することは容易な作業ではない．暴力行為の実効的な規律を最大の目的とするのであれば，戦時国際法と武力紛争法の連続性を最大限維持した方が効果的であるといえようし，実際，武力紛争法は，19世紀後半以来の戦時国際法の諸条約をそのまま現行法として受け入れている．しかし，武力紛争法は，国家間主義を基本とする点で戦時国際法と異ならないが，適用条件において事実主義的基準に一本化した．

　このことから，次の状況が生まれた．まず，法上の戦争とは区別されてきた暴力行為が，武力紛争法の事実主義的な基準によってその適用範囲内に組み込みこまれる可能性が高まった．さらにこれは，武力紛争法適用とは両立し難い法的根拠でなされる暴力行為であっても，その烈度

が武力紛争法の事実主義的基準をも満たす場合にはその適用範囲に入りうることになり，従って，いずれの法が規律するのかという問題を発生させる．慣習法上の自衛権と峻別されてこなかったともいわれる法執行活動がその例である．国家間の暴力行為の応酬に武力紛争法が適用されれば，どちらの当事者の行為であっても一定の範囲で殺傷と破壊が許容されるが，法執行活動ではそのような規則はない．適用される法によって，効果において顕著な相違が生じるだけに，適用規則選定は重大な問題となる．

　他方，事実主義的基準は国家間主義の枠内で適用されるから，非国家的集団の行為は，烈度が高くとも武力紛争法の適用がない．この点では，武力紛争法は，戦時国際法との連続性を強く維持している．しかし，特に2001年の対米大規模テロ事件以降，テロ組織に対する行為を自衛権で説明する議論が改めて生じ，まさにこれに連動して，そこでの武力紛争法適用問題が活発に議論されるようになった．国家間主義を克服して，事実主義的な適用を貫徹するという考え方もありえよう．しかし，テロ組織の行為に国際的武力紛争の規則を適用することは，そのような集団に自決権行使団体と同じような法的地位を与えることにつながり，かかる法的地位の付与は現状では期待できない．従って，適用があるとしても，非国際的武力紛争に係る規則がその本来的適用事態を超えて適用されることがあるに過ぎないであろう．そうであれば，これら規則が対等な当事者の存在を否定することから，自衛権を根拠とし，事態が武力紛争のレベルに達しているといわれても，法執行活動と異ならないという状態が発生する．

　このような二側面からの問題が武力紛争法の適用において生じているが，自衛権行使における武力紛争法適用に関しては，戦争観の転換以来議論されてきたという意味で古典的ともいうべき問題が別途ある．戦時国際法においては論点になりえなかった平等適用問題はその一である．自衛権行使ゆえに武力紛争法上の禁止を解除されることは現実にはあま

りないとはいえ，平等適用の基盤は，戦時国際法におけるそれと比し脆弱であることは改めて認識される必要がある．また，戦時国際法の場合には，それに反しない限りであらゆる破壊が許容されたから，武力行使原因に関する規則の武力紛争中における継続的適用は考えられないことであったが，自衛権行使としてなされる武力紛争では，暴力行為は自衛権行使要件と武力紛争法の二つの側面から法的評価の対象となった．さらに，自衛権行使が主要な武力行使となったことは，武力紛争の当事国と第三国の関係に大きな影響を与えた．平等適用の基盤の脆弱性にしても自衛権行使要件の継続的適用にしても，理論上の重要性はともかく，それらを実際の作戦で意識することはあまりなかったであろう．しかし，第三国に対する措置については，まさにその説明の困難性が実際の遂行上の障害として機能しているといえよう．

注

1 ICRC も，武力紛争犠牲者保護確保のためには，この分野の自己完結性を最大限維持する方が得策であると判断しているように思われる．

2 実際，法上の戦争が観念しえないゆえに戦時国際法ではなく，武力紛争法と呼称を変更すること自体，連続性の否定ではある．

3 但し，武力紛争における自国文民及び文化財並びに自国のそれを含めた環境を保護する規則等のように，国際人道法と呼ぶのが相応しい規則がいくらか存在するのは確かである．

4 無差別戦争観の捉え方について本章では論じないが，これについては，特に，柳原正治，「いわゆる『無差別戦争観』と戦争の違法化——カール・シュミットの学説を手がかりとして——」『世界法年報』第 20 号，2001 年，3-29 頁を見よ．

5 1907 年のハーグ第 3 条約第 1 条は，"hostilités" 開始前の開戦宣言又は条件付開戦宣言を含む最後通牒の通告を求めているが，公定訳 (1912 年条約第 3 号) では，これは「戦争」とされている．

6 *eg.*, B. Simma ed., *The Charter of the United Nations, A Commentary,* 2nd ed., Vol. 1, Oxford UP, 2002, p. 796.

7　ジュネーヴ諸条約共通第2条は，同諸条約が「宣言された戦争又はその他の武力紛争」に適用されるとしているから，戦争宣言があれば暴力行為がなくとも適用可能とも読める．しかし，同諸条約がこれまで適用されたのは，事実において武力紛争が存在する場合に限定されている．なお，同条末文は，「占領が武力抵抗を受けると受けないとを問わず」同諸条約が適用されるとしているが，抵抗の有無にかかわらず軍隊による占領自体が武力紛争を発生させるから，本末文は，事実的な暴力行為の不存在の場面での適用可能性を認めているのではない．

8　誘導弾発射準備の段階で武力攻撃が発生したと仮にいいえたとしても，その時点で武力紛争が始まったとすることはいささか困難であるように思われる．

9　I. Brownlie, *International Law and the Use of Force by States*, Oxford UP, 1963, pp. 367-368.

10　逆のことが武力紛争法適用の終期について生じ，暴力行為が終わった後も一定期間適用のあるジュネーヴ第4条約のような条約がある．

11　*ICJ Reports 1986*, para. 249.

12　ILC 国家責任条文案第50条1項 (a)．

13　行為の集積ないし累積によって武力攻撃を構成するかは，ICJ イラン油井攻撃事件判決やエリトリア・エチオピア請求権委員会の判断でも触れられている．一連の行為があわせて武力攻撃を構成するとしても，時と場所を異にする個々の行為がそれ単独で一定烈度に達しない場合にあわせて武力紛争法の適用される武力紛争とは直ちには見なしがたい場合があろう．

14　武力紛争の存在に関する国家の判断次第であれば，結局，宣戦の通告のような意思表示で開始される場合と実際上変わらなくなることもある．

15　1967年のイスラエル駆逐艦エイラート撃沈事件でエジプトは，自衛権を援用した．D.P. O'Connell, *The International Law of the Sea*, Vol. 2, Clarendon Pr., 1984, pp. 1096-1097.

16　領水に侵入した外国潜水艦に対するスウェーデンの措置に関し，D.P. O'Connell, "International Law and Contemporary Naval Operations," *British Year Book of International Law*, Vol. 44, 1970, p. 58; I. Delupis, "Foreign Warships and Immunity for Espionage," *American Journal of International Law*, Vol.78, 1984, pp. 53, 72 を参照せよ．

17　村瀬信也「武力不行使に関する国連憲章と一般国際法との適用関係——NATOのユーゴ空爆をめぐる議論を手掛かりとして——」『上智法学論集』第43巻3号，1999年，1-41頁．

18　同「国際法における国家管轄権の域外執行——国際テロリズムへの対応——」同，第49巻3・4号，2006年，141-142頁．

19　Cf., B.H. Oxman, "The Regime of Warships under the United Nations Convention on the Law of the Sea," *Virginia Journal of International Law*, Vol. 24, 1984, p. 815.

20　ジュネーヴ第3条約第4条A (3) は，正規軍構成員で「抑留国が承認していない政府又は当局に忠誠を誓つたもの」の捕虜資格を認めており，相手方武力紛争当事者の国家性の承認を要件としていないが，それが実質的に国家的主体であることはやはり要求されよう．

21　古谷修一「国際テロリズムと武力紛争法の射程」村瀬信也他編『武力紛争の国際法』(東信堂, 2004 年) 173 頁.

22　松田竹男「国際テロリズムと自衛権——集団安全保障との関わりの中で——」『国際法外交雑誌』第 101 巻 3 号, 2002 年, 408-411 頁.

23　烈度が十分でなければ，自衛権行使ではあるが武力紛争ではないということになる．

24　不正規部隊派遣が国家による武力攻撃を構成するかについては，ニカラグア事件ICJ判決が「実質的関与」の基準から判断を示しているが (*ICJ Reports 1986*, para. 195)，これと武力紛争法適用のための基準は必ずしも同一ではない．*Prosecutor v. Tadic,* Case No. IT-94-1-T, T. Ch. II, 7 May 1997, paras. 584-608.

25　大規模テロ行為の多発に対応し，この二基準から組み立てられている武力紛争法を再構成しようとする見解には反対が強い．J.P. Paust, "There is No Need to Revise the Laws of War in Light of September 11th," included in *ASIL* Task Force Papers, 2002, available at <http://asil.org/taskforce/paust>.

26　いわゆるテロ関係諸条約では，爆弾テロ防止条約のように「国際人道法の下で武力紛争における軍隊の活動とされている活動であって，国際人道法によって規律されるもの」(同条約第 19 条 2 項) をその適用対象から除外している．

27　ジュネーヴ第4条約第33条．

28　第1追加議定書第51条2項．

29　新井京「テロリズムと武力紛争法」『国際法外交雑誌』第 101 巻 3 号, 2002 年, 530 頁 (注3).

30　アルカイーダの行為の性格に関する米政府の見解についての詳細な分析として，森川幸一「『対テロ戦争』への国際人道法の適用——『テロリスト』の取扱いをめぐる米国での議論と日本の捕虜法制を中心に」『ジュリスト』第 1299 号, 2005 年, 74-77 頁がある．

31　C. Greenwood, "International Law and the 'War against Terrorism'," *International Affairs,* Vol. 72, No. 2, 2002, pp. 307-309; S.D. Murphy, "Terrorism and the Concept of 'Armed Attack' in Article 51 of the U.N. Charter," *Harvard International Law Journal,* Vol. 43, No. 1, 2002, p. 50.

32　アルジェリア内戦中の仏海軍の地中海での自衛権を根拠とした行動のように，外

国への影響は考えられることである．O'Connell, *op. cit., supra* note 16, pp. 37-39.

33 森川，前掲（注30），79頁．第1追加議定書第75条の適用は，同条1項がいうように，同議定書「第1条に規定する事態」に限定される．

34 域外法執行における武器使用の問題点について，村瀬，前掲（注18），145-146頁を見よ．

35 西井正弘「大規模国際テロと国際法」『国際問題』第505号，2002年，3-5頁．

36 *e.g.,* H. Lauterpacht, "The Limits of the Operation of the Law of War," *British Year Book of International Law*, Vol. 30, 1953, p. 206.

37 C. Greenwood, "The Relationship between *ius ad bellum* and *ius in bello*," *Review of International Studies,* Vol. 9, 1983, p. 226; G. Best, *Humanity in Warfare, The Modern History of the International Law of Armed Conflicts*, Methuen, 1983, pp. 314-315.

38 真山全「現代における武力紛争法の諸問題」村瀬他編，前掲（注21），8頁．

39 *ICJ Reports 1996*, para. 105.

40 Y. Dinstein, *War, Aggression and Self-Defence*, 3rd ed., Cambridge UP, 2001, p. 208.

41 Greenwood, *op. cit., supra* note 37, p. 223.

42 P.M. Norton, "Between the Ideology and the Reality: The Shadow of the Law of Neutrality," *Harvard International Law Journal*, Vol.17, 1976, pp. 257-262.

43 Greenwood, *op. cit., supra* note 37, p. 223.

44 *House of Commons Debates,* Vol.23, cols. 29-30 (4 May 1982) and 1030 (13 May 1982).

45 藤田久一、『国際人道法』（新版再増補），有信堂，2003年，46-47頁．

46 同．

47 真山全「海上経済戦における中立法規の適用について」『世界法年報』第8号，1988年，20-26頁．

48 *House of Commons Debates*, Vol. 90, col. 426 (28 Jan. 1986), reproduced in A. de Duttry and N. Ronzitti, *The Iran-Iraq War (1980-1988) and the Law of Naval Warfare*, Grotius Pub., 1993, p. 268.

49 本法（2004年法律第116号）の規定は，実施海域，没収可能物品や仕向地要件等において従前の捕獲法よりも相当に制限的である．

50 ILC国家責任条文案第16条では，他国による国際違法行為への援助がそれ自体違法と評価され，かかる援助を行う国家の責任について規定されている．そのような場合，同案第50条からするならば，武力行使を含まない対抗措置のみが許容されることになろう．このことと武力紛争時の第三国への措置との関係については，森川幸一「国際法から見た新日米防衛協力関連法等」『ジュリスト』第1160号

(1999年), 49-50頁を参照せよ.

第9章
自衛権と海上中立

森田　桂子

Ⅰ　はじめに
Ⅱ　防止義務，避止義務と自衛権
　　1　集団的自衛権との競合
　　2　各国教範
　　3　サンレモ・マニュアル，およびヘルシンキ原則
Ⅲ　容認義務と自衛権
　　1　サンレモ・マニュアル，ヘルシンキ原則
　　2　陸戦との類似性
　　3　イラン・イラク戦争における中立航行の保護
Ⅳ　おわりに

I　はじめに

　自衛権と海上中立というテーマを考察する際，とくに自衛権を援用する主体の観点からは2つの状況を想起することができる．第1には，侵略の被害国が自衛権を援用する状況であり，この被害国が侵略国以外の国々（以下，便宜上「第三国」[1]）に対して自衛の必要に基づき各種の中立義務を課すことができるか，という問題が起こる．第2には，第三国が集団的自衛権に基づき被害国への支援を行う状況であり，この場合には第三国が侵略国から受ける干渉，攻撃を容認しなければならないか，という問題が起こる．

　武力攻撃に対して自衛権が発動された状況では，侵略国と被害国との間に武力紛争が発生する．そして，この武力紛争に対しては，主に陸戦を想定する国際人道法が常に適用される．このことは，ジュネーヴ法の発展も相まって今日ほぼ確立した原則となっている[2]．しかし，武力紛争の交戦国と第三国との間の関係を伝統的に規律した中立法については，今日，国連憲章の下でいかなる範囲で妥当し続けるかという根本的な問題が未だに解決していない．

　中立制度が今日でも完全にすたれたわけではないことは，国家実行をいくつか挙げるだけでも確認することができる．第1に永世中立国は，その地位を維持しながらも国連に加盟し，他の加盟国間で武力紛争が生じたときには厳正に中立の姿勢を示してきた．例えば最後まで国連への加盟を見送り続けたスイスは2002年に加盟を果たしたが，その前の1990年クウェート侵攻の際には，多国籍軍によるスイス領空の飛行を拒否した．反対に，それを許したオーストリアに対しては，イラクが中立義務違反の抗議を行った．スイスの立場は1999年のコソヴォ紛争時のNATO軍に対して，また2003年の第2次イラク戦争時の米軍に対しても繰り返された[3]．第2に，永世中立国でない国についても，武力紛

争に際して中立が選択される事例が今でも存在する．イラン・イラク戦争ではペルシャ湾に海軍を派遣した数々の国——米国，英国，イタリア，オランダ，ベルギー等——が少なくとも表向きは，それぞれ自国の中立的立場を表明した[4]．これらのことからも，国連安保理が当該武力紛争の前後に平和の破壊等の認定を行わないか，または軍事的強制措置を発動しない場合には，今でも大いに中立法が適用される余地があると言える[5]．

これとは逆に，上記の第1次湾岸戦争におけるように，安保理が侵略国を特定して軍事的強制措置を決定したときには，通常，国連加盟国は中立を理由に国連への協力を拒否することができない（国連憲章25条により加盟国は安保理の決定に拘束される）．国連憲章およびそれに基づき採択された安保理決議は，中立法に優先するため（同103条），加盟国はこの状況において中立を選択できない．

ただし，伝統的中立法と国連憲章規定との両立があやうくなる状況は，これ以外の場合にも起こりうる．武力攻撃の侵略国，被害国以外の第三国が集団的自衛権を援用して被害国を助ける場合，第三国は同時に中立的立場に立つことはできない．そのことから，伝統的中立法はもはや妥当しえない，という議論が成り立ちうる．第三国船舶が公海を航行中に交戦国から干渉を受ける場合にも，その旗国が中立を選んでいない場合には交戦国からの干渉を受け入れる義務はない，とする主張もまた同じである．とくにこの海上中立に関しては，イラン・イラク戦争において数多くの第三国船舶が交戦国による干渉や攻撃を受けたことから，現代の武力紛争における中立法の妥当範囲という問題が改めて提起された．

安保理が侵略国を特定せず強制措置を発動しない場合にも伝統的中立法がある程度の修正を受けるのか，武力紛争の交戦国と第三国は相互にどのような権利義務を有するのか，という問題については，未だに統一したルールが作られていない．本章が扱う海上武力紛争についても，1907年のハーグ諸条約，1909年の海戦法規に関する宣言（ロンドン宣言[6]），

1936年の潜水艦議定書以降，非政府間文書以外で一般条約が作成された例はない[7]．1994年の海上武力紛争に適用される国際法サンレモ・マニュアル[8]や，国際法協会（ILA）による1998年海上中立法ヘルシンキ原則[9]は，そうした法典化の遅れを背景に，またイラン・イラク戦争を契機とする海上中立法への関心の高まりに応じて始められた非政府間の法典化の作業であり，いずれも現代に適合した慣習法規則の定式化を目的として行われたものである．これらは各国が武力紛争法教範[10]を改訂する際にも頻繁に参照されており，政府間文書ではないものの大きな意義を持つ文書である．

サンレモ・マニュアルとヘルシンキ原則は，国連憲章が中立法一般に与えた影響に言及するのと併せて，それとは無関係に作用する一部の規則を示していることに共通の特徴を持つ．2つの文書とも「ある国が自らは中立法規則の逸脱が認められると考える場合であっても武力紛争のすべての非当事国に適用される規則」に重点をおいて作成したことを強調する．この中には，第三国が集団的自衛権の行使を選ばない場合をも含む．本章では，このように武力紛争の第三国のとる立場の違いによって適用される中立規則が異なるか，という問題をとりあげたい．この問題は言い換えれば，第三国が明示的には中立を選択していない状況や，場合によっては一方の交戦国を支援しているような状況では，中立を選んだ状況と比べて中立法の適用に違いが生ずるのか，あるいはその立場選択にもかかわらず，または無関係にその国に対して依然として適用される中立法規則はあるのか，あるとすればそれはどの規則か，という問題である．このような問題意識から，本章ではサンレモ・マニュアルとヘルシンキ原則の2つを主に取り上げ，現段階における見解の一致点，対立点を概観し，今後期待される条約化における課題を考えたい[11]．

第2次世界大戦後に起きた武力紛争は，国家間の紛争というより，むしろ内戦，民族解放戦争（または外国の介入による混在型紛争）が多くを占めており，しかもそれらの武力紛争に対しては，一方当事者の拒絶に

よりジュネーヴ法でさえ十分に適用されてこなかった[12]．海上武力紛争についても検討の素材となる事例はそもそも少ない[13]．その限られた海上の事例はすでにサンレモ・マニュアルやヘルシンキ原則の作成時においても詳細に検討されているため，本章ではとくに関連する場合を除いて省略する[14]．以下では，順にまず伝統的中立法の中でも，国連憲章規定との両立性が疑われている防止義務および避止義務を取り上げ，次に国連憲章とは無関係に作用すると主張される容認義務について検討を行う．

II　防止義務，避止義務と自衛権

　国連憲章規定によって最も影響を受けると主張されるのが，伝統的中立法における防止義務（duties of prevention）および避止義務（duties of abstention）の2つである．陸戦にも共通するが，防止義務とは，中立国の領域，沿岸，領海，それらの上空の一方交戦国による使用，または通過を防止することであり，一方交戦国によってそれが侵された場合には実力を行使してでも排除する義務を指す（1907年陸上中立条約，海上中立条約[15]）．避止義務とは，一方交戦国を利するような支援を中立国は控えなければならない義務である．防止義務，避止義務のいずれについても，中立国の側に違反が発生した場合には，それによって不利に立たされた交戦国は復仇措置に訴えることが慣習法上，許されてきた．

1　集団的自衛権との競合
　自衛権が援用される武力紛争においては，武力攻撃を受けた被害国が第三国との間に事前に結んだ防衛条約を根拠に，または被害国の要請に基づいて第三国が自国の領域，港湾，領海の使用，通過を許したり，物資や役務を提供することが考えられるため，一見すると中立法上の防止

義務,避止義務との間で衝突を生じる.ただし,第三国が中立を選択していないならば,その第三国には衝突自体がそもそも起こらない,との議論がありうる.かつての中立法は,厳格な意味での戦争状態が発生した場合,かつ第三国が戦争への不参加を決めた場合には,その第三国を中立国として拘束し各種の義務を課したが,国連憲章の下でそうした状況は一変したからである.第三国はいまや,中立を選ぶことも選ばないことも自由である[16].このような,一方の交戦国を有利に支援し,他方の交戦国を差別的に扱う態度は,すでに戦争の違法化が始まっていた第2次世界大戦中からある実行だが,交戦国と中立国の中間に位置するという意味で「非交戦国[17]」と名付けられた.

2 各国教範

英国教範は,第2次世界大戦を含む多くの武力紛争における「非交戦状態」の実行や,1949年ジュネーヴ捕虜条約[18]や1977年の第1追加議定書[19]における中立国とそうでない国との区別に言及しており,「非交戦状態」を承認した立場と解釈できる(1.421および1.42.3).しかし,防止義務に関して「中立国が交戦国による自国領域の使用をやめさせる意思,能力を持たない場合に,他方の交戦国は自衛権によって中立国領内の敵軍を攻撃することができる.その攻撃が認められるか否かは,*jus ad bellum* の通常の諸規則に従う.」(1.43[20])とする点は,少々不可解である.第三国が正式の中立を選んでいる場合には,*jus ad bellum* に言及する必要はあえてない.交戦国は伝統的な復仇の権利を援用するだけで足りるからである.反対に,第三国が中立を選んでいない場合には,それにもかかわらず防止義務に拘束されるのか,また *jus ad bellum* に条件づけるのであれば侵略の「被害国」にしか適用されないのではないか,という疑問を抱かせる.被害国が第三国の領域を使用するときには,侵略国はその第三国領域内の軍事目標を攻撃できないことになるからである.このように,英国教範は中立諸規則が適用される条件を必ずしも明

確に記述していない．また，英国教範は，安保理が強制行動をとった際に伝統的な中立法が修正されると述べてはいるものの，集団的自衛と中立との関係については触れていない．

　米国教範は，「地域的および集団的自衛取極の下での中立」(7・2・2)と題する項目で次のように記す．「地域的，集団的防衛条約の下で中立の地位を主張し，維持できる可能性は，それらの条約の当事国が武力攻撃の被害国を助ける義務の程度による．それらの条約は，被害国たる他の条約当事国を助ける権利を，助けるべき義務に転換する実際的効果を持つ[21]」．同項脚注は，米国が当事国である集団的安全保障条約が，それぞれ国連の諸原則，目的および／または管轄権に言及し，明示的に承認しているとして，国連憲章103条を引用する．集団的自衛を取り決めた条約は確かに条約当事国間の支援義務を定めており，その根拠は国連憲章51条に由来するものの，直接の国連憲章規定ではないこの種の条約が国連憲章103条によって中立法に優越すると考えるのには無理がある．国連加盟国により行使される自衛権は安保理の判断に服するあくまで暫定的な権利であり，加盟国の独自の判断を国連憲章103条により絶対的に正しいものと正当化することはできない．こうした状況で中立法が適用されないのは，第三国が中立を選択しないという判断をしたからにすぎない．

3　サンレモ・マニュアル，およびヘルシンキ原則

　この防止義務と避止義務は，サンレモ・マニュアルやヘルシンキ原則を起草するときにも論争点の一つとなった．例えばILA海上中立委員会の中でも，一方で，第三国は国連憲章51条の下で被害国を助ける権利があるので，参戦することによって自ら交戦国になるか，あるいは参戦せずに支援にとどめることによって交戦国とならずに中立を逸脱することができる，と主張する者がいた．しかし，この見解に対しては，安保理が認定を行っていない限り，いずれの交戦国が侵略国であるかの判

断は論争的であり，第三国のこのような立場は法的不安定性を招くとの批判が提起された．これに呼応する形で，戦争法の平等適用と同様に中立法も jus contra bellum とは独立に適用されるという者もいた．この見解によれば，集団的自衛権の下では合法な被害国への支援も中立法上は違反にあたるため，当該支援により不利を被った交戦国は，復仇に訴えることができる，という．結局，1994年の中間草案では，こうした問題は，中立法全般と武力不行使原則との関係にかかわるため海上中立委員会の役割を超えていると結論され，すべての第三国に適用されることを想定するヘルシンキ原則の例外として防止義務および避止義務に関する3つの原則が区別された[22]．

　その後の討議でも同様の議論が繰り返された[23]結果，最終的に採択された原則は，例外としての扱いをやめて，サンレモ・マニュアルと同様にすべての国に適用される原則の中に前記の例外規則を含めた．両文書ともこの理由として述べているのは，次のような点である．すなわち，第三国が被害国への支援のために領域，領海の使用を許す場合，当該第三国領域，領海は交戦国の作戦区域の一部となる．仮に第三国が中立を明示的に選ばずに「非交戦国」としての立場をとった場合でも，確かにこの第三国領域は国連憲章2条4項の下で不可侵性を保障されている．第三国には防止義務が課せられないばかりか，主観的には被害国に対して自国の港や領海を使用させているにすぎない．しかし，そうした第三国の立場は，反対の側から見た場合には「侵略国」への支援である．被害国を自認する「侵略国」は当然，第三国領海内の軍事目標を攻撃するであろう．安保理による有権的決定がない以上，当事国の判断は多分に主観的であり相対的である．したがって，第三国が「侵略国」からの攻撃を免れることは事実上できない．第三国は，自国を攻撃する「侵略国」に対して，いくら集団的自衛権を盾に不当性を非難しても，その「侵略国」は第三国の主張に縛られないからである．

　同じ論理を避止義務にもあてはめると，一方交戦国に対する支援を理

由に「侵略国」からは復仇措置を講じられる，という帰結を導く．ただし，この点についても *jus contra bellum* の観点から，被害国への非中立的支援は定義上，集団的自衛であるため武力攻撃を構成しない，という言い方がされるかもしれない．しかし，中立を選んだ場合に比べてはるかに差別的な待遇を自己に加える第三国に対して，中立法が適用されない故に伝統的な復仇を行うことができないという結論を「侵略国」が果たして受け入れるだろうか．

以上述べた問題は，中立法一般に及ぶ根本的疑問が解決されなければ，結論を下すことはできない．本章ではこれ以上の論争には立ち入らず，次に，海上武力紛争，とりわけ海上中立に特有な規則の妥当性について考えることとする．

III 容認義務と自衛権

IIで取り上げた防止義務，避止義務は，被害国を支援するという，その国の立場と深くかかわる故に自衛権との間で両立性に関する深刻な問題を提起したが，それとは異なり中立か非交戦国かを問わないまた別の中立義務が存在する．伝統的に容認義務（duties of acquiescence）とされたもので，中立船籍の商船に対する交戦国の管制を受忍する義務を指す．その管制の程度は当該中立船の具体的行動によって違いはあるものの，着目点が旗国の行う行動[24]ではなく，むしろ船舶そのものの性質，行動におかれる点で前記の2つの義務とは異なる．その違い故に，この容認義務が海上武力紛争のすべての第三国に対して区別なく課されることについては，非交戦状態を提唱する者からでさえ異論は唱えられてこなかった[25]．

海上武力紛争について，この容認義務が問題となる一つの理由は，武力紛争の第三国の船舶は平時海洋法に基づき公海の自由——特定の海上

犯罪の場合を除き，外国から干渉されずに航行する自由——を持つことにある（国連海洋法条約87条）．交戦国による臨検，捜索等の管制は，この公海自由に対する制限にあたるため，中立を選ばない国，または一方交戦国を集団的自衛権に基づき支援する国の船舶に対しても交戦国は干渉を加えることができるのか，言い換えれば，第三国はその干渉措置を受け入れる義務があるのかが問題となりうる．

以下では，この問題に単純に *jus ad bellum* をあてはめてえられる結論をとりあえずの仮説として提示し，それを関係文書等に照らして考察したい．交戦国軍艦による臨検捜索，拿捕の措置は武力の行使を伴うが，武力の行使および威嚇は国連憲章2条4項で禁止されている．第三国が少なくとも中立を公式に表明している場合，両交戦国は伝統的な交戦権に基づき第三国の商船に対して臨検捜索，拿捕等の措置を講じることができる．商船の旗国政府は容認義務の下でこれを受け入れなければならない．他方，中立を選択しない第三国の場合，交戦国軍艦が商船に管制を及ぼす権利はなく，旗国政府は，侵略国からの干渉を受け入れる義務はない（ただし，この場合でも交戦国軍艦の強制的実力行使にさらされる危険は依然として残る）．

1　サンレモ・マニュアル，ヘルシンキ原則

サンレモ・マニュアルおよびヘルシンキ原則は，容認義務について中立国と非交戦国との間に区別を設けなかった．例えばサンレモ・マニュアル113項は，「商船（または民間航空機）が中立国旗を掲げているという事実はその中立性の一応の（*prima facie*）証拠」にすぎないとして，交戦国はその真の性格を識別するために臨検捜索の権利を持つこと，その結果判明した当該船舶の敵性に応じて交戦国は，さらに拿捕や攻撃を行うことができることを認めている．これは，少なくとも捕獲に関する限り，伝統的な海上中立法規則が適用されること，かつそれが旗国の当該武力紛争に対する立場とは無関係であることを意味する．この「海上

中立法の多くの部分は『好意的』中立と厳格な中立との間の区別になじまない，たとえ商船の旗国が（中立ではなく）非交戦国としての差別的立場をとったとしても，それは船舶（または航空機）の地位にほとんど意義をもたない」（113項解説）という点は，サンレモ・マニュアルを審議したラウンド・テーブルの過程で早くから合意されていた点である[26]．

また中立船が攻撃される条件についても，サンレモ・マニュアルとヘルシンキ原則はほとんど共通の規定をおいた．以下は，サンレモ・マニュアル67項からの引用である（ヘルシンキ原則5・1・2[攻撃からの保護]はほぼ同文．各国教範についても同様である．1997年の米国教範7・5・1[27]は67項に類似し，英国の最新版教範は同項の条文をそのまま採用した（13.47））．

> サンレモ・マニュアル67項
> 中立国の旗を掲げる商船は，以下の場合を除いて攻撃されない．
> (a) 戦時禁制品を輸送し，または封鎖を破るか，事前の警告を受けた後に意図的かつ明白に停船を拒否するか，臨検捜索，拿捕に抵抗していると信ずる合理的理由がある場合
> (b) 敵に代わって敵対行為を行う場合
> (c) 敵軍隊の補助艦として行動する場合
> (d) 敵の情報システムに組み込まれているかまたはそれを助ける場合
> (e) 敵の軍艦または軍用機の護送の下で航行する場合
> (f) 敵の軍事行動——例）軍需物資を輸送——に効果的な貢献をする場合で，かつ攻撃する側の軍隊が始めに乗組員および乗客を安全の場所におくことが不可能な場合．状況が許さない場合を除き，彼らには航路の変更，積み卸し，または他の予防措置をとることができるよう事前の警告を与えなければならない．

このような商船に関する敵性の有無は，伝統的に「非中立的役務」(unneutral service) の概念で捉えられてきた[28]．この語が初めて多国間の国際文書で登場したのは1909年ロンドン宣言であるが，その46条[29]は，中立船が重度の非中立的役務に従事した場合，その掲げる中立旗にもかかわらず，敵商船と同じく破壊の対象になりうることを認めていた．この46条はその後若干の修正を加えられながらも現在に受け継がれており，上に引用したサンレモ・マニュアルの規定もその慣習法的効力については広く意見の一致が見られる[30]．このような非中立的役務の理論の基礎にあるのは，交戦国に提供される役務（service）のうち，中立船によって自発的に与えられるものだけが対象とされることである（反対に，強制による場合非中立的役務は成立しない[31]）．その内実は，中立船の旗国自身の行為でないことは勿論のこと，自国民によるその種の行動に対して旗国が制限を及ぼすことを要求されていないか（交戦国との間の商業活動），または性質上，制限を及ぼし得ないか（交戦国に対する敵対行為）によっていかなる意味でも旗国に帰属しない行為であることである．旗国である中立国が登場するのは，非中立的役務に従事したために自国船舶が交戦国により拿捕，破壊された後であり，しかもそれらの措置に対して異議を唱えることはできない．こうした伝統的中立法における容認義務は，現代でも効力を維持しているという．

2 陸戦との類似性

海戦において，上記の場合に交戦国が中立船を攻撃することができる根拠を別の角度から考えた場合，陸戦とのある種の共通性を見いだすことができる．陸戦においても，中立国籍の文民が交戦国軍に対して敵対行為を行った場合には，その文民は中立を主張することができず攻撃を免れない（陸上中立条約17条．但し，1949年文民条約では中立国民を「文民」から除外）．1977年のジュネーヴ諸条約に対する第1追加議定書の51条3項も「文民は，敵対行為に直接参加していない限り，この部（敵対行

為の影響からの一般的保護）の規定によって与えられる保護を受ける．」と規定しているように，敵対行為に直接参加した個人は，その本国が中立を選んだかどうかとは無関係に，その者の行った行為によって保護を失うのであり，本国はそれに対して抗議をすることはできない．同様に，民用物は陸戦において敵の戦争努力への貢献度により軍事目標となる．

　人が自由に移動可能であるのに比べて物はそうでないから，交戦国領域において中立国に属する民用物が軍事的貢献度を理由に攻撃対象となる可能性は，中立国籍の文民のそれに比べて低いかもしれないが，この人と物のいずれについても，本国たる中立国が自国民や民用物に対するこの種の攻撃を受忍しなければならないのは，その者が戦闘員資格を持たないにもかかわらず敵対行為に従事した[32]，また物については交戦国に軍事的に貢献したという事実だけに基づくのであり，本国の中立的立場を援用して攻撃の責任を追及することはできないであろう．

　海戦においてもこれと同じ考え方が妥当する．中立船が直接，交戦国軍艦に対して敵対行為を行った場合に保護を喪失することは，ロンドン宣言，オックスフォード・マニュアルでもすでに認められた規則である．またその他の非中立的役務に関しても，陸戦における「機能的目標選定基準」が現代の海戦法規にも導入されたことによって，商船がこの軍事的貢献度の基準に該当した場合には，交戦国による合法的な攻撃目標になる[33]．これらの基準で攻撃対象とされた中立船が，自らの犯した非中立的役務を脇において中立性を主張しても，攻撃からの保護を要求することはもはやできないであろう．またその中立船の旗国が，やはり中立性を主張して，攻撃の不当を非難することもまた難しいであろう．

　臨検捜索は，こうした商船の敵性を判断するために不可欠な措置である．海戦において，虚偽の国旗の利用は禁止されていないし，船舶の国籍ないし所有権は，交戦国からの拿捕，攻撃を逃れる目的で，転籍，チャーター等の手段により詐称されることがある[34]．この場合，商船が実際に行う非中立的役務と，その商船が掲げる国旗は，直接には結びつか

ない．そのため交戦国は外形的に示される国旗のみでは真の性格を識別することができない場合がある．したがって，臨検捜索が行われる際に中立国と非交戦国との間で区別をするという考え方は説得的でないように思われる．

　さらにこの考え方を推し進めるのがドイツの教範である．伝統的に中立国民が，交戦国との間で行う商業活動を防止する義務は，中立国政府には課せられてこなかった（陸上中立条約7条）．そのため，その商業活動を遂行するための中立航行は，国家に帰属しない純粋に私人の行動とみなされ，それに対して交戦国は捕獲措置を講ずることができた．しかし，いまや，私人の経済活動は国家の許認可に服するものと変質した．そのため，私人による交戦国への物資の輸出は，国家に帰属する活動と見るほうがむしろ適当であると言える．こうした独教範の考え方（1112項[35]）に従えば，私人の商業活動に対する本国の規制は，今日，交戦国への支援を禁じた避止義務の一つとして再構成されたことを意味する．そして，このことは海上中立における捕獲措置にも事実上，大きな影響を与えている．中立を選択しない非交戦国船籍の商船が，一方交戦国への輸出のために物資を積んでいる場合，それは当該船舶自身の非中立的役務を超えた，旗国自身に帰属する非中立的行動に他ならない．そうなると，防止，避止義務の箇所で論じたように，差別的待遇を受けた交戦国はそれを受け入れる義務がなく対抗措置に訴えることが可能か，という同種の問題が起こりうる．

3　イラン・イラク戦争における中立航行の保護

　最後に海上中立が議論の大きな焦点となったイラン・イラク戦争を取り上げたい．イラン・イラク戦争では，公式に中立を表明した国も含めて多くの第三国船舶が両交戦国による干渉や攻撃にさらされた．とくに米国はこうした中立航行への攻撃をイランによる武力攻撃とみなして，自衛権を援用してイラン沿岸のオイル・プラットフォームを攻撃，破壊

した．戦争終結後，イランからの提訴によりこの問題は国際司法裁判所に付託されたが，イランは一部，海上中立に関する議論を提出したので，これを見ることにより，交戦国による中立船への「攻撃」（と米国は主張）の意味，その正当性を考察してみたい．なお，安保理はイラン・イラク戦争に対して強制措置を発動する等の措置を講じていない．戦争末期の1987年に安保理決議598[36]が「両交戦国の間に平和の破壊が存在する」としたときでさえ，侵略国が特定されることはなかった．

以下，イランによる主張を3つの観点から簡単に述べる．

(1) 合法的な交戦権の行使

イランの主張は概略して次のような内容であった．イランが行ったと主張される（実際はイラクに責任がある被害例を除き）いわゆる「攻撃」の事例はすべて，伝統的な交戦国の権利に基づき行われた管制措置である．イランが行ったのは，合法的な臨検捜索であり，敵性を有する船舶に対する合法的な拿捕である．とくに，商船が戦時禁制品を輸送しているか，臨検捜索に抵抗するか，またはその他の非中立的役務についている場合には，商船は攻撃からの保護を失う．このことは米国教範[37]でも承認された権利である．イランはこれらの措置を自衛措置の一環として行い，自衛権が合法であるための諸要件にも適合する方法で実施した．実際に，イランのこのような措置は他国によって承認されたという[38]．

イランが自ら引用したように，確かに英国は，イランによる臨検捜索の権利を条件付きではあるが承認した[39]．ちなみに英国は公式に中立を表明したうちの一国である[40]．

> 英国は公海における航行の自由という一般原則を支持する．しかしながら，イランのように武力紛争に積極的に従事する国は，国連憲章51条の下で固有の自衛権を行使することによって，公海上の外国商船を臨検捜索に従わせることができる．ただし，それは当該商

船が敵による使用のために武器を輸送していると疑うべき合理的理由がある場合に限られ，例外的な権利である．

他方，米国は自国船や，自国船籍に転籍したクウェートのタンカーを護送する等によって，イランによる臨検捜索を妨害した（このような転籍についても疑義が提起されたがここでは検討を省略する）．

(2) 多数の国による中立違反

イランによれば，ほとんどの国はイラクを支援し，中立義務に違反したと主張された．イランの近隣諸国の中で，その最たる国がクウェートおよびサウジアラビアであった．両国は政治的，経済的援助をイラクに与えた上に，領域，港，その上空のイラクによる使用を許した．これによってフランスや旧ソ連から送られる軍事物資の輸送が容易となった[41]．

これらの2カ国にバーレーン，オマーン，カタール，UAEが加わって提案され採択された安保理決議552[42]も，「クウェート，サウジアラビアの港を出入りする商船に対するイランの攻撃が地域の安全および安定性に対する脅威を構成し，国際の平和および安全に対して深刻な意味を持つ」(前文)，また「国際水域や，紛争非当事国の沿岸航路における自由航行の権利を尊重するよう要請する」として，イランのみを不当に非難した．

最大のイラク支援国である米国は，外交，政治，経済，軍事面において広範な支援を与えた．反対に自国イランに対しては，米国単独による経済制裁を実施し，イランによる船舶への交戦権の行使を護送等により妨害した．侵略国であるイラクを支援する米国の姿勢に鑑み，被護送商船が，戦時禁制品や敵貨を輸送していないという米国の保証をイランは受け入れることはできない．

(3) 米国による「自衛権」の主張の正当性

米国が主張するところの被害事例は，ほとんどイランに責任のないものばかりであるが，イランが行ったいわゆる「攻撃」は，いずれも合法的な交戦権の範囲で行われたものである．同じく強制力の行使でも，国連憲章第7章の下の強制措置が合法的な権利行使であって武力攻撃ではないのと同じように，イランの措置も武力攻撃には該当しない．反対に米国は，イランの領域，領空，イランの設定した排除水域を繰り返し侵害し，イランの航空機や船舶を迎撃した．イランによる武力攻撃が存在しない以上，米国による自国への攻撃は正当な自衛権の行使ではなく，武力復仇である[43]．

(1) 〜 (3) をまとめると，以下のことをイランの主張の結論として導くことができよう（交戦国，中でも「被害国」の側から見た海上中立義務の行使の許容範囲に考察を絞るため，イランの主張の真偽には立ち入らない）．中立航行に対する各種の干渉措置は，自衛権を発動するイランが伝統的な臨検捜索として加えたものである．それ以上の拿捕等の措置もまた同様である．イランは，海上中立規則に従ってそれらの措置を講じたと主張した．中立を表明した英国は，イランのこのような主張を擁護する立場をとった．

公式に中立を表明した国も含めて多くの国が実際にはイラクを支援した．しかし，中立国とそれ以外の国との間で，イランは区別を設けずに管制措置を講じた．クウェートやサウジアラビアは，公式に中立を宣言した国ではなかったが防止義務や避止義務に違反する形でイラクに対して公然と支援を与えた（管制を逃れる目的の違法な転籍については容認義務違反もかかわってくる）．こうした非中立的態度は，両国の船舶の敵性を判断する際にも大きな影響を与えたに違いない（両国籍の船舶が非中立的役務についているとの推定が高まる）[44]．

米国に関しては，表向きには中立を宣言していたにもかかわらず，やはり公然とイラクを支援した以上，その中立違反に対する責任は重大で

ある．米国は，違法な方法でイランによる交戦権の行使を妨害したばかりでなく，イランに対して直接的に武力を行使した．こうした状況で米国が中立国としての地位を維持するのは難しく，むしろ武力紛争に加わった一当事者として見るほうが適当である．

IV おわりに

海上中立法の中でも，交戦国が中立国商船に対して臨検捜索，拿捕等の管制措置を講じる容認義務に関しては，サンレモ・マニュアル，ヘルシンキ原則を起草，審議した者のすべてが，現代における妥当に合意することができた．これは，交戦国によるそれらの管制措置が，もっぱら中立船自体の性質や行動——非中立的役務の有無——によって決定されたからであり，旗国自身の非中立的行動とは切り離して判断されたからであった．

ところが，防止，避止義務については，中立法一般に通ずる非交戦状態の位置づけについて見解の対立が見られたことから，結論は先送りされた．したがって，海上中立法にかかわるこの部分の規則は一応は両文書に明記されたものの，今後どのような扱いを受けるかによって全く違う内容に転じる可能性も残されていると言えよう．このような見解の違いは，1945年以降の国家実行の評価にもあらわれている．ある者は，「中立義務を逸脱する非交戦状態は，国際慣習法化するには至っていない[45]」と論じるが，他の者は「永世中立国以外で中立法が適用された国家実行はほとんどない[46]」と主張する．

このことと併せて指摘できるのは，一方の交戦国を支援した第三国によって集団的自衛権が援用された例もまたない，という点である[47]．イラン・イラク戦争でも米国は，表向きは中立国である建前を崩さずにイラクを支援したし，イランに対して攻撃を加えた際もその根拠はイラン

の米国に対する武力攻撃におかれた．援用されたのは個別的自衛権であり，集団的自衛権ではなかった．第三国の中立義務と集団的自衛権との競合は，まだ理論的な問題にとどまっており，テスト・ケースは存在しないということになる．それでは，明示的に集団的自衛権を援用しない第三国が，交戦国間に差別を設ける場合，この第三国はその非中立的行動を集団的自衛権によって正当化することはできるのだろうか．このことは，とくに第三国が武力を行使しない場合に問題となりうる．集団的自衛権の行使形態が武力行使を伴うものに限られる場合には，第三国は自らの行動を正当化する根拠を見つけにくくなるからである[48]．

　このように第三国が非中立的，差別的行動を正当化する根拠を必要とする1つの理由は，伝統的な中立法が，中立義務に違反した中立国に対する復仇の権利を交戦国に認めていたことに関係する．中立法がかつて適用される条件であった戦争状態は，国連憲章の下では確かにほぼ消滅した．しかし，戦争法の適用が現代でも侵略国と被害国との間で差別しないという平等適用の原則は中立法にも同様にあてはまる，という意見は根強く見られる．とくに安保理による有権的な侵略国の特定がなされない場合に，*jus ad bellum* のレベルでは，両交戦国は双方とも自衛を主張するため，侵略国または被害国の認定は，あくまで主観的で暫定的なものにならざるをえない．こうした状況について，交戦国と第三国との関係を中立法によって規律するという提案は，紛争の限定化を適用趣旨とする中立法の観点からも非常に納得のいくものに思われる．

　本章は，海上中立法からのアプローチを採った上で，自衛権を援用する被害国が第三国に課す海上中立義務の問題を中心に検討した．ただし，侵略国が第三国に課す措置は *jus ad bellum* に基づく制約を受けるのかなど，*jus ad bellum* の観点から生ずる問題については十分に検討できなかった[49]．現代における中立のあり方を考えたとき，中立法を武力紛争の発生と同時に自動的に適用すべき理由は見当たらないし，そう主張された事例も存在しない．しかし一方の交戦国を支援し，他方を差別的に取

り扱う根拠を集団的自衛権に求めるとしても，それはあくまでそのときの主観的な判断にしかすぎない．武力紛争の終結した後で，自己が支援した国が実は侵略国であったと認定された場合には，第三国自身もそれ相応の責任を負うことを理解し，その上で武力紛争の最中における態度（この中には中立も含む）が決定されてしかるべきと考える[50]．

注

1 後述のように，中立義務を逸脱して交戦国を支援するテクニカルな意味における「非交戦国」との区別の観点から，本章では「第三国」という語を採用した．また，この第三国の支援の程度によっては，侵略国と被害国との間の武力紛争へ参加したとの疑義が生じることもある．この場合，第三国は武力紛争の当事国たる地位を取得したことになるため，「非当事者」という語も避けた．

2 1949年の戦争犠牲者の保護に関するジュネーヴ諸条約共通2条，1977年の国際的武力紛争の犠牲者の保護に関する追加議定書（第1追加議定書）1条.

3 Swiss Neutrality in Practice-Current Aspects. Report of the Interdepartmental Working Group of 30 August 2000; Neutrality under Scrutiny in the Iraq Conflict, Summary of Switzerland's Neutrality Policy during the Iraq Conflict in response to the Reimann Postulate (03.3066) and to the Motion by the SVP Parliamentary Group (03.3050) 2 December 2005.

4 各国の中立的立場の意思表明は次の文献における各国コメンタリーを参照．Andrea de Guttry and Natalino Ronzitti, ed., *The Iran-Iraq War (1980-1988) and the Law of Naval Warfare* (Grotius Publication Limited, 1993).

5 ただし，安保理による侵略国の認定，それに引き続く強制措置の発動がない故に中立の余地がある，という論理が常に当てはまるわけではない．イラン・イラク戦争における米国の場合は，イラクを侵略国として認めさせず，中立の名目を保つことによって両交戦国を弱体化させることに真の狙いがあったとも言われる．この点は，国際司法裁判所におけるオイル・プラットフォーム事件においてイラン側から提起された．

6 Declaration Concerning the Laws of Naval War, Signed at London, 26 February 1909.

7 オックスフォード海戦法規マニュアル The Laws of Naval War Governing the Relations between Belligerents. Manual adopted by the Institute of International Law

(Oxford Manual of Naval War) Adopted at Oxford, 9 August 1913 ; 海空戦における中立国の権利義務に関するハーバード条文草案 Rights and Duties of Neutral States in Naval and Aerial War. Research in International Law, *American Journal of International Law*, Vol. 33, Supplement (1939).

8 International Institute of Humanitarian Law, *San Remo Manual on International Law Applicable to Armed Conflicts at Sea,* Prepared by International Lawyers and Naval Experts convened by the IIHL, edited by Louise Doswald-Beck (Cambridge University Press, 1995). 邦訳は竹本正幸監訳，安保公人・岩本誠吾・真山全訳『海上武力紛争法サンレモ・マニュアル解説書』（東信堂，1997年）．

9 国際法協会（ILA）海上中立法ヘルシンキ原則 "Helsinki Principles on the Law of Maritime Neutrality," Final Report of the Committee on Maritime Neutrality International Law Association, *Report of the 68th Conference, Taipei Conference*, 30 May 1998, pp. 496 et seq.

10 Annotated Supplement to the Commander's Handbook on the Law of Naval Operations, NWP 1-14 M, *International Law Studies*, Vol. 73 (1999), Part II Law of Naval Warfare; The UK Ministry of Defense, *The Manual of the Law of Armed Conflict* (Oxford University Press, 2004), Chapter 13 Maritime Warfare.

11 2つの文書はいずれも非政府間文書ではあるが学問的にとどまらない価値を持つ．作成にかかわった専門家には自国のマニュアルの執筆，編集，助言にも携わった者も多く，各国の実行にも密接な関連を有しているからである（イラン・イラク戦争に関する ICJ オイル・プラットフォーム事件で弁護人を務めた例もある）．

12 藤田久一「内戦と1949年ジュネーヴ条約——捕えられた戦闘員の法的保護を中心に——」『国際法外交雑誌』71巻2号（1972年）24～67頁．

13 例えば植民本国と叛徒との間の武力紛争において，一方の側による海上交戦権の行使が第三国によって拒否された場合にその根拠が「*jus in bello* が適用される国家間武力紛争がそもそも発生していない」ことにあるならば，その事例は適当な判断材料にならない．

14 日本での先行研究としては以下のものを参照．真山全「第二次大戦後の武力紛争における第三国船舶の捕獲」(1)～(2・完)『法学論叢』118巻1号（1985年）68～96頁，119巻3号（1986年）75～94頁；新井京「国連憲章下における海上経済戦」松井芳郎・木棚照一・薬師寺公夫・山形英郎編『グローバル化する世界の法の課題—平和・人権・経済を手がかりに—』（山手治之先生喜寿記念）（東信堂，2006年）127～159頁．

15 正式名称はそれぞれ，陸戦ノ場合ニ於ケル中立国及中立人ノ権利義務ニ関スル条約，海戦ノ場合ニ於ケル中立国及中立人ノ権利義務ニ関スル条約．

16 Dietrich Schindler, "Transformations in the Law of Neutrality since 1945," in Astrid J.

M. Delissen and Gerard J. Tanja, eds., *Humanitarian Law of Armed Conflict. Challenges Ahead. Esssays in Honour of Frits Kalshoven* (M. Nijhoff , 1991), p. 373.

17　この表現としては 'Benevolent neutrality,' 'qualified neutrality,' 'non-belligerency' がある．

18　4条（B）2および122条「中立国または非交戦国」(neutral or non-belligerent Powers).

19　9条2項(a)，19条および31条「中立国その他の紛争当事国でない国」(a neutral or other State which is not a Party to that conflict).

20　UK MOD, *supra* note 10, p. 20.

21　U.S. Navy, *supra* note 10, p. 370.

22　ILA, *Report of the 66th Conference, Buenos Aires Conference*, 1994, pp. 574-575.

23　例えば以下の委員から，支援を行った第三国に対して交戦国が合法的な対抗措置に訴えることができると主張された．Sir Franklin Berman (British Branch), Prof. Alfred Rubin (American Branch) ILA, *Report of the 67th Conference, Helsinki Conference*, 1996, pp. 392-393.

24　U.S. Navy, *supra* note 10, p. 386, n. 112.

25　Dietrich Schindler, Commentary, in Natalino Ronzitti, ed., *The Law of Naval Warfare. A Collection of Agreements and Documents with Commentaries* (M. Nijhoff, 1988), p. 214.

26　サンレモ・マニュアルの起草にあたり，ラウンドテーブルで提出された報告書の中では，以下のものが海上中立に関する論点を扱った．とくに前者は，本文で述べた点を議論の出発点として提起した．Wolff Heintschel von Heinegg, "Neutrality and Non-Belligerency. Possible Impacts on the Round Table's Draft Harmonised Text,"; Christopher Greenwood, "The Effects of the United Nations Charter on the Law of Naval Warfare," papers presented at the Round Table of Experts on International Humanitarian Law Applicable to Armed Conflicts at Sea organized by the San Remo International Institute of Humanitarian Law.

27　7・5・1[敵国の軍艦または軍用機としての性格の取得] 中立国の商船および民間機が次の行為のうちの一に従事すれば，敵性を取得し，交戦国によって敵国の軍艦および軍用機として取り扱われる．

　1，敵国の側に立って，敵対行為に直接参加する．

　2，敵国軍の海軍または陸軍の補助艦，補助航空機としての立場で行動する．

28　1913年のオックスフォード海戦法規マニュアルの仏語正文では，"assistance hostile" の語が採用されたため，従来から日本でも「軍事的幇助」という訳語が用いられてきたが，「最も重要な特徴を言い表す言葉としては "unneutral service" が

ふさわしい」．この見解に基づき本章でも「非中立的役務」の語を用いる．Norman Hill, "The Origin of the Law of Unneutral Service," *American Journal of International Law*, Vol. 23 (1929), pp. 66–67.

29　(1) 敵対行為に直接の参加を行った場合，(2) 同乗する敵国政府官吏の命令または管理の下におかれる場合，(3) 敵国によりもっぱら用いられる場合，(4) 敵国軍隊の輸送，または敵国の利益になるような情報の伝達にもっぱら従事する場合の4つである．

30　オックスフォード・マニュアル 49 条では，病院船，カーテル船，宗教，科学，人道上の任務につく船舶，沿岸漁船および沿岸通商用船舶，安導券を備えた船舶がいかなる方法であれ，敵対行為や非中立的役務を行った場合における保護の喪失を規定．海空戦における中立国の権利義務に関するハーバード条文草案では第 7 部に非中立的役務を扱う．

31　John Colombos, *The International Law of the Sea* (Longmans, 1962), p. 670.

32　このように戦闘員資格を欠く者が敵対行為を行った場合，その者は中立国籍か否かとは無関係に一律に「不法戦闘員」(unlawful /unprivileged combatants) と分類される．

33　真山全「海戦法規における目標区別原則の新展開」『国際法外交雑誌』95 巻 5 号 (1996 年) 1 〜 40 頁，96 巻 1 号 (1997) 25 〜 57 頁．

34　Wolff Heintschel von Heinegg, "The Protection of Navigation in case of Armed Conflict," *The International Journal of Marine and Coastal Law*, Vol. 18, No. 3 (2003), pp. 401 et seq.

35　Michael Bothe, "The Law of Neutrality," in Dieter Fleck, ed., *The Handbook of Humanitarian Law in Armed Conflicts* (Oxford University Press, 1995), pp. 497–498.

36　Security Council Resolution 598 (1987) of 20 July 1987.

37　International Court of Justice, *Oil Platforms* (Islamic Republic of Iran v. United States of America) Memorial submitted by Iran, 8 June 1993, p. 111, para. 4, 59. イランがここで引用した米国教範は，現在の版より1つ前のNWP-9 であるが内容は同じである．イランが引用した敵性取得に関する項は，現在の版 (1997 年) では 7・5・2 [敵国の商船または民間機としての性格の取得] である．：中立国の商船および民間機が次の行為のうちの一に従事すれば，敵性を取得し，交戦国によって敵国の商船および民間機として拿捕される．1，直接的に，敵国の統制，命令，傭船，雇用，指令の下で行動する．2，臨検，捜索を含む識別の確定の企図に抵抗する．同教範はさらに 7・10 [中立国の船舶および航空機の拿捕] の項で交戦国が中立国商船を拿捕しうる場合を以下のように定める．1，識別の確定の企図の回避，2，臨検および捜索に対する抵抗，3，戦時禁制品の輸送，4，封鎖侵犯またはその未遂，5，不正規のまたは虚偽の船舶書類の提示，必要な船舶書類の欠落または船舶事類の破棄，損

傷ないし隠蔽，6，交戦国が設定した規則の海軍作戦の直近水域における違反，7，敵国の軍務または公務についている人員の輸送，8，敵国のための情報の通信．ただし，サンレモ・マニュアルでは 146，153 項で中立船（航空機）が拿捕される条件を規定する．

38　*Ibid.*, pp. 110–113, paras. 4.57–4.59, 4.62.

39　Answer by the Secretary of State for Foreign and Commonwealth Affairs, 28 January 1986, in de Guttry and Ronzitti, ed., *supra* note 4, p. 268; Answer, 15 February 1988, in *ibid.*, p. 284.

40　Answer by the Lord Privy Seal, 7 July 1981; Answer by the Secretary of State for Foreign and Commonwealth Affairs, 22 December 1982, in *ibid.*, pp. 258–259.

41　Iran Memorial, Vol. I, pp. 22–23, paras. 1.45–1.48.

42　Security Council Resolution 552 (1984) of 1 June 1984.

43　Iran Memorial, pp. 117–118, paras. 4.77–4.79.

44　イランは，両国の差別的中立の態度は両国籍商船が敵性を取得して保護を失う根拠となったとも主張し，自国による攻撃を正当化した．von Heinegg, *supra* note 26, p. 15.

45　*Ibid.*, p.11; Bothe, *supra* note 35, p. 486.

46　Schindler, Commentary, in Ronzitti, ed., *supra* note 25, p. 212.

47　von Heinegg, *supra* note 26, p. 10.

48　Andrea Gioia, "Neutrality and Non-Belligerency," in Harry H.G. Post, ed., *International Economic Law and Armed Conflict* (M. Nijhoff, 1994), pp. 65–66, n. 48．武力行使に至らない形態の支援もありうるとの見解もある．Ian Brownlie, *International Law and the Use of Force by States* (Oxford University Press, 1963), pp. 403–404.

49　Christopher Greenwood, "The Applicability of International Humanitarian Law and the Law of Neutrality in the Kosovo Campaign," in *idem*, *Essays of War in International Law* (Cameron May, 2006), pp. 651–653.

50　本章では扱わなかったが日本に生ずる問題を論じたものとして，以下を参照．真山全「海上中立と後方地域支援」『ジュリスト』1279 号（2004・11・15 号）20 〜 30 頁．

第10章
憲法上の自衛権と国際法上の自衛権

浅田　正彦

　　Ⅰ　はじめに
　　Ⅱ　先制的自衛
　　　　1　日本の立場　　2　評価
　　Ⅲ　マイナー自衛権
　　　　1　日本の立場　　2　評価
　　Ⅳ　公海上の自国船舶の保護
　　　　1　日本の立場　　2　評価
　　Ⅴ　在外自国民の保護
　　　　1　日本の立場　　2　評価
　　Ⅵ　対テロ自衛
　　　　1　日本の立場　　2　評価
　　Ⅶ　おわりに

I　はじめに

　戦後日本における自衛権論議は，「日本はそもそも自衛権を有しているのか」という点から出発して，「有しているとすればいかなる範囲で有しているのか」という点の議論にほぼ終始してきた．いうまでもなくその根底には，憲法の存在があった．
　帝国議会における憲法案審議の当初においては，自衛権の存在を否定するかのような吉田発言もあったが，日本が自衛権を有することは程なく確認された．こうして自衛権の存在が確認されると，ではいかなる場合に日本は自衛権の発動として武力を行使できるのかという自衛権の要件が問題となってくる．この点は，1954年の国会において，「自衛権発動の三要件」として政府によって明示され，それが今日に至るまで一貫して維持されてきている．この三要件を改めて整理した1985年9月27日の衆議院提出の「答弁書」によれば，

> 憲法第九条の下において認められる自衛権の発動としての武力の行使については，政府は，従来から，①我が国に対する急迫不正の侵害があること，②これを排除するために他の適当な手段がないこと，③必要最小限度の実力行使にとどまるべきこと，という三要件に該当する場合に限られると解しており，これらの三要件に該当するか否かの判断は，政府が行うことになると考えている[1]．（傍点引用者）

とされる．
　そして，この「自衛の三要件」から，今日まで続く「日本は国際法上集団的自衛権を有しているが，憲法上行使できない」いう日本政府の集団的自衛権論が導き出される．この見解を前提とすれば，集団的自衛権

の行使は認められないのであるから，日本による自衛権の行使は，個別的自衛権のみに限られるということになる．そうであれば，日本は個別的自衛権をいかなる場合に行使できるのか，という具体的な個別的自衛権の要件論が検討されなければならないということになろう．

そこで本章では，個別的自衛権（以下，「自衛権」とは基本的に個別的自衛権を指す）に焦点を当てて日本政府の立場を同定し，それを国際的な学説・実行（判例を含む）に照らして検討することによって，その評価と位置づけを試みることにしたい（したがって自説の本格的な展開は行わない）．より具体的には，「自衛の三要件」のうちの第一の要件である「我が国に対する急迫不正の侵害」との関連で，それは，①先制的自衛を容認するものであるか，②武力攻撃以外の法益侵害に対する自衛権の行使を認めるものであるか，③公海上の自国船舶の保護や④在外自国民の保護のための武力行使を容認するものであるか，⑤テロリストによるテロ攻撃に対して自衛権の行使を認めるものであるか，について検討する．①は自衛権行使の時間的な側面に，②はその量的・質的な側面に，③④はその地理的・空間的な側面に，⑤はその対象（客体）に関連するものである．なお，各種答弁において示される行政解釈は，基本的に，内閣法制局および防衛庁によるものは憲法上の，外務省によるものは国際法上の解釈と考えることができる．

検討に先立って，理解の便のために，関連する主要な概念の日本政府による定義を掲げておこう．まず，憲法上の「自衛の三要件」は上に示したとおりであるが，そのうちの「我が国に対する急迫不正の侵害」とは，「我が国に対する武力攻撃の発生」をいうものと考えられている[2]．そして関連国内法（武力攻撃事態法第2条など）に定める「武力攻撃」とは，「国又は国に準ずる者による組織的，計画的な武力の行使」をいうものとされる[3]．

他方，国際法上の概念についていえば，一般国際法上の自衛権行使の要件は，憲法上の「自衛の三要件」とほぼ同じ①「国家又は国民に対す

る外部からの急迫不正の侵害があること」，②「これを排除するのに他に適当な手段がないこと」および③「必要最小限度の実力の行使であること」が列挙される[4]．また，国連憲章上の自衛権として，国連憲章第51条にいう「武力攻撃」とは，「一般に，一国に対する組織的計画的な武力の行使」をいうものと定義される[5]．

　以上の定義からは，①一般国際法も憲法も共に「急迫不正の侵害」を自衛の要件としていること，②国連憲章も憲法も共に「武力攻撃」を自衛の要件としていること，が導かれる．これを素直に受け取れば，一般国際法上の自衛権も国連憲章上の自衛権も共に「武力攻撃」を要件とする，という一般的な理解とは異なる結論が導かれることになる．したがって，一般国際法上の自衛の要件と国連憲章上の自衛の要件は異なるという一般的な理解を前提とすれば，日本政府のいう一般国際法上の自衛の要件としての「急迫不正の侵害」と憲法上の自衛の要件としての「急迫不正の侵害」は，同一の用語を用いながらも，その内容は異なるということにもなるのであって，以下の検討に当たってはその点に注意すべきであろう．

II　先制的自衛

1　日本の立場

　まず，日本の自衛権概念が，いわゆる「先制的自衛（anticipatory self-defense）」を認めているかであるが，この問題は，1998年に発生した北朝鮮による「テポドン」発射実験との関連でクローズアップされた．同年8月31日に北朝鮮によって発射されたミサイルは，その一段目が日本海に落下したが，二段目と三段目が日本上空を通過して太平洋に落下したため，日本の安全に対する脅威として，国会においても大きく取り上げられたのである．議論は，とりわけ自衛権の行使としてミサイル基

地に対する武力行使が可能かという点に集中した．

　この点につき，野呂田芳成防衛庁長官は，1999 年 3 月 3 日の衆議院安全保障委員会において，まず一般論として次のように述べている．「我が国に対する急迫不正の侵害がある場合については，従来から，我が国に対する武力攻撃が発生した場合を指しておりまして，この武力攻撃が発生した場合とは，侵害のおそれがあるときではなく，また我が国が現実に被害を受けたときでもなく，侵略国が我が国に対して武力攻撃に着手したときである」と解している．しかし，具体的にどの時点で武力攻撃に着手したとされるのかという点については，「そのときの国際情勢，相手国の明示された意図，攻撃の手段，態様等について総合的に勘案して判断されるものであるというのが政府の従来からの見解」であると述べるに留まっている[6]．

　このような一般論を踏まえた上で，仮にミサイル攻撃が行われた場合，日本に被害が出ていない段階においても敵基地の攻撃が可能なのかとの質問に対して，野呂田長官は，「我が国に現実の被害が発生していない時点であっても，我が国としては自衛権を発動し，敵基地を攻撃することは法理的には可能である」と答弁している[7]．このような答弁に対して，ミサイル基地等への「先制攻撃」は法理的に可能であるという趣旨だとの誤解が生じたため，野呂田長官は，同年 3 月 9 日の参議院外交・防衛委員会において，「先制攻撃」とは「武力攻撃のおそれがあると推量される場合に他国を攻撃すること」（傍点引用者）と定義した上で，これは武力攻撃が発生した場合ではないので，憲法上認められない旨を確認している[8]．

　以上のように，日本政府は，武力攻撃のおそれがあると推量されるに過ぎない段階での先制攻撃は認められないが，「武力攻撃の着手」があれば，被害の発生を待たずして自衛権の行使が可能であるとの見解である．そして，とりわけ弾道ミサイルとの関係では，いったん発射されると事実上制御不能であること，迎撃時間が極めて限られること，弾頭の

種類によっては壊滅的な被害が生じうることなどから,「発射後の弾道ミサイル」については,艦船等の通常の兵器による攻撃の場合ほど確度が高くなくても,我が国を標的として飛来する蓋然性がかなり高いと認められる場合には,我が国に対する武力攻撃の発生と判断して,これを迎撃することも許されると考えている,とされる[9].

なお,2003年1月の衆議院予算委員会での質疑において,弾道ミサイルによる「武力攻撃の着手」の時期との関係で,一時,「北朝鮮が東京を灰じんに帰すというふうに宣言をし,ミサイルを屹立させたということに相なるとすれば,それは着手ということを考える[10]」として,ミサイルの発射前にも自衛権の行使が可能であるかのような答弁が石破茂防衛庁長官によってなされたこともあったが,ほどなく同長官の答弁において,「[上のような事態]は,一つの判断材料たり得るのではないだろうかと申し上げたのでありまして,それをもってもう我が国に対する急迫不正の武力侵害があったということを政府として申し上げているわけではございません.一つの判断となり得るのではないかということです[11]」として,トーン・ダウンしている.

こういった一連の考え方は,テポドン発射実験のもたらした脅威に直面して急遽定式化され,それが発展させられたかに見えるが,その背後にある基本的な概念は,既に1956年に鳩山一郎首相(船田中防衛庁長官代読)によって示されていた.すなわち,「わが国に対して急迫不正の侵害が行われ,その侵害の手段としてわが国土に対し,誘導弾等による攻撃が行われた場合,座して自滅を待つべしというのが憲法の趣旨とするところだというふうには,どうしても考えられない」として,そのような場合には,「他に手段がないと認められる限り,誘導弾等の基地をたたくことは,法理的には自衛の範囲に含まれ,可能である」とされていた[12].この見解は,単に自衛行動として誘導弾基地をたたくことが可能であることを示したのみであり,自衛権の発動時期について述べたものではなかったが,後者の自衛権発動時期についても,その後1970年

3月に，武力攻撃の発生とは，「まず武力攻撃のおそれがあると推量される時期ではない．……また武力攻撃による現実の侵害があってから後ではない．武力攻撃が始まったときである．……始まったときがいつであるかというのは，諸般の事情による認定の問題」であり（高辻正巳内閣法制局長官），「そのときの国際情勢，相手国の明示された意図，攻撃の手段，態様等々」による（愛知揆一外相），として政府見解が示されている[13]．いわゆる「座して自滅を」の答弁が自衛権の発動時期について述べたものではなく，自衛行動としてとりうる行為について述べたものに過ぎない点は，後に繰り返し指摘され，最近でも「[同答弁]は我が国に対する武力攻撃が発生している局面を前提に述べられているものでございます」と答弁されている[14]．

以上は，主として憲法上の議論であるが，国際法上の議論も基本的には同様であり，例えば，1999年2月16日の衆議院予算委員会における質疑の中で，次のような答弁がある．周辺事態との関連の質問に対して，東郷和彦外務省条約局長は，国連憲章第51条では「武力攻撃が発生した場合には」と規定しているが，これは，「単に武力攻撃のおそれや脅威があるだけでは，その場合に自衛権を使うことは認められない．すなわち，先制攻撃，予防戦争などは認められない」ということであり，これは「国連憲章の解釈として私どもが一貫して申し上げていること」（傍点引用者）と述べている[15]．東郷条約局長が「一貫して」と述べているように，1969年2月にも，自衛権の行使には武力攻撃が現存しなければならない，武力攻撃の現存には着手が入るとの高辻内閣法制局長官の答弁を受けて，佐藤正二外務省条約局長が，「自衛権の発動」には「現存する武力行使 [武力攻撃の誤りと思われる] があるということがこの要件となっているということは，国際法上も同じことだと思います．国際法上と申しますのは，少し話がはっきりいたしませんが，国連憲章の五十一条の解釈としては，そういうふうに解釈すべきものだと思っております」（傍点引用者）と答えている[16]．

なお，上記の傍点を付した部分からは，以上の解釈は国連憲章の解釈としてのものであって，一般国際法上の自衛権の場合は別である，との理解の余地が残されているといえるかも知れない[17]．

2 評価

以上に見てきた日本の考え方は，学説・実行に照らしていかに評価できるであろうか．学説上，先制的自衛に関しては諸論あるところであるが，先制的自衛が，1837年のカロライン号事件に関連して示されたウェブスター・フォーミュラのいう「即時の，圧倒的な，手段の選択の余地のない，熟慮の時間もない (instant, overwhelming, and leaving no choice of means, and no moment for deliberation) 自衛の必要」がある場合における自衛を意味するということについては，学説上広く支持されている[18]．しかし，自衛権の行使を「武力攻撃が発生した場合」と規定する国連憲章第51条の下においても，そのような先制的自衛が認められるのか，という点については意見が分かれる．

第一に，同条の起草過程や文言（「固有の」権利）に依拠しつつ国連憲章の下においても慣習法上の自衛権の存続を認める論者は，自衛権の行使に武力攻撃の発生を待つ必要はないとして，広く先制的自衛の権利を認める傾向にある（バウエット，ウォルドック，マクドゥーガルなど）[19]．第二に，必ずしも慣習法上の自衛権に依拠することなく，第51条に定める自衛権との関連において，武力攻撃が実際に実行された後では破壊的な結果となる恐れがあるとして，同条の定める「武力攻撃の発生」という要件を広く捉え，「武力攻撃の目的をもつ軍事行動が開始された場合」には自衛権の発動が可能であると解すべき旨が主張されることがある（田岡，シン，ディンシュタインなど）[20]．第三に，相手国の意図を完全に知ることはできないし，攻撃の急迫性は主観的に判断されるため濫用の恐れがあるとして，先制的自衛の危険性を指摘しつつ，国連憲章第51条によれば，自衛権の行使は「武力攻撃が実際に行われた後」にの

み可能であるとの解釈も広く主張されている（エイクハースト，ブラウンリー，ヘンキンなど）[21]．以上のような学説の対立の中で，日本の立場はいかに位置づけることができるであろうか．

　日本の立場は，憲章第51条に基づき，比較的広く自衛権行使の可能性を認めているという点で，上記の第二の学説に近いと一応考えることができる．ただ，日本がミサイルの着弾前であっても自衛権を行使する可能性を明示的に認めている点を捉えて，第三の解釈よりも自衛の要件を緩やかに解していると見るのは必ずしも正しくない．第三の解釈は，「武力攻撃の後」にのみ自衛権の行使は可能だと述べているのであって，ミサイルの「着弾の後」にのみ可能だとしている訳ではない．いずれも憲章第51条をベースとする第二および第三の解釈の相違点は，第二の解釈が武力攻撃の対象となる国は実際に「被害」が発生するまで待つ必要はないことを強調するのに対して，第三の解釈は先制的自衛を認めた場合の濫用の危険を強調するところにあるが，第三の解釈をとる論者も，必ずしも第二の解釈の妥当性を全面的に否定している訳ではない．それどころか彼らも，「着弾」まで待つことの問題性を意識し，それを何らかの形で解決しようとさえしているのである．例えば，武力行使に関して最も厳格な立場をとる学者の一人ブラウンリーも，「使用準備の整った長距離ミサイルが存在することによって，問題全体が極めて微妙なものとなり，攻撃と急迫した攻撃の差は，この場合無視してよかろう」とさえ述べている[22]．

　問題は，日本の解釈が，ミサイル着弾前のいかなる時点まで自衛権の行使を認めているのかということであるが，この点については，既に見たように，基本的にミサイルの発射後を想定しているようである．石破答弁によれば，ミサイル発射前における自衛権行使の可能性も完全には排除されていないが，攻撃の意図の表明があって，ミサイルを直立させ，燃料が注入され始めたとしても，それをもって直ちに自衛権行使の要件が整ったとは考えられておらず，あくまでそのような判断を行う際の一

要素に過ぎないとされる．

　したがって，日本を，イスラエル，アメリカなどと並べて，先制的自衛（先制攻撃）を主張してきた国に分類するカセーゼの評価は [23] 正しくなかろう．カセーゼは，日本の国会審議を参照しつつそのような評価を下しているが，これは一つには「急迫不正の侵害」という憲法上の自衛権発動要件が，「*imminent* and *unlawful violation*」（イタリック引用者）と訳されていることに起因するものと考えられる [24]．しかし，既に述べたように，この要件は，その文言にもかかわらず，憲法上は，基本的に「武力攻撃の発生」を意味するとされており，先制攻撃や先制的自衛を認めたものではないのである．

　国際法上の観点からも，日本は，少なくともイスラエルやアメリカのような形で先制的自衛を認めている訳ではない．例えば，当事者が先制的自衛権を主張した典型例の一つである1981年のイラク原子炉空爆事件は，イラクによる核兵器開発が近いと見たイスラエルが，原子炉を空爆によって破壊したものであるが，イスラエルは，国連安全保障理事会（以下，「安保理」）において，先制的自衛に関するウォルドックやバウエットの学説を引用しながら，「一般国際法において理解され，国連憲章第51条の意味に十分含まれている自衛の固有かつ自然の権利の行使」であるとして自己の行為を正当化した [25]．しかし，日本は，「イラクの領空を侵犯し，その施設を破壊するイスラエルの行為は，いかなる理由があっても決して正当化できない」との声明を発すると共に，安保理において，その行為は国際法と国連憲章の基本原則（特に紛争の平和的解決と武力不行使）の明白な違反であって，自衛によって正当化できないと発言しているのである [26]．

　この事件について安保理は，イスラエルによる攻撃を国連憲章の明白な違反として強く非難する決議487を全会一致（日本を含む）で採択したが，アメリカは，その投票説明で，イスラエルの行動が国連憲章に違反したとの自国の判断は，イスラエルが紛争の平和的解決手段を尽くさ

なかったことのみを理由とするものであると述べており[27]，したがってその他の点では先制的自衛による正当化を支持しているということになる．

なお，国際判例についていえば，国際司法裁判所（ICJ）その他の国際裁判所が，1945年以降の先制的自衛権の合法性の問題を明示的に検討したことはないといわれる[28]．

III マイナー自衛権

1 日本の立場

次に検討すべきは，自衛権の行使は，国連憲章第51条にいう「武力攻撃」以外の法益侵害に対しても認められるかという点である．武力攻撃以外の法益侵害には，武力攻撃に至らない武力行使も含まれるが，これまでに問題となってきたのは，まさにそのような場合における自衛権行使の可否であった．

1998年9月18日の衆議院外務委員会において，周辺事態と国際法の問題に関して，次のようなやり取りがあった[29]．すなわち，1997年9月に公表された「日米防衛協力のための指針」（新ガイドライン）をめぐる同年12月の参議院本会議の審議で，橋本龍太郎首相が，国連憲章第51条は「武力攻撃以外の形の侵害に対して自衛権の行使を排除するという趣旨であるとは解しておりません」と答弁したことにつき，小渕内閣の見解が質された．これに対して，高村正彦外相は，「政府は従来より，国連憲章第五十一条は，自衛権の発動が認められるのは武力攻撃が発生した場合である旨規定しているが，武力攻撃に至らない武力の行使に対し，自衛権の行使として必要最小限度の範囲内において武力を行使することは一般国際法上認められており，このことを国連憲章が排除しているものではない，こう解してきている」（傍点引用者）し，小渕内閣もこ

れを踏襲する，と答えた．

　このような見解は，いわゆる「マイナー自衛権」として，日本政府が以前から一貫してとってきたものである．例えば，1960年4月20日の衆議院日米安全保障条約等特別委員会において，国連憲章第51条以外に自衛権はありえないのではないかとの質問に対して，高橋通敏外務省条約局長は，「必ずしも，そのようには言えない」と述べた上で，憲章第51条による武力攻撃の場合への限定は，「その他のことを排除する意味ではない」として，「五十一条は武力攻撃でございます．ところが，そうでない軽微な，いわゆる権利侵害や武力行使がある場合に，必要最小限度の範囲内で，それにつり合った武力の行使が行なわれる……そういう場合もあるかと考えます」と答えている[30]．高橋条約局長は，そのような軽微な場合の例として，「国境における歩哨の撃ち合い」で，「これにとりあえず対抗する」という場合を挙げているが，一般論としては，武力攻撃に至らない「武力行使」と並列する形で，「権利侵害」にも言及している点に注目しなければならない．なお，「はじめに」の末尾で述べたように，日本政府は自衛の一要件としての「急迫不正の侵害」を，憲法上は「武力攻撃の発生」と解しつつ，一般国際法上は「急迫不正の侵害」以上には明らかにしていないが，その点がここで関係するようにも思える．

　ともあれ，日本政府の上のような見解は，国連憲章をどのように解釈して引き出されたのであろうか．上記1998年9月18日の衆議院外務委員会における高村外相答弁に続いて，東郷和彦外務省条約局長は，この点について次のように述べている．国連憲章第51条が「武力攻撃が発生した場合」と述べているのは，同条が「憲章第七章，すなわち『平和に対する脅威，平和の破壊及び侵略行為に関する行動』という章の中で規定されております関係上，特に武力行使の中でも最も重要な場合である武力攻撃ということについて規定した」と解釈しており（これまでもその旨累次説明している），したがって「武力攻撃以外の形の侵害に対す

る自衛権の行使を排除するという趣旨ではない」と考えている，と[31]．このような理由づけは，既に1954年4月の下田武三外務省条約局長の答弁において，「マイナー・ケースの場合の自衛」の説明として示されていた．この下田答弁は，学説に依拠した発言であり，その理由づけにも，同様な主張を展開していたウォルドックの影響があったのかも知れない[32]．

　いずれにせよ，上のような説明（理由づけ）には，第一に，憲章第51条の起草過程に照らして疑義がある．同条は，当初から現在の第7章に置かれるよう決定されていた訳ではなく，それどころか同条を起草した小委員会は，同条を「地域的取極」に関する第8章C節（現第8章）に続く新たなD節として規定することを勧告していた．しかし，それでは地域的取極の当事国でない国から自衛権を奪うことになる虞があるとして，・内・容・的・に・文・言・が・確・定・し・た・後・に，現第7章の末尾に置くことが決定されたという経緯がある[33]．したがって，第7章に置かれていることを理由とした立論は根拠に乏しいといわざるをえない．

　第二に，国連の実行に照らしても疑義がある．第7章のタイトルには，平和に対する脅威，平和の破壊，侵略行為の三つが列挙されているが，そのうちの「侵略行為」を「武力攻撃」と互換的に使用する傾向はなくはない．しかし，第7章には，侵略行為以外にも他の二つの事態への言及があり，特に「平和に対する脅威」が武力攻撃を伴わない事態（武力行使さえ伴わない事態）に対しても認定されうることは，1950年代から予想されていたし，現実にもそうである[34]．だとすれば，第7章のタイトルのゆえに，第51条で特に「武力攻撃」についてのみ言及することになったということにはならないであろう．

　ところで，以上は，いわゆるマイナー自衛権に関する国際法上の評価であるが，その・憲・法（・国・内・法）上の地位については，日本政府によって必ずしも確定的な見解は示されていないように思える．最近の衆議院安全保障委員会での質疑でも，憲法上マイナー自衛権は認められているの

かとの質問に対して，中谷元防衛庁長官が，「マイナー自衛権の概念自体を整理する必要がございます」と答えるに留まっていることからもその点が窺える[35]．もっとも，マイナー自衛権の関係する事態の一つとも考えられる間接侵略との関連で，自衛隊法が，「間接侵略その他の緊急事態」に際して自衛隊の出動（治安出動）を命ずることができると規定し（第78条），その際に一定の場合には「武器の使用」を認めるとしていることから（第89条），これをもってマイナー自衛権行使の一形態と捉えることは可能かも知れない．

自衛隊法第78条にいう「間接侵略」とは，「一または二以上の外国の教唆または干渉による大規模な内乱または騒擾」をいうものとされ，「原則的には外部からの武力攻撃の形をとることはないであろう」が，「その干渉が不正規軍による侵入のごとき形態をとりまして，わが国に対する計画的，組織的な武力攻撃に該当するという場合は，これは自衛隊法第七十六条［防衛出動］の適用を受け得る事態であると解釈する」ものとされる（加藤陽三防衛庁長官官房長答弁）[36]．このように「武力攻撃」と「間接侵略」の違いは，ある意味では程度の問題と考えられているのであり，「武力攻撃」に対しては「自衛権」に基づく「武力の行使」が認められ，「武力攻撃に至らない一定の事態」に対しては「マイナー自衛権」に基づく「武器の使用」が認められる，という関係にあると捉えることができるように思える．

2 評価

では，武力攻撃に至らない武力の行使・権利侵害に対しても自衛権の行使が認められるとする日本政府の考え方は，学説・実行に照らしていかに評価できるであろうか．

国連憲章第51条にいう「武力攻撃」と第2条4項にいう「武力の行使」との間の概念上の相違のゆえに，「武力攻撃に至らない武力行使」に対しては，自衛権を援用できないままに武力の行使が禁止されるため，こ

れに対していかに対応するのかという問題は，学説上も広く認識されており，それを解決するための議論も様々に展開されてきた．ランデルツホーファによれば，それらは，①第2条4項の武力行使禁止を武力攻撃の禁止と読むことで禁止の範囲を狭く解し，武力攻撃に至らない「武力による対応」は第2条4項に違反せず合法であるとする主張と，②逆に，第51条が自衛の要件とする武力攻撃を広く武力の行使と解釈することで，いかなる武力の行使に対しても自衛権の発動としての「武力による対応」が認められるという主張，に分類できるとされる[37]．

この両者は，いずれも憲章第2条4項と第51条のズレを，いずれか一方に合致させて解釈することによって問題の解決を図ろうとする点で共通しているが，①が「武力による対応」を国連憲章第51条の定める自衛権を離れて正当化しようとするのに対して，②はあくまで憲章第51条の枠内における自衛権の行使として正当化しようとしている点に，差異を見出すことができる．しかし，いずれも国連憲章の解釈であることには変わりなく，それゆえ憲章の文言（「武力攻撃」と「武力行使」という異なる文言の使用）と合致しない解釈として等しく批判されることになろう．また，国連憲章の解釈であるという点において，両者は，慣習法上の自衛権に依拠する日本の主張とは異なる．

これに対して，先制的自衛との関連で示したように，国連憲章の下においても慣習法上の自衛権は存続すると主張する学説も存在し，その多くは，慣習法上の自衛権として，武力攻撃に至らない武力行使はもちろんのこと，より広く法益侵害一般に対して自衛権の行使を認める傾向にある[38]．マイナー自衛権に関する日本の立場は，これらの学説に近似したものと考えることができよう．

ところで，慣習法上の自衛権という観点からは，ICJのニカラグア事件判決（1986年）に注目しなければならない．本件は，ニカラグアによる（武力攻撃とはいえない）小規模な軍事活動に対して，アメリカが（集団的）自衛権を援用したことから，本節の文脈においてもとりわけ関連

の深い判例である．裁判所は，武力攻撃に至らない武力行使の対象となった国（エルサルバドルなど）が武力行使で対応する権利を有するかという問題は，理論的には関連する問題であるが，係属中の紛争の解決に不可欠ではないとして，この問題に正面から答えることはせず，単に，「国家には『武力攻撃』を構成しない行為に対する『集団的』な武力による対応の権利はない」と述べるに留まった[39]．

しかし，傍論ながらも裁判所は，「ニカラグアが非難されている行為は，たとえそれが立証され同国に帰属したと仮定しても」，それは第三国たるアメリカによる集団的な対抗措置（特に武力の行使を伴う）を正当化するものではなく，「そのような行為の犠牲となった国による均衡のとれた対抗措置（proportionate counter-measures）を正当化することができただけであろう」と述べている[40]．「ニカラグアが非難されている行為」とは，具体的には，ニカラグアによるエルサルバドルの叛徒への武器の供給と，同国によるホンジュラスおよびコスタリカに対する越境軍事侵入（trans-border military incursions）であり，裁判所は，それらは武力攻撃に該当しないか，または武力攻撃に当たるか否かの判断が困難である，としていたものである[41]．したがって，上記の裁判所の言明は，武力攻撃に至らない武力行使に対して，その直接の犠牲国が，同様に武力攻撃に至らない均衡のとれた範囲で武力を用いた対抗措置をとることが認められる可能性を示唆していると考えることもできよう[42]．

これは，法理的には，日本政府のいう「マイナー自衛権」と必ずしも同一のものではない．日本政府が一般国際法上の「自衛権」を援用しているのに対して，裁判所は，自衛権ではなく「対抗措置」の概念を用いた正当化の可能性を示唆しているからである．しかし，対抗措置が武力の行使を伴う場合には，両者は実際上同様な法的効果をもつことになるはずである．だからこそ，判決において法的根拠が必ずしも説得的に提示されていないにも拘らず，日本政府（東郷条約局長）は，国会審議において判決の当該部分を取り上げ，「［判決は］武力攻撃には該当しない

ものの,武力の不行使の原則に反する行為が外部からなされた場合には,均衡のとれた対抗措置をとり得るということを認めて」おり,政府としては「その均衡のとれた対抗措置の中にいわゆる武力行使というのは含み得る余地は十分あるというふうに考えております」と述べているのである[43].

IV 公海上の自国船舶の保護

1 日本の立場

　自国領域外(特に公海上)において,自国籍・自国登録の船舶・航空機が攻撃を受けた場合に,国家はその保護のために武力を行使できるか.日本において,この問題は,1976年の「防衛計画の大綱」や1000カイリのシーレーン防衛との関係で取り上げられた.1981年4月の衆議院内閣委員会において,「わが国の個別的自衛権の及ぶ地理的な範囲」如何との質問がなされたのに対して,伊達宗起外務省条約局長は,地理的範囲に関しては「自衛権からは何も出てこない」,自衛権の行使は「公海,公空に及びこともあり得る」のであって,「その範囲というものは,地理的に限定できるものではない」と答えている[44].この点については憲法解釈においても同様であって,1982年にシーレーンとの関連での質問に対して,角田禮次郎内閣法制局長官は,自衛権には「国家の領土や独立に対する［侵害］」の排除以外に,「その国の艦船とか航空機に対する危害の排除ということも当然含まれる」のであって,個別的自衛権の行使は「公海,公空にも及び得る」と答弁している[45].

　問題は,第一に,攻撃対象が自衛隊の艦艇や航空機である場合のみならず,私有の船舶・航空機である場合も同様であるのかという点,第二に,攻撃の規模との関係で,たとえ一隻の日本船舶に対する攻撃であっても,大規模な攻撃であっても同様であるのかという点である.日本政府は,

第一の点については一貫して肯定的な立場を示しているが，第二の点については，国際法に照らした場合と憲法に照らした場合とで，大きく異なった見解を示している．国際法の観点からは，1991年3月13日の衆議院安全保障特別委員会において，「公海上で日本人の生命，身体，財産が他国の行為によって危殆に瀕しているという場合に，……その保護のために自衛権を発動できる場合」があるか，との質問に答えて，小松一郎外務省法規課長が，「国際法の問題に限ってお答え申し上げますが，公海上における自国の公私の船舶，航空機が攻撃を受けた場合，国際法上の問題としまして，原則として自国は個別的自衛権の行使としてその攻撃を排除し得る立場にある」（傍点引用者）と明確に述べている[46]．

これに対して，同じ質問に憲法の観点から答えた大森政輔内閣法制局第一部長は，自衛の三要件のうちの第一要件（我が国に対する急迫不正の侵害）を満たしているかということとの関連で，一般的には直ちに要件に該当するとは考えられないのではないかとの考えを示している．このような憲法上の立場は，かねてより一貫してとられており，かつては次のようにより明快に示されていた．「公海におきましてのわが艦艇あるいは商船に対する攻撃は，必ずしも日本に対する攻撃とは認められないだろう」（傍点引用者）し，「一般的にいえばある一隻の船が攻撃されたからといって，わがほうはおそらくは直接の日本に対する攻撃があったとは認めない」（久保卓也防衛庁防衛局長答弁）[47]のであって，要するに「我が方が自衛権の発動できる事態というのは，我が国の領域に対する組織的，計画的な攻撃が一つであり，もう一つは，……特定の海域で特定の国が計画的，組織的な我が国の船舶に対する攻撃をしているという状況が出現して，そういったものを全般的な意図から判断して，これが我が国に対する攻撃であるという判断がされた場合」（傍点引用者）だということである（西廣整輝防衛庁防衛局長答弁）[48]．

このように，公海上の自国船舶に対する攻撃を理由とする自衛権行使に関する日本の立場は，国際法上の観点と憲法上の観点とで大きく異な

っているように思える．しかし，仔細に見ると，両者がはたして自衛権との関係で同一の発想の下にあるのか，疑問が生ずる．国際法上の判断が，「攻撃を排除」することの可否について述べているのに対して，憲法上の判断は，船舶への攻撃を「日本に対する攻撃」と見なすことの可否を論ずることで，国対国の全面的な関係を念頭に置いている（したがって，対応も現場での攻撃排除には留まらない）ように思えるからである[49]．

そして，憲法（国内法）上も，公海上の自国船舶への攻撃が組織的・計画的な段階にまで達していない（自衛権は行使できない）という場合であっても，その保護のために何らの措置もとることができないという訳ではないのである．ペルシャ湾におけるタンカー攻撃との関連における西廣防衛局長の説明によれば，このような場合，一般的には「平時における警察行動」によって対処され，その任務は海上保安庁が担当するが，海上保安庁では対応できない場合には，自衛隊が自衛隊法第82条に基づく「海上警備行動」を行うものとされる[50]．そして自衛隊法上，海上警備行動においては一定の条件の下で「武器の使用」が認められているのである（第93条）．

2　評価

　公海上の自国船舶への攻撃に対して旗国は武力を行使できるかという問題について，学説は，1960年代までと70年代以降とで，とりわけ1974年の国連総会による「侵略の定義」決議のコンセンサス採択の前後で，一見大きく変遷しているように思える．

　1960年代，ブラウンリーは，「公海上の自衛の特殊問題」と題して，公海上で船舶が攻撃を受けた場合に，旗国の軍隊が当該船舶を守るために合理的な武力を行使しうることは「疑いを容れない」と述べた[51]．このような主張の根拠は，若干の事例を除き特に示されていないが，その直前において，公海上で攻撃を受けた船舶自身が攻撃を排除するために武力を行使しうることは明らかであり，この権利は「一般原則（general principles）**52**」に基づくものであると述べていることから，上の判断も類似の発想によるものかも知れない．

　他方，「侵略の定義」以降になると，例えばディンシュタイン**53**は，自衛の前提たる武力攻撃に関する検討の中で，私船や民間航空機に対する旗国・登録国の領域外での攻撃が，それらの国への武力攻撃となるのかと自問した後，「侵略の定義」決議第3条 (d)（安保理の最終的決定権を留保しつつ侵略行為の一例として「一国の軍隊による他国の陸軍，海軍もしくは空軍または船隊および航空隊に対する攻撃」を掲げる）を引用して，同項における「船隊および航空隊（marine and air fleets/la marine et l'aviation civiles）」という用語の選択は意図的なものであり，それは，単独ないし少数の商船・商用航空機に対する武力行使を定義の対象から除外するためであった，と述べる．こうしてディンシュタインによれば，隊 (fleet) をなしている場合は別として，少数の商船に対する攻撃は一般に「武力攻撃」を構成しないということになろう．

　ところで，ディンシュタインが依拠する「侵略の定義」第3条 (d) の「船隊および航空隊」という文言は，ほかならぬ日本政府の提案に起源を有するものである．当初の案においては，これらへの言及はなかったが，日本が漁船団への攻撃は一国の陸海空軍への攻撃に喩えることができると主張し，最終的に右の文言に合意したものである**54**．

　日本提案に対しては，途上国（特にエクアドル）から，国際法文書に前例がないし（この点は事実に反する），沿岸国の違法行為取締権を奪うことになるとして，削除を求める主張がなされたが，日本は，日本の漁船団への攻撃は日本に対する海上封鎖と同じであると述べると共に，「マイナーで孤立したケースをカバーしようとするものではない」ことを明らかにしている**55**．このような経緯からすれば，日本の主張は，公海上の自国船舶への攻撃が直ちに自国への侵略行為と見なされるというものではなく，そのためには海上封鎖にも相当するような大規模なものであることが必要であるというものであり，そのような了解の下に「侵略の

定義」第 3 条 (d) が採択されたということになろう[56].

　「侵略の定義」に依拠するディンシュタインの発想も恐らくは同様であり，それゆえディンシュタインにおいても，「本国に対する武力攻撃」に該当するとされるためには，少数の船舶ではなく船隊に対する攻撃でなければならないと主張されたのである．ディンシュタインは，自衛権の問題を，ここではいわば国対国の全面的な関係として捉えたのである．

　しかし，学説上，自衛権の概念はそのような場合に限られる訳ではない．公海上の船舶に対する攻撃を現場において排除することが，ある種の自衛権の行使と捉えられることもある．ブラウンリーが「疑いを容れない」としたのは，このような意味における自衛権の存在であった．実は，この意味における自衛権の存在は，ディンシュタインも認めており，彼はそれを「現場における反応（on-the-spot reaction）」と名付けて特別の範疇の下に置いている[57]．要するに，ブラウンリーにおいては主として現場での攻撃排除との関係において捉えられていた公海上の船舶に対する攻撃の問題を，ディンシュタインは，「侵略の定義」の採択を受けて，主として国と国との全面的な関係における自衛権の問題として捉えたということなのであろう[58]．

　このように，公海上の船舶への攻撃との関係における自衛権は，二つの種類に分けて考えることができるが，そのような分類は，日本における国際法上の観点と憲法上の観点からする見解の違いについて前述したところとパラレルに捉えることができるように思われる．

　なお，この問題に関連する国際判例としては，2003 年のオイル・プラットフォーム事件判決がある．いわゆるタンカー戦争を扱ったこの事件において，自衛による正当化の可能性については証拠不十分として否定されたが，裁判所は検討の過程において，「一隻の軍艦の触雷でも『自衛の固有の権利』の発動に十分な場合があるという可能性を排除しない」と述べている[58a]．

V　在外自国民の保護

1　日本の立場

　在外自国民（以下，単に「自国民」ということがある）の保護のために武力を行使することができるかという問題は，これまでに見てきた問題とは異なり，少なくとも国会においては，日本が直接に当事者となることを想定した形ではほとんど議論されておらず，せいぜい他国で発生した事例との関係で政府が自らの見解を表明するというに留まっている．

　武力行使の正当化のために自国民保護が援用される例は少なくないが，純粋に自国民保護を目的とした武力行使の事例は多くはなく，そのようなものとして比較的異論が少ないのが，1976年のエンテベ空港事件と1980年のイラン人質救出作戦であろう．これらの事例との関係で，日本はいかなる態度を示したのであろうか．

　エンテベ空港事件は，イスラエル国民等を乗せてテルアビブからパリへ向かっていたエール・フランス機がテロリストにハイジャックされ，ウガンダのエンテベ空港に着陸したが，非ユダヤ人乗客の解放で孤立したイスラエルが，ウガンダ政府（同政府はテロリストに援助を与えていたともいわれる）の同意なく空挺奇襲部隊を送り込み，武力をもって人質を解放したという事件である（その過程でウガンダ人兵士を含む多数の死者が出た）．

　この事件は，国連安保理に提訴され，集中的な議論が交わされた．イスラエル自身は，「自衛権」はカロライン号事件の定式に基づいて適用できるのであり，イスラエル政府が直面したのはまさにそのような事態であったと述べるに留まったが[59]，法的により精緻な議論を展開したのはアメリカであった．アメリカは，「領域国が保護する意思または能力を持たない場合に，生命身体に対する急迫した脅威から自国民を保護す

るため限定的な武力を行使する権利は確固として確立している」とし，エンテベの事例は明らかにこの要件を満たしていたと主張した[60]．

当時非常任理事国であった日本は，本件に関し，イスラエルによるウガンダの主権侵害行為があったと述べつつも，「イスラエルの軍事行動へと至った状況が，国際法の下で認められている自衛権行使のための必要条件を満たしているか否かという点に関し，見解を留保する」と述べて，立場を明らかにしなかった[61]．

他方，イラン人質救出作戦は，アメリカの行為が問題となったこともあり，日本の国会でも大きく取り上げられた．人質事件そのものは，1979年11月にイラン人のイスラム過激派学生がテヘランのアメリカ大使館を襲撃し，外交官・領事官らを人質とすることによって発生した．これに対して，アメリカは，安保理やICJに提訴するなどして平和的解決を目指しつつ，同時に在米イラン資産の凍結を含む一方的措置をとったが，いずれも人質解放には結びつかなかった．そこで1980年4月，タバス（イラン）に奇襲部隊を送り込み人質の救出を図ったが，参加した航空機の事故で失敗に終わったものである．

この事件について，アメリカ大統領の声明は，これは救出作戦であって，軍事行動（特にイランやイラン国民に向けた軍事行動）ではないと述べていたが，アメリカが安保理に提出した報告では，「イランによる［アメリカ］大使館への武力攻撃の犠牲となったアメリカ国民を救出することを目的とした自衛の固有の権利の行使」であるとされた[62]．

この事件を取り上げた日本の国会では，日本は人質救出作戦を国連憲章第51条にいう自衛権の行使と見ているのかとの質問がなされ，これに対し伊達宗起外務省条約局長は，次のように述べている．「一国の国民が外国にありまして急迫不正な侵害を受けたような場合，そして当該国がそれらの国民の安全についてとうていそれを確保する能力を失ってしまうか，もしくは，……むしろ進んでそういうことを行わないというようなときには，その国民の本国は，自衛権を行使してその当該外国に

ある国民の救出を行い得るということは，これは・一・般・国・際・法・上・の問題として正当化されるものである**63**」(傍点引用者).

　もっとも，4年前のエンテベ空港事件の際の安保理における日本代表の発言(アメリカの主張を聞いた後のもの)に照らせば，伊達答弁のような立場が日本において伝統的に確立されてきたかは疑わしい．しかし，これほど明確に述べられている以上，それは在外自国民保護の問題に関する日本としての重要な立場表明として受け取らなければならないであろう．実際，同様の答弁は，その後の国会でも繰り返されている．

　例えば，1991年3月13日の衆議院安全保障特別委員会において，小松外務省法規課長は，「外国にいる日本人の生命，身体，財産，また日本の大使館等の機関［が］他国の行為によって危殆に瀕した［という］場合に，これを保護するために自衛権の発動を認め得る」場合があるか，との質問に対して，「［外国人の］所在地国が外国人に対する侵害を排除する意思または能力を持たず，かつ当該外国人の身体，生命に対する重大かつ急迫な侵害があり，ほかに救済の手段がない場合には，当該外国人を保護，救出するためにその本国が必要最小限度の武力を行使することも・，・国・際・法・上・の議論に限って申し上げれば自衛権の行使として認められる場合がございます」(傍点引用者)と答えている**64**．この答弁にいう在外自国民保護のための武力行使の要件が，エンテベ空港事件の際のアメリカの主張とほぼ一致している点には注目すべきであろう．

　もっとも，同じ問題を憲法の観点から見た場合には，異なった見解が導かれるのであって，小松答弁と同じ質問に対して，大森内閣法制局第一部長は次のように答えている．すなわち，憲法上武力行使が許されるのは，自衛の三要件が満たされた場合であるが，質問のような事態において，自衛の三要件とくに第一の要件(我が国に対する急迫不正の侵害)を満たすかというと，断定的には答えられないが，「一般的には直ちにこれらの要件に該当するとは考えられない**65**」と否定的に答弁しているのである**66**．

こういった相違は,「はじめに」で示した, 憲法上の自衛の要件(我が国に対する急迫不正の侵害=武力攻撃の発生)と一般国際法上の自衛の要件(国家又は国民に対する外部からの急迫不正の侵害)の間の(微妙な)相違に関連していると見ることができるかも知れない.

2 評価

以上のような見解は, 在外自国民保護に関する国際法の全般的な議論状況の中でいかに位置づけることができるであろうか. この問題に関しては, とりわけ学説上の対立が激しいが, それらはいくつかの類型に分けることができる.

第一に, 慣習法上の自衛権によって在外自国民の保護が認められるとする考え方がある. すなわち, ①自国民に対する急迫した危害のおそれがあること, ②領域国が彼らを保護しないか保護できないこと, ③とられる措置が自国民の保護の目的に限定されること, という三つの要件を満たすならば, 在外自国民の保護のための武力行使は, 自衛として正当化されるとするものである(ウォルドック, バウエット)[67]. また, 同様に慣習法上の権利に依拠しながら, 自衛権ではなく自助(self-help)の権利を援用する主張もある(リリック)[68].

第二に, 在外自国民保護のための武力行使は, 国連憲章に照らして許容されるという考え方がある. このような考え方の論者には, 自国民保護のための武力行使は,「領土保全」や「政治的独立」を侵害するものではなく, 国連の目的とも合致するので, 憲章第2条4項に違反しないとするもの(ヘンキン, ヒギンズ)[69]のほか, 攻撃対象の選択がその国籍を理由とするものである場合には, 自国民への武力行使は自国への武力攻撃と同視できるのであり, その保護のための武力行使は, 例外的な条件の下で憲章第51条の自衛として正当化できる, と主張するものもある(ディンシュタイン)[70].

第三は，国際法上の違法性阻却事由である「緊急状態」を援用するものである（シャクターなど）[71]．すなわち，在外自国民保護のためであっても，武力の行使は憲章第2条4項違反となるが，①当該行為が重大かつ急迫した危険から自国の不可欠の利益を守る唯一の手段であり，②相手国の不可欠の利益への重大な侵害とならない，という国際法委員会の国家責任条文草案第33条（現第25条）の定める条件を満たせば，「緊急状態」としてその違法性が阻却されることになる，同条（現第26条）は，強行規範の違反となる場合には「緊急状態」は援用できないとするが，小規模の武力行為は強行規範違反とはならない，と主張する[72]．

　以上の合法説に対して，それら（の考え方）に逐一反論し，国家実行をも踏まえた上で，ロンジッチは，少なくとも現行国際法の下では，在外自国民保護のための武力行使は違法であるとする[73]．第一に，自衛権（特に憲章第51条）に依拠する主張に対しては，在外自国民への攻撃を自国への攻撃と同視するものであるが，自国領域外においては，軍隊や軍艦など国家主権を象徴するものに対する攻撃は別として，在外自国民への攻撃を自国への攻撃と見なすことはできないし（1974年の「侵略の定義」決議も在外自国民への攻撃を侵略行為の例として列挙していない），そもそもそのような攻撃について領域国に責任のない場合もあることを指摘する．また，国連の機能麻痺によって自助の権利が復活するとの主張に対しては，大国間の対立の可能性は憲章の起草に際して既に織り込み済みであるとする．第二に，在外自国民保護のための武力行使は，憲章第2条4項の言及する「領土保全」や「政治的独立」を侵害するものではないとの主張に対しては，それらの文言は単に領土の不可侵を意味するに過ぎず，外国の領域において武力行動を行えば同項に違反することになる，と主張する．第三に，緊急状態の援用に関しては，そのような正当化が認められるためには，現代国際法においては自衛のみならず緊急状態も武力行使禁止の例外として認められていることを示さなければならないが，それは困難であるとする．そして，ロンジッチ同様，違法

説をとる学説は少なくない（ブラウンリー，カセーゼなど）[74]．

　以上のような対立は，学説のみならず国家実行との関連でも同様に見られる．例えば，安保理において集中的な議論が交わされたエンテベ空港事件について見れば，アメリカがイスラエルによる自衛権援用を強力に支持した点には既に触れたが，安保理において作戦の合法性を明確に支持したのはアメリカだけであり，他の西側諸国は，総じて曖昧な態度に終始した[75]．他方，第三世界および東側諸国は，イスラエルの行動を侵略・主権侵害として非難し，とりわけルーマニア，インドなどは，ウガンダによるイスラエルへの武力攻撃はなかったとして，自衛権による正当化を拒否している[76]．しかし，いずれにせよ，本件に関して安保理が拒否権の行使によることなくいかなる決議も採択できなかったという事実[77]は，この事件に関する主張の対立がいかに激しいものであったかを示している．

　イランでの人質救出作戦は，イランがこの問題を安保理に提起しなかったため，安保理では特に議論されなかったが，各国は様々に反応した．イギリスやドイツを始めとする EEC ９カ国は，アメリカとの連帯を表明したのに対して，多くの第三世界および東側諸国は，主権侵害など国際法違反であるとして非難した[78]．この作戦は，人質事件自体の ICJ 係属中に実施されたため，その判決において傍論ながらも言及されたが，ICJ は，アメリカによる救出作戦につき「懸念」を表明し，司法プロセスの尊重を故意に害するものとしつつも，その合法性の問題については，イランの行為の評価とは無関係として判断を回避している[79]．

　以上のように見てくるならば，在外自国民保護のための武力行使に対する国際法上の評価としては，「［列挙した］すべての事例において，法律家と多くの政府は，［在外自国民保護のための］武力行使の一般的な法的正当化を受け入れた[80]」（シャクター）と述べることも，また「ほとんどの国家とほとんどの学説は，在外自国民への攻撃は自国民保護のために武力を行使する権利を国家に与えないとする点で一致している[81]」

（エイクハースト）と述べることも，ともに正確ではないということになろう．しかし，このような混沌とした法的状況の中においても明らかであるのは，日本が，一般国際法上の自衛権を援用して，在外自国民保護のための武力行使を正当化できると考えているということである．そして，その具体的要件は，エンテベ空港事件の際のアメリカの主張と同様，ウォルドックの学説に極めて近いものがあると評することができよう．

VI 対テロ自衛

1 日本の立場

　アメリカに対する大規模テロ攻撃である 2001 年 9 月 11 日の同時多発テロ事件（以下，9.11〔テロ事件〕という）を契機として，テロに対して，とりわけテロリスト等の非国家主体に対して自衛権を行使できるのかという問題が注目されるようになった．日本においても，米英両軍によるアフガニスタンへの軍事行動開始直後の 2001 年 10 月 10 日の衆議院本会議において，米国で発生したテロ事件と同様なテロが日本で起きた場合の対応について質問がなされた．これに対して小泉純一郎首相は，「あえて一般論として申し上げれば，我が国に対する急迫不正の侵害とみなすことができるような特別の場合を除いて，突発的テロなどについては自衛権の行使の問題は生じないと考えております」と述べている[82]．対テロ自衛権行使の可能性に含みを残しつつも，それ以上に自衛権の行使要件との関連での踏み込んだ発言はなされなかった．

　憲法上の自衛権行使の要件とされる「武力攻撃」については，その後，武力攻撃事態法の立法過程において，その主体の観点からも概念の明確化を求める議論があった．2002 年 5 月 8 日の衆議院武力攻撃事態対処特別委員会において，同法上の「武力攻撃」の定義である「我が国に対する外部からの武力攻撃」（第 2 条 1 号）について，「攻撃する主体は何

ですか．国だけですか．それとも，大規模なテロ集団その他，入るんですか」との質問がなされた．これに対して福田康夫内閣官房長官が，「国
・
または国に準ずるものによる組織的，計画的な武力［の行使］」（傍点引
・・・・・・・・・・・・・・・・・
用者）であると答えたのに対して，「準ずるものだけではわかりません」としてさらに明確化を求める発言があったが，福田官房長官は「国並びに国に準ずるもの，こういうように申し上げるしかありません」と述べるに留まった[83]．

その後の法案審議の進展を受けて，「国または国に準ずるもの」の概念についても，より詳細な答弁が行われるようになり，2003年6月4日の参議院武力攻撃事態対処特別委員会において，石破茂防衛庁長官が，かつて福田官房長官が明らかにしなかった点について次のように述べている．すなわち，「国に準ずる者とは何なのだと言われますと，国というのは結局その領土を有しているか，国民を有しているか，若しくは政治体制というものを有しているかというようなことになるのだろうと思います．それを具備してそれは国家だというふうによく言われます……．［改行］そのうちの全部か，それとも一部を充足しておる，それは国に準ずる者であり，あるいは国際的には国家としては認められていないが国際紛争の主体となり得るもの，例えばタリバンなんてのはやっぱりそういうものになるんだろうと思うんです」と述べている[84]．このほか，アルカイダも[85]「国に準ずる者というふうに見られる可能性はある」とされるし[86]，「フセイン政権の再興を目指し米英軍に抵抗活動を続けるフセイン政権の残党というものがあれば，これは該当することがある」とされる[87]．

以上に述べた「国または国に準ずるものによる組織的，計画的な武力
・・・
の行使」は，憲法（国内法）上の「武力攻撃」の概念であるが，国連憲
・
章上の自衛権の行使要件である「武力攻撃」については，2002年2月5日の「答弁書」において，国連憲章第51条および日米安保条約第5条に定める「武力攻撃」とは，一般に「一国に対する組織的計画的な武力

の行使」をいうとされる[88]．ここでは，武力攻撃の主体に関する限定がない点が注目されるが，非国家主体によるテロ攻撃も含めるための意図的な欠落（または非意図的な欠落の意図的な維持）であるのかについては必ずしも明らかでない．しかし，同様に主体を必ずしも限定しない答弁は一般国際法との関連でも行われており，2002年7月23日の「答弁書」において，一般国際法上の自衛権行使の一要件は，「国家又は国民に対する外部からの急迫不正の侵害があること」とされている[89]．これらの答弁書からは，国際法上の自衛権行使は必ずしも「国または国に準ずるもの」による武力攻撃ないし急迫不正の侵害の場合に限定することなく，テロリスト等の非国家主体による攻撃ないし侵害に対するものも含みうる，と解されている可能性も排除されないように思える．

　具体的な事例との関係では，2002年7月3日の衆議院武力攻撃事態対処特別委員会において，川口順子外相が，9.11テロ事件について，「高度の組織性，計画性が見られるなど，通常のテロの事例とは次元が異なって，武力攻撃に当たる」と考えられると述べ，また，より一般的にテロとの関連で，「我が国は，ある国及びその国民を標的として計画的，組織的にテロ行為が継続して行われる場合には，これを総じて急迫不正の侵害と位置づけるということはあり得るという立場を従来からとってきている」（傍点引用者）と述べている[90]．

　これらの発言からは，日本政府が9.11テロ事件に限っていえば，それが武力攻撃に該当し，自衛権を行使できる事態であると認識していることは分かるが，はたして（いわゆる国家テロではない）純粋な非国家主体のテロ行為に対する自衛権の行使という概念を一般的に認めていると解することができるかは定かでない．というのも，川口外相が「従来から」と述べているのは，1986年4月の衆議院外務委員会において，アメリカによるリビア攻撃について問われた小和田恆外務省条約局長が，「一連のテロが続発する状況の中におきまして，米国としてはそれがリビアによる組織的，計画的なテロの一連の行動である，……そういう状況の

もとにおいて自衛権としての武力の行使が許されるということは，理論的，一般的に言えば全くあり得ないことではない[91]」(傍点引用者)と述べたこと，つまりリビアによる国家テロにかかる自衛権行使の問題についての過去の答弁を指していると考えられるからである．

2　評価

対テロ自衛権行使の問題に関しては，①（行為態様としての）テロ行為に対する自衛の問題と，②（行為主体としての）テロリストに対する自衛の問題とを区別して考えることが必要である．ここでは，自衛権行使の対象（客体）という観点から，②の問題を中心に検討することにしたい．

この問題に関して学説に大きな影響を及ぼしたのは，やはり9.11同時多発テロ事件である．同事件の後に，アメリカが自衛権の行使として軍事行動を起こした（その旨を安保理に報告）ことや，関連安保理決議が前文において自衛権を承認／再確認する内容を含んでいたことなどが影響したものと思われるが，多くの学説（マーフィー，フランク，グリーンウッド，ポーストなど）が，テロリスト等の非国家主体に対する自衛権行使の可能性を認めている[92]．とりわけ詳細にその根拠について論じているのが，マーフィーである[93]．

マーフィーは，第一に，国連憲章第51条が，武力攻撃の主体については何も述べていないこと，第二に，同条は1945年以前の慣習法である「自衛の固有の権利」に言及しているが，その代表的事例であるカロライン号事件は非国家主体による攻撃の事例であったことを指摘する．第三に，国連憲章下における国家実行として，前文において自衛権に言及する安保理決議1368（9.11テロ事件の翌日の決議で，9.11テロ攻撃を国際の平和と安全に対する脅威と認定する）および決議1373（9.11テロ事件から2週間後の決議で，すべての国にテロ行為への資金提供の防止等を義務づける）に言及する．第四に，国連憲章第51条の起草過程に触れ，「いずれ

かの国によるいずれかの加盟国に対する攻撃（侵略）」（傍点引用者）に対する自衛権を規定していたアメリカ提案が，イギリスおよびフランスの懸念を容れて，先行行為の源について明記しない現行の規定となった点を指摘する．

　しかし，そもそもアメリカの行った安保理への自衛権行使に関する報告は，テロ集団であるアルカイダに対する自衛権行使を報告する趣旨のものというよりも，むしろアルカイダのテロ行為を可能にしたタリバン政権（アフガニスタン）の行為を指摘すること，したがって自国のアフガニスタンに対する自衛権の行使を正当化する点に主眼があったように思える[94]．また，関連安保理決議（1368および1373）にしても，前文では単に「国連憲章に従った（によって承認された）個別的または集団的自衛の固有の権利を承認（再確認）」しているのみであって，そこにアメリカによる自衛権行使の可能性に対する好意的な要素が含まれることは間違いないが，これをもって本件におけるアメリカによる自衛権の行使を是認したものと確言できるかについては，他の類似の安保理決議（とりわけ湾岸危機時の決議661）の文言との比較において異論がありうるし[95]，ましてやそれらの決議がテロリストに対する自衛権行使という概念を正面から認めたものといい切れるか疑問が残る．

　マーフィーは，非国家主体に対する自衛権行使という概念を支持するものとして，カロライン号事件に言及する．しかし，同事件については，自衛権に関する事件というよりも緊急避難に関する事件であるとの評価も強く，例えば国家責任条文のコメンタリーは，草案時点のものを含め，いずれも自衛ではなく緊急状態／緊急避難に関する条文において同事件を扱っている[96]．

　さらに，国連憲章の起草過程に関する主張についても，マーフィー自身認識しているように，起草過程における修正は，別の目的を達成する過程（地域主義的傾向の強いアメリカ案と個別国家の行動の自由を広く認めるフランス案〔イギリスが支持〕の妥協のための米英交渉）における付随的結

果であって[97]，先行行為の主体を国家以外（非国家主体）にも拡大する意図によるものではなかった．

　このような疑問もあって，9.11テロ事件後も，自衛権の行使は国家に対するものに限定されるとの主張が根強く残っている（例えば，メイヤー＝ホワイト，コーエンなど）[98]．9.11を受けて自説を変更した論者の中にさえ，この点については同様の立場を維持していると考えられるものが少なくない．例えばランデルツホーファがそうであり，彼は9.11以前には，ICJのニカラグア事件判決に同意するとして，「武力攻撃」とみなされるためには，1974年の「侵略の定義」第3条(g)に定める厳しい基準（武力攻撃に相当する重大性を有する武力行為を他国に対して実行する武装集団等の国家によるもしくは国家のための派遣またはかかる行為への国家の実質的関与）を満たさなければならないとしていたが，9.11後の国際社会の反応を受けて，より緩やかな基準（武力攻撃に相当する私人のテロ行為の国家による奨励，自国領域内における直接的支援の提供，計画，準備，またはそれらに対する取締り意思の欠如）を満たせば国家に帰属する「武力攻撃」の存在が認められると主張するに至っている[99]．しかし，こういった学説変更は，自衛権行使の要件としての「武力攻撃」とは国家の行為であると考えられている点まで変えるものではなく，自衛権の行使はあくまで国家に対するものとされる点は維持されている．同様なことは，カセーゼやバイヤーズについてもいえる[100]．

　国際判例に目を転ずれば，少なくとも裁判所としての結論に関する限り，ICJの立場は9.11の前後を通じて，国際法上の自衛権の行使は国家に対するものに限るという点で一貫しているように思える．1986年のニカラグア事件判決においてICJは，集団的自衛権の行使というアメリカの主張を受けて，ニカラグアによる武力攻撃の存否について判断を行ったが，その際に上記「侵略の定義」第3条(g)のフォーミュラをもって慣習法を反映するものとして論を進めている[101]．同項は，武装集団等の武力攻撃が一定の場合に国家による武力攻撃と見なされることを

定めたものである．したがってICJの判断の基礎には，自衛権行使の要件である「武力攻撃」について，直接的には非国家主体による行為である場合には，それが国家による「武力攻撃」と見なされることによってはじめて自衛権の発動要件を満たすことになる，との考え方があると見ることができる．ニカラグア事件判決にはシュウェーベル判事とジェニングス判事が関連する反対意見を付しているが，彼らの意見は，国家による叛徒への武器供与（のような緩やかな繋がり）であっても，場合によっては（武器供与国による）「武力攻撃」に該当しうるとするもので[102]，武力攻撃は国家によるものであるとする点においては，判決と異ならないのである．もっとも，裁判所は本事件において，アメリカのニカラグアに対する行為（国対国の行為）の合法性について判断を求められたのであり，したがって上記のようなアプローチがとられたのは当然であったともいえる．

　9.11後に示された2004年の「パレスチナ占領地域における壁建設の法的帰結」に関する勧告的意見において，ICJは，自衛権を援用するイスラエルの主張に関して次のように述べている．すなわち，イスラエルが，壁の構築は国連憲章第51条に定める自衛権と完全に合致した措置であり，安保理決議1368および1373はテロ攻撃に対する自衛としての武力行使の権利を明確に認めている（したがって壁構築という非武力措置の権利も当然認めている）と主張したこと関して，ICJは，「憲章第51条は，一国による他国に対する武力攻撃の場合における (in the case of armed attack by one State against another State) 自衛の固有の権利の存在を認めるものである」と明確に述べている[103]．

　さらに2005年の「コンゴ領域における武力活動事件（コンゴ対ウガンダ）」判決でも，ICJは次のように判示して，これまでの立場を基本的に維持している．すなわち，ウガンダは自衛として行動したと主張するが，コンゴ軍による武力攻撃を受けたとは主張していない，「武力攻撃」といわれているものは同盟民主軍（ADF＝ウガンダの反政府集団）からのも

のであり，コンゴ政府によるそれらの攻撃への直接・間接の関与の十分な証拠はない，攻撃はコンゴによってもしくはコンゴのために派遣された武装集団によるもの（「侵略の定義」第3条 (g)）ではなかった，したがって，それらの攻撃はコンゴに帰属しない[104]．ここでの判決の論理構造は，基本的にニカラグア事件判決におけるそれと同様であるということができよう．

　注目すべきは，パレスチナの壁事件において，ヒギンズ，コイマンスおよびバーゲンソールの各裁判官が，異口同音に（決議1368と1373に言及しつつ）憲章第51条は自衛権を国家による武力攻撃の場合に限定していないと述べている点である[105]．同様にコンゴ事件においても，コイマンス裁判官が，国家に帰属しない不正規兵による武力攻撃に対しても自衛の固有の権利を行使できるとする個別意見を付し，シンマ裁判官もこれに完全に同意すると述べている[106]．

　以上のように，非国家主体に対する自衛権の行使について，学説は9.11テロ事件を契機に新たな展開を示してはいるが，その展開は必ずしも確定的なものとはいえないし，国際判例（ICJ）も，少数意見を勘案するならば，9.11後の学説の展開と同様な方向への変化の兆しを示しているともいえるが，少なくとも判決ないし勧告的意見そのものに関する限り，9.11の前後で基本的に変化しているとはいえない．そのような中で，日本の立場をいかに評価し位置付けることができるかについて述べるのは容易ではないが，比較的明確な憲法上の自衛権に関する日本の立場（国家および国家に準ずる組織による武力攻撃の事態に限定）はともかく，国際法上の自衛権との関係における日本の立場は，学説・実行における流動的状況をも反映する形で，必ずしも明快には示されていないというほかあるまい．

VII おわりに

　以上，国会における日本政府の答弁を中心に，日本の個別的自衛権に対する態度をいくつかの側面から見てきた．その結果，何よりもまず，日本は，集団的自衛権の場合の自己抑制的な立場とは対照的に，かなり広範に個別的自衛権の概念を認めていることが明らかとなった．しかし，仔細に見るならば，同じ個別的自衛権でも，国際法上の概念なのか憲法（国内法）上の概念なのかによって，要件が異なって捉えられており，国際法上は個別的自衛権の概念がかなり広く理解されているのに対して，憲法上はかなり制限的に理解されていることが分かる（その点では集団的自衛権の場合と同様である）．そこで，国際法上の自衛権か憲法上の自衛権かという点，さらに国際法上の自衛権については，一般国際法上の自衛権か国連憲章上の自衛権かという点に留意しつつ，これまでの議論を再度整理してみよう．

　第一に，先制的自衛との関係では，憲法の観点から，自衛の要件たる「急迫不正の侵害」とは「武力攻撃の発生」をいい，武力攻撃の着手がなければならないとして，先制的自衛とは一線を画す立場が示されている．国際法の観点からも，国連憲章第51条の解釈として，自衛権の発動には「武力攻撃の発生」が必要であり，先制攻撃は認められないとされる．なお，先制的自衛との関連では，一般国際法に触れられない傾向がある．

　第二に，武力攻撃以外の法益侵害との関係では，国際法の観点からは，一般国際法が援用され，武力攻撃に至らない武力行使や権利侵害に対しても，自衛権（マイナー自衛権と呼ばれる）を発動して武力を行使することが認められるとの見解が採られている．憲法の観点からもマイナー自衛権の行使が認められるかについては，必ずしも明確ではないが，自衛隊法は，武力攻撃に至らない間接侵略に対する自衛隊の治安出動につい

て定め，その一環としての「武器の使用」を認めている．

　第三に，公海上の自国船舶保護との関係では，国際法の観点と憲法の観点とで，一見異なった見解が示される．国際法上は，公海上で自国籍の公私の船舶・航空機が攻撃を受けた場合には，当該国は自衛権を行使して，その攻撃を排除し得るとされるのに対して，憲法上は，一隻の船が攻撃されたからといって日本に対する直接の攻撃があったとは認めない（したがって自衛権の行使もできない）とされる．しかし，仔細に見ると，両者は同一の問題について語っているのではないことが判明する．国際法の観点からは，現場における攻撃排除の可能性が語られる一方で，憲法の観点からは，当該攻撃が旗国自身に対する武力攻撃と見なされるか否かが語られているのである．そして，攻撃排除の点についていえば，憲法（自衛隊法）上も，自衛権の行使ではないものの，海上警備行動の一環として「武器の使用」が認められている．

　第四に，在外自国民保護との関係では，国際法の観点と憲法の観点とで異なった見解が示される．国際法の観点からは，外国において自国民が急迫不正の侵害を受け，領域国がそれを排除する意思または能力を持たない場合には，一般国際法上，本国は自衛権を行使して，自国民を救出することができる場合があるとされる．他方，憲法上は，外国における自国民への侵害は，一般的には，自衛の三要件のうちの第一要件である「我が国に対する急迫不正の侵害」の要件に直ちに該当するとは考えられないとされる．

　第五に，テロとの関係では，憲法上の自衛権行使の要件である「武力攻撃の発生」が「国または国に準ずるものによる組織的，計画的な武力の行使」とされていることから，「国に準ずるもの」にテロリストが入りうるかが問題となるが，その敷居は決して低くない．国際的な紛争の主体となりうるが国際的には承認されていないもの，例えばタリバンなどがその例であるとされ，通常のテロリストによるテロ攻撃が直ちに自衛権行使の対象となるとは考えられていない．他方，日本政府のこの点

に関する国際法上の自衛権の観点からの見解は，必ずしも明らかでない．

以上のように見てくると，日本政府の自衛権の捉え方は，必ずしも明確でない部分はあるものの，おおむね次のように概括・整理することができるように思われる．すなわち，自衛権は，その発動要件から大きく二つの系列に分けられ，それらはほぼ，①国連憲章上の自衛権・憲法上の自衛権と，②一般国際法上の自衛権（いわゆるマイナー自衛権を含む）に対応するように思える．

①は，国際法の観点からは，国連憲章第51条に定める「武力攻撃の発生」を要件とした自衛権であり，「武力攻撃」とは「一国に対する組織的計画的な武力の行使」をいうものとされる．この要件は，憲法上の自衛権の要件とおおむね同じである．憲法上の自衛権の第一要件たる「我が国に対する急迫不正の侵害」とは，「武力攻撃の発生」を意味するものとされており，憲法を受けた自衛隊法第76条が防衛出動の前提とする「武力攻撃」も，「他国のわが国に対する計画的，組織的な武力による攻撃」と解されてきたし[107]，武力攻撃事態法第2条にいう「武力攻撃」も，「国または国に準ずるものによる組織的，計画的な武力［の行使］」とされてきた．このように国連憲章上の自衛権と憲法上の自衛権とは，ほぼ同一のものとして捉えられてきたのであり，その発動要件は，上記のように定義される「武力攻撃の発生」とされてきた．

こうした憲章第51条に対応する自衛権とは別に，日本政府は，②の自衛権，すなわち一般国際法上の自衛権の存在も認めてきた．それらは，武力攻撃に至らない武力行使・権利侵害に対する武力対応について明示され，公海上の船舶の保護との関係でも示された「マイナー自衛権」という（日本独自の）用語で総称されているように思われる[108]．在外自国民保護との関連におけるこの語の使用例は容易には見当たらないが，この語が（おそらく先制的自衛を除き）一般国際法上の自衛権一般を総称するものであるとすれば，在外自国民保護のための武力行使もこの語によってカバーされるということになるのかも知れない．

憲法上は，マイナー自衛権発動の前提となるような事態が「我が国に対する急迫不正の侵害」すなわち「武力攻撃の発生」に当たらない以上，それに対して「自衛権」としての「武力の行使」を行うことは認められない．しかし，そのような事態に対処する実践的必要性は存在するのであり，そのような必要性を受けて，実質的には，自衛隊法上，自衛権や武力行使の概念を用いることなく，「武器の使用」という概念を用いることによって，それらの事態のいくつかに対して対応できるようになっている．この点が最も明確なのは，公海上の自国船舶の保護との関係（海上警備行動）である[109]．しかし，公海上においてさえ可能なのであれば，自国領域において（対して）同様な事態が発生した場合にも，当然同様な対応が認められて然るべきであり，実際，自衛隊法では，陸海空のそれぞれにつき，治安出動（第78条，89条，90条），海上警備行動（第82条，93条），対領空侵犯措置（第84条）がパラレルに規定され[110]，一定の要件の下に「武器の使用」が認められている[111]．

そして，憲法上，「武力の行使」と「武器の使用[112]」がこのような関係にあるとの理解は，日本政府の認識とも通ずるところがあるように思える．2002年4月4日の衆議院安全保障委員会において，中谷元防衛庁長官が私見と断りつつも，「武力行使というのは，国家防衛のために国家のもとに行う行為でありますが，信号でいえば，赤，青，黄色ということで，赤の段階だと思いますけれども，平常状態は警察権の行使ということで青の場合でありますが，黄色の場合にやはりいきなり赤になるというのは，対応する側にとっても，国民を守るという観点からも非常に無理のあるような事態であって，やはりその移行段階において武器の使用という観点で，いわゆる自然権的権利として，国家作用としても，こういった段階的な移行の場合の武器使用ということは必要ではないかというふうに私は思っております．……自衛隊が行う武力の行使というのは自衛権の行使ということでございますが，これに至る前の段階の武器使用というのは，治安出動，警護出動，海警行動時などにおいて，自

衛隊法で言う，準用する警職法七条に基づく行為，また在外邦人の輸送やPKO，テロ対策特措法に基づく活動時などにおいて，いわば自己保存のための自然権的権利というべきものとして行って」（傍点引用者）いる，と答弁しているからである[113]．

　もっとも，上に述べたような概括的整理，つまり日本政府の考えでは，自衛権には二つの系列が存在し，一方で国連憲章上の自衛権は，憲法上の自衛権や自衛隊法上の「武力の行使」に対応し，他方で一般国際法上の自衛権ないしマイナー自衛権は，自衛隊法（その他の国内法）上の「武器の使用」に対応するという整理には，若干の留保を付さなければならない．第一に，先制的自衛との関連では，日本政府は，憲章上の自衛権とは異なる内容の一般国際法上の自衛権が存在すると少なくとも明示的には主張していないようである．第二に，在外自国民保護との関連では，現在のところ一般国際法上の自衛権に対応する国内法令は存在しない[114]．

　第一の点は，現行国際法の解釈として，先制的な武力の行使は基本的に認められないという日本の立場を示しているように思えるし，第二の点は，在外自国民の保護には他国領域への自衛隊の派遣・派兵を伴うため，「武器の使用」に共通して見られる「現場における受動的な対応」といった性格づけが困難である点に関連しているように思える．

　ともあれ，以上のように見てくるならば，一見大きく見えた国際法の観点から捉えた自衛権と憲法の観点から捉えた自衛権との間の相違は，両者の用語法によるところが大きかったということができるように思える．そして，国内法上「武力の行使」とは区別して「武器の使用」と呼ばれているものも，それが自衛隊等によって対外的に（外国の国家機関等に対して）行われる場合には，国際法上は基本的に「武力の行使」に該当すると考えることができるのであり[115]，そうであれば，用語法を捨象した場合，日本は国内法上も，個別的自衛権をかなり広く観念しているということができるであろう．さらにいえば，国内法上，「武力の行使」とは異なり，「武器の使用」はそれ自体としては憲法問題を惹起

するものではないため，比較的容易に新規立法等でその対象範囲が拡大する可能性を孕んでいるともいえよう．

〈付記〉本章は，「日本と自衛権——個別的自衛権を中心に」国際法学会編『安全保障』三省堂（2001 年）を基礎として加筆したものである．本章はまた，科学研究費補助金（基盤研究 C）「先制的自衛権論の新展開」（2006 年度〜2008 年度）による研究成果の一部でもある．

注

1 『第 102 回国会衆議院会議録』追録（1985 年 9 月 27 日）55 頁（答弁書）．

2 『第 145 回国会衆議院安全保障委員会会議録』第 3 号（1999 年 3 月 3 日）5 頁．

3 『第 156 回国会参議院武力攻撃事態への対処に関する特別委員会会議録』第 11 号（2003 年 6 月 4 日）23 頁．

4 『第 154 回国会衆議院会議録』第 50 号（2002 年 7 月 25 日）6 頁（答弁書）．

5 『第 153 回国会衆議院会議録』追録（2002 年 3 月 1 日）74-75 頁（答弁書）．

6 『第 145 回国会衆議院安全保障委員会会議録』第 3 号（1999 年 3 月 3 日）5 頁．

7 同上，6 頁．ただし，専守防衛の建前から，日本は敵地攻撃能力を有しない．『第 156 回国会衆議院予算委員会会議録』第 4 号（2003 年 1 月 24 日）10 頁（石破茂防衛庁長官答弁）．

8 『第 145 回国会参議院外交・防衛委員会会議録』第 3 号（1999 年 3 月 9 日）11 頁．

9 『第 156 回国会参議院外交防衛委員会会議録』第 7 号（2003 年 4 月 22 日）3 頁（宮﨑礼壹内閣法制局第一部長答弁）．同旨の答弁として，『第 156 回国会参議院武力攻撃事態への対処に関する特別委員会会議録』第 8 号（2003 年 5 月 28 日）21 頁（同上）参照．

10 『第 156 回国会衆議院予算委員会会議録』第 4 号（2003 年 1 月 24 日）10 頁．

11 『第 156 回国会参議院武力攻撃事態への対処に関する特別委員会会議録』第 11 号（2003 年 6 月 4 日）25 頁．同旨の答弁として，『第 156 回国会衆議院予算委員会会議録』第 10 号（2003 年 2 月 13 日）37 頁（石破防衛庁長官答弁）．

12 『第 24 回国会衆議院内閣委員会会議録』第 15 号（1956 年 2 月 29 日）1 頁．

13 『第63回国会衆議院予算委員会議録』第15号（1970年3月18日）8，11頁．

14 『第156回国会参議院武力攻撃事態への対処に関する特別委員会会議録』第8号（2003年5月28日）22頁（宮﨑礼壹内閣法制局第一部長答弁）．同旨の答弁として，『第156回国会参議院武力攻撃事態への対処に関する特別委員会会議録』第11号（2003年6月4日）25頁（石破茂防衛庁長官答弁）．

15 『第145回国会衆議院予算委員会議録』第14号（1999年2月16日）43頁．なお，この東郷答弁の直後に行われた高村正彦外相の答弁には若干の含みが感じられる．

16 『第61回国会参議院予算委員会議録』第3号（1969年2月21日）10，11頁．

17 2002年7月23日の「答弁書」には，国連憲章第51条の文言の引用と並列して，一般国際法上の自衛権の行使要件が示され，その一つとして，「国家又は国民に対する外部からの急迫不正の侵害があること」が掲げられているが（『第154回国会衆議院会議録』第50号（2002年7月25日）6頁），上記の野呂田防衛庁長官の答弁とは異なり，「急迫不正の侵害」が「武力攻撃の発生」を意味するとはされていない．したがって，「急迫不正の侵害」の解釈次第では，一般国際法上の自衛権は「武力攻撃の発生」を待たずに行使できるものと解釈する余地が残されているといえるかも知れない．

18 Moore, J.B., *A Digest of International Law*, Vol. 2 (1906), p. 412. See, *e.g.*, Bowett, D.W., *Self-Defence in International Law,* Manchester U.P. /Manchester (1958), pp. 188-189; Brownlie, I., *International Law and the Use of Force by States*, Clarendon/Oxford (1963), p. 257; Henkin, L., *How Nations Behave: Law and Foreign Policy*, 2nd ed., Columbia U.P. /New York (1979), pp. 141-142; Schachter, O., *International Law in Theory and Practice,* Nijhoff/Dordrecht (1991), p. 151; Higgins, R., *Problems and Process: International Law and How We Use It,* Clarendon/Oxford (1994), p. 242; Randelzhofer, A., "Article 51," in Simma, B. (ed.), *The Charter of the United Nations: A Commentary,* Oxford U.P. /Oxford (1995), pp. 675-676; Malanczuk, P., *Akehurst's Modern Introduction to International Law,* 7th ed., Routledge/London (1997), pp. 313-314.

19 See, *e.g.,* Bowett, *op.cit.,* p. 191; Waldock, C.H.M., "The Regulation of the Use of Force by Individual States in International Law," *RdC,* tome 81 (1952-II), pp. 497-498; McDougal, M.S., "The Soviet-Cuban Quarantine and Self-Defense," *AJIL*, Vol. 57, No. 3 (1963), pp. 597-604; Schwebel, S.M., "Aggression, Intervention and Self-Defence in Modern International Law," *RdC,* tome 136 (1972-II), pp. 479-482; Schachter, *op.cit.,* pp. 150-153. Cf. Higgins, *op.cit.,* pp. 242-243.

20 田岡良一『国際法上の自衛権』勁草書房（1964年）213-239頁．Singh, N., *Nuclear Weapons and International Law,* Stevens and Sons/London (1959), pp. 126-128; Singh, N. and McWhinney, E., *Nuclear Weapons and Contemporary International Law,* Nijhoff/Dordrecht (1989), pp. 95-97; Dinstein, Y., *War, Aggression and Self-Defence*, 2nd ed., Grotius Publications/Cambridge (1994), pp. 182-191, esp. p. 190.

第 10 章　憲法上の自衛権と国際法上の自衛権　*291*

21　See, *e.g.,* Akehurst, M., *A Modern Introduction to International Law*, 6th ed., Allen and Unwin/London (1987), pp. 261–264; Henkin, *op.cit.,* pp. 141–143; Brownlie, *op.cit.,* pp. 275–278, 366–368; Randelzhofer, *op.cit.,* pp. 675–676; Jessup, P.C., *A Modern Law of Nations: An Introduction,* Macmillan/New York (1952), pp. 165–167.

22　Brownlie, *op.cit.,* p. 368. See also Henkin, *op.cit.,* p. 144.

23　Cassese, A., *International Law in a Divided World,* Clarendon/Oxford (1986), p. 231.

24　そもそも憲法上の自衛の三要件において用いられる「急迫不正の侵害」という概念そのものが，先制的自衛を許容しているかのようである点に問題がある．同時代の横田喜三郎『自衛権』有斐閣（1951 年）も，自衛の要件の一つとして「急迫または現実の不正な危害」を掲げるが，それは「本来の自衛権」（一般国際法上の自衛権）の要件としてであり，しかもその具体例としてカロライン号事件が挙げられていた（45, 54 頁）．

25　S/PV. 2280, 12 June 1981, paras. 97–100.

26　S/14512, 10 June 1981; S/PV. 2282, 15 June 1981, paras. 93–95.

27　S/PV. 2288, 19 June 1981, para. 157.

28　Rivkin, D.B., *et al.,* "Preemption and Law in the Twenty-First Century," *Chicago Journal of International Law*, Vol. 5, No. 2 (2005), p. 479, n. 41.

29　『第 143 回国会衆議院外務委員会議録』第 4 号（1998 年 9 月 18 日）14 頁．

30　『第 34 回国会衆議院日米安全保障条約等特別委員会議録』第 21 号（1960 年 4 月 20 日）25–26 頁．

31　『第 143 回国会衆議院外務委員会議録』第 4 号（1998 年 9 月 18 日）14 頁．

32　『第 19 回国会参議院外務委員会議録』第 25 号（1954 年 4 月 26 日）11–12 頁．Waldock, *op.cit.,* p. 497, but see Bowett, *op.cit.,* p. 184, n. 5.

33　Bebr, G., "Regional Organizations: A United Nations Problem," *AJIL*, Vol. 49, No. 2 (1955), p. 172, n. 31; Alexandrov, S.A., *Self-Defense against the Use of Force in International Law*, Kluwer/The Hague (1996), p. 90, n. 55; Dinh, N.Q., "La légitime défense d'après la Charte des Nations Unies," *RGDIP,* tome 52, no. 1–2 (1948), p. 246; *Documents of the UNCIO,* Vol. 12, pp. 682–684, 740. 高野雄一「地域的安全保障と集團的自衛」『国際法外交雑誌』第 55 巻 2・3・4 号（1956）220 頁．

34　Bowett, *op.cit.,* p. 184, n. 5; Österdahl, I., *Threat to the Peace: The Interpretation by the Security Council of Article 39 of the UN Charter,* Iustus Förlag/Uppsala (1998).

35　『第 154 回国会衆議院安全保障委員会議録』第 3 号（2002 年 3 月 28 日）13 頁．

36　『第 38 回国会衆議院内閣委員会議録』第 28 号（1961 年 4 月 21 日）13 頁．

37　Randelzhofer, *op.cit.,* pp. 664–665.

38 See, *e.g.,* Waldock, *op.cit.,* p. 497; Schwebell, *op.cit.,* pp.482-483; Stone, J., "Law, Force and Survival," *Foreign Affairs*, Vol. 39, No. 4 (1961), pp. 553-557; Brierly, J.L., *The Law of Nations,* 6th ed., Clarendon/Oxford (1963), pp. 416-427, esp. p. 424.

39 *ICJ Reports 1986*, p. 110, paras. 210-211.

40 *Ibid.,* p. 127, para. 249.

41 *Ibid.,* p. 86, para. 160; p. 87, para. 164; pp. 119-120, paras. 230-231.

42 裁判所は犠牲国による「均衡のとれた対抗措置」には武力の行使が含まれうることを強く示唆したとした上で、そのような裁判所の見解には、国連憲章上の根拠がないだけでなく、武力行使の禁止を根本的に弱体化させるものであると批判するものとして、Hargrove, J.L., "The *Nicaragua* Judgment and the Future of the Law of Force and Self-Defense," *AJIL*, Vol. 81, No. 1 (1987), pp. 138, 141-142. See also Dinstein, *op.cit.,* p. 193. 逆に、判決が叛徒への武器供給・兵站その他の援助は武力攻撃を構成しないとしたことを取り上げ、低水準のテロに対しては自衛としての武力行使ができないため、テロを助長することになると批判するものとして、Higgins, *op.cit.,* pp. 250-251. See also *ICJ Reports 1986*, pp. 543-544 (Dissenting Opinion of Judge Sir Robert Jennings).

43 『第143回国会衆議院外務委員会議録』第4号（1998年9月18日）14頁.

44 『第94回国会衆議院内閣委員会議録』第4号（1981年4月4日）3-4頁.

45 『第96回国会衆議院予算委員会議録』第16号（1982年2月23日）6頁.

46 『第120回国会衆議院安全保障特別委員会議録』第5号（1991年3月13日）21頁．同旨、『第96回国会衆議院予算委員会議録』第16号（1982年2月23日）4頁（栗山尚一外務省条約局長答弁）.

47 『第65回国会衆議院内閣委員会議録』第17号（1971年4月22日）20頁.

48 『第104回国会衆議院予算委員会議録』第15号（1986年2月22日）12頁.

49 この点を示唆するものとして、『第61回国会参議院内閣委員会会議録』第28号（1969年7月10日）23頁（宍戸基男防衛庁防衛局長答弁）.

50 『第112回国会参議院内閣委員会会議録』第3号（1988年3月28日）14-15頁（西廣整輝防衛庁防衛局長答弁）.

51 Brownlie, *op.cit.,* p. 305. 田岡、前掲書、204, 215頁、横田、前掲書、65頁参照.

52 この「一般原則」の意味も明らかでないが、脚注引用文献によれば、商船が公海上における自衛のために武装することができるという原則について述べているようである.

53 Dinstein, *op.cit.,* pp.197-198. See also Randelzhofer, *op.cit.,* p. 671.

54 Broms, B., "The Definition of Aggression," *RdC,* tome 154 (1977-I), pp. 350-352.

55 A/9619, 1974, pp. 15-16; A/9411, 10 December 1973, para. 20, both reproduced in Ferencz, B., *Defining International Aggression: The Search for World Peace,* Vol. 2, Oceana/Bobbs Ferry (1975), pp. 549, 571.

56 途上国の主張は1974年の国連総会第6委員会報告書に反映され,「侵略の定義,特に第3条(d)は,その行使が国際連合憲章と矛盾しない限り,国家管轄権内においてその権利を行使する国家の権限を害するものと解釈してはならない」とされた.A/9890, 6 December 1974, para. 10. See also A/PV. 2319, 14 December 1974, paras. 90-92 (Japan), 93-95 (Ecuador).この報告書における第6委員会の合意は,沿岸国が具体的にいかなる権利を有するかについては触れておらず,その点については,第三次国連海洋法会議に委ねた形になっている.

57 Dinstein, *op.cit.*, pp. 214-215. ディンシュタインは,「現場における反応」の例として,国境での撃ち合いや,公海上の船舶に対する攻撃を挙げ,「現場における反応」とは「閉じた」活動であって,他の場所における他の部隊による行動や,当初「反応」した部隊であっても,その将来の行動をカバーしないとする.

58 ブラウンリーも,陸上基地から船舶に対して攻撃が繰り返される場合について検討しており,基地への反撃は均衡を失するとの主張が可能であると述べている.Brownlie, *op.cit.*, p. 305.

58a *ICJ Reports 2003*, p. 195, para. 72.

59 S/PV. 1939, 9 July 1976, para. 115.

60 S/PV. 1941, 12 July 1976, paras. 77-78.

61 S/PV. 1942, 13 July 1976, paras. 57-58.

62 S/13908, 25 April 1980, p. 1.

63 『第91回国会衆議院安全保障特別委員会議録』第2号(1980年4月26日)33頁.

64 『第120回国会衆議院安全保障特別委員会議録』第5号(1991年3月13日)21頁.

65 同上,21頁.同旨の答弁として,『第154回国会衆議院武力攻撃事態への対処に関する特別委員会議録』第4号(2002年5月8日)34頁(福田康夫内閣官房長官答弁).

66 外国の領域にある自衛隊が攻撃を受けた場合でさえ,一般的に直ちに日本に対する武力攻撃の発生とは見られず,憲法上自衛権の発動はできないとされる.『第131回国会参議院内閣委員会議録』第5号(1994年11月8日)29頁(村田直昭防衛庁防衛局長答弁).その理由としては,「我が国に対する武力攻撃というのは組織的,計画的な武力攻撃であり,また自衛隊の保護は当該領域に対して施政権を持つ当該他国が,その与国が当たるべきであって,他に適当な手段がないことに当たるとは言えない」ことが指摘される.

67 Waldock, *op.cit.*, pp. 467, 496-497; Bowett, D.W., "The Interrelation of Theories of

Intervention and Self-Defense," in Moore, J.N. (ed.), *Law and Civil War in the Modern World*, Johns Hopkins U.P. /Baltimore (1974), p. 44.

68 Lillich, R., "Forcible Self-Help by States to Protect Human Rights," *Iowa Law Review*, Vol. 53, No. 2 (1967), pp. 326, 331–332. For self-help, see also Waldock, *op.cit.*, pp. 467–468; Reisman, M., *Nullity and Revision*, Yale U.P. /New Haven (1971), p. 850.

69 Henkin, *op.cit.*, p. 145; Higgins, *op.cit.*, pp. 245–247; *Idem*, "Intervention and International Law," in Bull, H. (ed.), *Intervention in World Politics*, Clarendon/Oxford (1984), p. 39.

70 Dinstein, *op.cit.*, pp. 228–229. Cf. Schachter, *op.cit.*, p. 166.

71 *Ibid.*, pp. 126, 165–167, 169–173; Raby, J., "The State of Necessity and the Use of Force to Protect Nationals," *CYIL*, Vol. 26 (1988), pp. 253–271. Cf. Brierly, *op.cit.*, pp. 427–428.

72 国際法委員会も，国家責任条文草案(第一読)のコメンタリーにおいて，侵略行為は強行規範に違反するため緊急状態を援用できないとしつつ，同時に，必ずしも侵略行為に該当しない領域主権侵害行為（在外自国民保護を例示）の存在に言及している．しかし，委員会は，そのような侵害行為に関連して，憲章第2条4項が，緊急状態援用に関するもう一つの除外要因である，当該条約自身が緊急状態援用の可能性を排除している場合に該当するか否かについては，結論を避けている．*Yearbook of the ILC 1980*, Vol. II, Pt. 2, pp. 43–45.

73 Ronzitti, N., *Rescuing Nationals Abroad through Military Coercion and Intervention on Grounds of Humanity*, Nijhoff/Dordrecht (1985), pp. 7–15, 64. ただし，国家実行を検討して，新たな法の生成の可能性は否定していない（*Ibid.*, pp. 65–68）．

74 Brownlie, I., "The Principle of Non-Use of Force in Contemporary International Law," in Butler, W.E. (ed.), *The Non-Use of Force in International Law*, Nijhoff/Dordrecht (1989), p. 23; Cassese, *op.cit.*, pp. 236–239; *Idem.*, "Article 51," in Cot-Pellet (eds.), *La Charte des Nations Unies*, Economica/Paris (1985), p. 784; Randelzhofer, *op.cit.*, p. 672.

75 S/P.V. 1939, 9 July 1976, paras. 177–204 (France); S/P.V. 1940, 12 July 1976, paras. 90–109 (UK); S/P.V. 1941, 12 July 1976, paras. 46–61 (FRG); S/P.V. 1943, 14 July 1976, paras. 53–67 (Italy).

76 S/P.V. 1942, 13 July 1976, paras. 39 (Romania), 146 (India). なお，在外自国民保護は先進国の砲艦外交だとする批判は，1978年のエジプトによるラルナカ（キプロス）での救出作戦によって一部綻びかけている．Ronzitti, *op.cit.*, pp. 40–41, 65.

77 イスラエルによるウガンダの主権と領土保全の重大な侵害を非難する決議案（ベナン，リビア，タンザニア共同提案）は，安保理内の対立を考慮して提案国によって撤回され（S/12139, 12 July 1976; S/P.V. 1943, paras. 147–148），一般的な文言でハイジャックを非難し，主権と領土保全の尊重の必要性を再確認する決議案（英米

共同提案）は，多数を得ることができず否決された（S/12138, 12 July 1976; S/PV. 1943, para. 162）．

78　Ronzitti, *op.cit.*, pp. 45-48.

79　*ICJ Reports 1980*, pp. 43-44, paras. 93-94. ICJ はアメリカの主張（自衛権の行使）を認めたとするものとして，Jeffery, A., "The American Hostages in Tehran: The ICJ and the Legality of Rescue Missions," *ICLQ*, Vol. 30, Pt. 3 (1981), p. 723. 他方，モロゾフ判事およびタラジ判事は，イランのアメリカに対する「武力攻撃」はなかったとして，憲章第51条による正当化を拒否している．*ICJ Reports 1980*, pp. 56-57, 64-65.

80　Schachter, O., "The Right of States to Use Armed Force," *Michigan Law Review,* Vol. 82, Nos. 5 & 6 (1984), p. 1629.

81　Akehurst, *op.cit.,* p. 264.

82　『第153回国会衆議院会議録』第5号（2001年10月10日）10頁．

83　『第154回国会衆議院武力攻撃事態への対処に関する特別委員会議録』第4号（2002年5月8日）37頁．

84　『第156回国会参議院武力攻撃事態への対処に関する特別委員会会議録』第11号（2003年6月4日）23頁．

85　イギリスは，アルカイダを伝統的なテロ組織と国家の中間的な存在とする．Gray, C., *International Law and the Use of Force*, 2nd ed., Oxford U.P. /Oxford (2004), p. 166.

86　『第156回国会参議院外交防衛委員会会議録』第17号（2003年7月17日）17頁（石破茂防衛庁長官答弁）．

87　『第156回国会衆議院イラク人道復興支援並びに国際テロリズムの防止及び我が国の協力支援活動等に関する特別委員会議録』第7号（2003年7月2日）4頁（石破茂防衛庁長官答弁）．逆に，「フセイン政権の残党であったとしても，日々の生活の糧を得るために略奪行為を行っている，こういうものは該当しない」とされる．

88　『第153回国会衆議院会議録』追録（2002年3月1日）74頁（答弁書）．

89　『第154回国会衆議院会議録』第50号（2002年7月25日）6頁（答弁書）．

90　『第154回国会衆議院武力攻撃事態への対処に関する特別委員会議録』第17号（2002年7月3日）10-11頁．川口外相は，9.11テロ事件後に採択された安保理決議1368と1373について，「今回のテロの攻撃に対応して，米国等が個別的または集団的自衛権を行使し得るということを確認したというものだと考えられる」とも述べている．同上，11頁．

91　『第104回国会衆議院外務委員会議録』第9号（1986年4月23日）2頁．小和田

条約局長は，引き続いて，一連のテロ行為がリビアの手によるものかなどについての情報がないので，確定的な法的な判断を下すことはできないと述べている．同上, 3頁．

92　Franck, T., "Terrorism and the Right of Self-Defense," *AJIL,* Vol. 95, No. 4 (2001), p. 840 ; Dinstein, Y., *War, Aggression and Self-Defence*, 3rd ed., Cambridge U.P. /Cambridge (2001), pp. 213-221; Greenwood, C., "International Law and the Preemptive Use of Force: Afghanistan, Al-Qaida, and Iraq," *San Diego International Law Journal*, Vol. 4 (2003), p. 17; Paust, J.J., "Use of Armed Force against Terrorists in Afghanistan, Iraq, and Beyond," *Cornell International Law Journal*, Vol. 35, No. 3 (2002), pp. 533-539. わが国では，例えば，西井正弘「大規模国際テロと国際法」『国際問題』第505号（2002年）15-16頁，大沼保昭『国際法』東信堂（2005年）574頁．

93　Murphy, S.D., "Self-Defense and the Israeli *Wall* Advisory Opinion: An *Ipse Dixit* from the ICJ?," *AJIL*, Vol. 99, No. 1 (2005), pp. 64-70. See also *idem*, "Terrorism and the Concept of "Armed Attack" in Article 51 of the U.N. Charter," *Harvard International Law Journal*, Vol. 43, No. 1 (2002), pp. 45-50.

94　S/2001/946, 2001, 7 October 2001.

95　浅田正彦「同時多発テロ事件と国際法上の自衛権」『法学セミナー』第567号（2002年）35-36頁．See also Myjer, E.P.J. and White, N.D., "The Twin Towers Attack: An Unlimited Right to Self-Defence?," *Journal of Conflict and Security Law*, Vol. 7, No.1 (2002), pp. 10-11.

96　*Yearbook of the ILC 1980*, Vol. II, Pt. 2, p. 44, para. 24, p. 44, n. 155; Crawford, J., *The International Law Commission's Articles on State Responsibility: Introduction, Text and Commentaries*, Cambridge U.P. /Cambridge (2002), p. 179, para. (5).

97　See, Kearley, T., "Regulation of Preventive and Preemptive Force in the United Nations Charter: A Search for Original Intent," *Wyoming Law Review*, Vol. 3, No. 2 (2003), pp. 693-705. なお，川岸伸「非国家主体と国際法上の個別的自衛権とをめぐる理論と現──9.11同時多発テロ事件を契機として──」（京都大学大学院法学研究科提出修士論文）26-29頁参照．

98　See, *e.g.*, Myjer and White, *op.cit.*, pp. 7-8; Kohen, M.G., "The Use of Force by the United States after the End of the Cold War, and its Impact on International Law," in Byers, M. and Nolte, G. (eds.), *United States Hegemony and the Foundation of International Law*, Cambridge U.P. /Cambridge (2003), pp. 205-210, esp. p. 208. わが国では，例えば，村瀬信也「自衛権の新展開」『国際問題』第556号（2006年）3頁，宮内靖彦「『非国家的行為体への自衛権』論の問題点」『国際問題』第556号（2006年）5-12頁，植木俊哉「国際テロリズムと国際法理論」『国際法外交雑誌』第105巻4号（2007年）9-10頁，浅田正彦「国際法における先制的自衛権の位相──ブッシュ・ドクトリンを契機として──」浅田編『21世紀国際法の課題（安藤仁介先生

古稀記念)』有信堂(2006年)335頁.

99 Randelzhofer, A., "Article 51," in Simma, B. (ed.), *The Charter of the United Nations: A Commentary,* 2nd ed., Oxford U.P. /Oxford (2002), pp. 801-802.

100 Cassese, A., "Terrorism is Also Disrupting Some Crucial Legal Categories of International Law," *EJIL*, Vol. 12, No. 5 (2001), p. 997; Byers, M., "Terrorism, the Use of Force and International Law," *ICLQ,* Vol. 51, Pt. 2 (2002), pp. 406-410. See also Ruys, T. and Verhoeven, S., "Attacks by Private Actors and the Right of Self-Defence," *Journal of Conflict and Security Law,* Vol. 10, No. 3 (2005), pp. 309-317, 319. Cf. Gray, C., "The Use of Force and the International Legal Order," in Evans, M.D. (ed.), *International Law*, Oxford U.P. /Oxford (2003), p. 604.

101 *ICJ Reports 1986*, pp. 103-104, para. 195.

102 *Ibid.*, pp. 344 (Dissenting Opinion of Judge Schwebel), 543 (Dissenting Opinion of Judge Sir Robert Jennings).

103 *ICJ Reports 2004*, p. 194, paras. 138-139.

104 "Case Concerning Armed Activities on the Territory of the Congo (Democratic Republic of the Congo v. Uganda), Judgment, 19 December 2005," para. 146.

105 *ICJ Reports 2004*, p. 215, para. 33 (Separate Opinion of Judge Higgins); *ibid.,* pp. 229-230, para. 35 (Separate Opinion of Judge Kooijmans); *ibid.*, p. 242, para. 6 (Declaration of Judge Buergenthal).

106 "Case Concerning Armed Activities on the Territory of the Congo (Democratic Republic of the Congo v. Uganda), Judgment, 19 December 2005," Separate Opinion of Judge Kooijmans, paras. 29-30; Separate Opinion of Judge Simma, para. 12.

107 この点につき,例えば,『第38回国会衆議院内閣委員会議録』第28号(1961年4月21日)13頁(加藤陽三防衛庁長官官房長答弁),『第82回国会参議院内閣委員会会議録』第3号(1977年11月15日)26頁(竹岡勝美防衛庁長官官房長答弁)参照.なお,防衛出動と自衛権の関係につき,『第61回国会参議院内閣委員会会議録』第28号(1969年7月10日)23頁(真田秀夫内閣法制局第一部長答弁)参照.

108 高村正彦外相は,「マイナー自衛権」とは,「例として挙げられているものは,国境での小競り合いとか公海上での船舶の奇襲だとか,相手側の軽微な,つまり計画的,組織的でない武力行使の,その現場でそれに反撃するために必要最小限として行使される自衛権として説明されているもの」かとの質問に対して,「おおむね委員のおっしゃるとおりだと思います」と答えている.『第145回国会衆議院予算委員会議録』第14号(1999年2月16日)42頁.

109 公海上の自国船舶の保護との関連で,「マイナー自衛権」と「海上警備行動」が

関連づけて語られたことがある.『第112回国会参議院内閣委員会会議録』第3号（1988年3月28日）15頁（西廣整輝防衛庁防衛局長答弁）.

110 治安出動と海上警備行動の場合における武器の使用には，警察官職務執行法第7条が準用され（治安出動の場合には人・施設の警護や暴動鎮圧等にも武器使用が認められる），また，正当防衛・緊急避難の場合以外は武器の使用は部隊指揮官の命令によるものとされる．警職法第7条によれば，犯人逮捕，逃走防止，自己・他人の防護，公務執行への抵抗抑止のために必要と認める相当な理由がある場合に，合理的な限度で武器の使用が認められるが，正当防衛・緊急避難，兇悪な犯罪や逮捕状による逮捕等の場合以外は，人に危害を与えてはならないとされる．他方，対領空侵犯措置に関する自衛隊法第84条には，武器使用に関する明文の規定はないが，同条の解釈として武器使用は可能とされている．『第87回国会衆議院予算委員会議録』第20号（1979年3月6日）31頁（佐々淳行防衛庁参事官答弁）．ただし，その場合の武器の使用は，正当防衛と緊急避難の場合に限るとされている．『第145回国会衆議院安全保障委員会議録』第3号（1999年3月3日）6頁（野呂田防衛庁長官答弁）．

111 もちろん，このような「武器の使用」は，自衛隊法その他の法律（PKO協力法第24条，周辺事態法第11条，船舶検査法第6条など）において明示的に権限が付与されない限り認められない．

112 政府統一見解による「武力の行使」および「武器の使用」の定義は，次のとおりである．すなわち，「一般に，憲法第九条第一項の『武力の行使』とは，我が国の物的・人的組織体による国際的な武力紛争の一環としての戦闘行為をいい，……『武器の使用』とは，火器，火薬類，刀剣類その他直接人を殺傷し，又は武力闘争の手段として物を破壊することを目的とする機械，器具，装置をその物の本来の用法に従って用いることをいう」とされ，「『武力の行使』は，『武器の使用』を含む実力の行使に係る概念」であるが，「武器の使用」が，すべて「武力の行使」に当たるとはいえず，例えば「自己保存のための自然権的権利」としての必要最小限の「武器の使用」は「武力の行使」には当たらない，とされる（1991年9月27日の政府統一見解．『第122回国会衆議院国際平和協力等に関する特別委員会議録』第3号（1991年11月18日）19-20頁）．これは，PKO協力法の文脈における「武器の使用」の定義であるが，自衛隊法上も同様と考えられる（『第145回国会衆議院日米防衛協力のための指針に関する特別委員会議録』第11号（1999年4月23日）41頁（大森政輔内閣法制局長官答弁）参照）．ただし，「武力の行使に該当しない武器の使用」は，自然権的権利に基づく場合に限定される訳ではなく，自衛隊法第95条に定める武器等の防護のための武器使用の場合も同様とされる（同上，42頁（同上））．ともあれ，総じて「武力の行使に該当しない武器の使用」には，現場における受動的な対応である点に共通性が認められるように思われる．

113 『第154回国会衆議院安全保障委員会議録』第5号（2002年4月4日）10頁．

114 日本は，1999年に自衛隊法を改正して，外国における災害，騒乱等からの保護を目的として邦人等の輸送の職務に従事する自衛官の武器使用に関する条項を追加し，自己もしくは自己と共に当該輸送の職務に従事する隊員とその保護下に入った邦人等の「生命又は身体の防護のためやむを得ない必要があると認める相当の理由がある場合には，その事態に応じ合理的に必要と判断される限度で武器を使用することができる」ものとした（第100条の8）．もっとも，これは，いわゆる在外自国民救出作戦を想定したものではなく，また，そもそも邦人等の輸送業務には派遣先の国の政府の同意が必要とされる．『防衛年鑑（2000年版）』（防衛メディアセンター，2000年）34頁．

115 日本では「武器の使用」と表現されるPKO要員の行為も，国連においては「武力の行使 (use of force)」と表現される．See, *e.g.,* Siekmann, R.C.R., *Basic Documents on United Nations and Related Peace-Keeping Forces,* 2nd ed., Nijhoff/Dordrecht (1989), pp. 53, 77, 153, 190, 216, 232; United Nations, *The Blue Helmets: A Review of United Nations Peace-keeping,* 2nd ed., United Nations/New York (1990), p. 6; A/55/305-S/2000/809, 21 August 2000, para. 48.

判例索引

ア行
イラン油井事件 ICJ 本案判決　　125
オイル・プラットフォーム事件（本案判決）　　61, 72, 144, 150, 154, 269

カ行
核兵器使用・威嚇の（合法性に関する ICJ）勧告的意見　　24, 61, 71, 72, 124, 191, 213
国際司法裁判所「ニカラグア事件」判決　　35, 38, 42, 47, 52
コルフ海峡事件判決　　148
コンゴ・ウガンダ軍事活動事件（コンゴ領武力行動事件〔対ウガンダ〕）　　61, 133, 140, 147, 150, 151, 155, 282, 283

タ行
タジッチ事件　　140
テヘラン人質事件　　12, 13, 15

ナ行
ニカラグア事件（ICJ 本案判決）　　18-20, 22, 35, 37, 42, 47, 52, 60, 61, 67, 69, 71, 73, 115, 122, 137, 142, 143, 157, 205, 263-265, 281, 282

ハ行
パレスチナ分離壁（の壁）事件（勧告的意見）　　139, 141, 145, 150, 151, 156, 282, 283

事項索引

欧数字

9.11(テロ)事件(米国同時多発テロ事件)
　　132, 134, 138, 151, 155, 159, 167, 182, 276-283
ANZUS 条約　42
CENTO(中央条約機構)　42
CIS(独立国家共同体)　48, 49
　——憲章　49
in-and-out rescue operations　9
jus ad bellum　71-76, 193, 194, 203
jus in bello　72-77, 193, 194, 203
LAS(アラブ連盟)　34, 48
　——憲章　34
METO(中東条約機構)　42
NATO(北大西洋条約機構)　39, 120
NATO 空爆　13
NATO 理事会　49
OAS(米州機構)　34
　——憲章　34
SEATO(東南アジア条約機構)集団防衛条約　46
SM3(ペトリオット3)　92

ア行

アイヒマン事件　171, 173, 175
アキレ・ラウロ号事件　173
後からの実行(subsequent practice)
　→　事後の国家実行　8
アフガニスタン侵攻　38, 46
アラブ共同防衛経済協力条約　34, 40, 48
アルカ(ー)イダ　167, 183, 184, 190, 191, 277, 280
アルゼンチン　75
アンゴラ　44
　——内戦　46

安保理(→国連安保理事会)
安保理決議○○号(→国連安保理事会)
安保理への報告義務(→国連安保理事会)
イージス艦　92
イエメン内戦　44
　——武力行使　46
域外適用　166
域外法執行活動での武器使用や武力行使　77
イスラエル　104, 105
一般国際法上の自衛権　251
違法性阻却事由　6, 172
イラク　74
　——原子炉空爆事件　258
　——・クウェート危機　48
　——戦争　213
　——のクウェート侵攻　41, 44
　——武力行使　48
イラン　73-75
　——・イラク戦争　72, 74, 217, 227
　——人質救出作戦　271
インターセプト　172-175, 187, 190
印パ戦争　217
ウェストファリア条約　159
ヴェトナム戦争　217
ウェブスター・フォーミュラ　60, 61, 62, 64, 256
ヴェルサイユ条約　35
宇宙空間　99
英国・マルタ相互防衛援助協定　41
英国・モーリシャス相互防衛援助協定　41
英国・リベリア協力協定　41
越境侵入　68
エルサルバドル　68
エンテベ(空港)事件　104, 270, 275

カ行

外国軍用品海上輸送規制法	217
解釈における有効性原則	8
解釈における実効性原則	9
海上警備行動	267, 287
海上中立法ヘルシンキ原則	228
海上捕獲	218
害敵手段	190
核兵器	71, 213
カマキリ作戦 (Operation Praying Mantis)	74
仮保全措置	15
カロライン（キャロライン）号事件	60, 61, 75, 98, 133, 135, 176, 188, 256, 270, 280
環境	64
干渉	123
間接侵略	141, 262
帰属	139
北大西洋条約	40, 49, 120
――機構（NATO）（→ NATO）	
北朝鮮	90
機能的目標選定基準	237
急迫不正の侵害	5, 94
強行法規	109
共同防衛	36
――条約	35
教範	230
緊急状態	273, 274, 280
緊急避難 (necessity)	98, 107, 184, 186
均衡する対抗措置	153, 154, 156
均衡する防衛措置	155
均衡性 (proportionality)	60–77, 123, 124, 126, 147, 175, 181, 189, 190, 192, 193, 214
――のとれた対抗措置	52
グアテマラ動乱	48
グアンタナモ基地	191
クウェート侵攻	226
グレナダ侵攻	48
軍艦	206
軍事委員会	191
軍事占領	216
軍事的強制措置	34
軍事同盟	39
軍事目標	64, 73, 74, 75, 76
――の識別	75
――（の）識別要件	71, 73, 74
――原則	74
――の識別原則	76, 77
軍用航空機	206
警察比例	207
継続追跡	178
ゲリラ活動	170
原因行為（武力攻撃）の烈度	65
（日本国）憲法	94
公海	92, 99, 103, 106
――の自由	233
攻撃の意図 (animus agressionis)	90, 97, 99
交戦団体	208
合法的戦闘員	208
国際違法行為	100
国際刑事裁判所	189
国際社会全体の不可欠の利益	108
国際人権法	192, 191
国際人道法	203
国際テロリズム	117
国際法委員会（International Law Commission, ILC)	65, 98, 206
国際法協会（ILA）	228
国連安保理（事会）	74, 104
――決議82号	11
――決議83号	11
――決議84号	12
――決議387号	47
――決議457号	13
――決議502号	14
――決議552号	240

索引 *303*

——決議 598 号	239
——決議 661 号	282
——決議 678 号	49
——決議 1160 号	14
——決議 1199 号	14
——決議 1203 号	14
——決議 1368 号	49, 145, 155, 158, 282
——決議 1373 号	145, 155, 282
——決議 1695 号	90
——への報告義務	17, 45
国連海洋法条約 87 条	234
国連憲章第 2 条 4 項	71, 102, 232
コスタリカ	68
コソヴォ（ボ）	212, 226
——解放軍（KLA）	14
——危機	12
——紛争	14, 15
国家緊急権	24
国際社会全体の不可欠の利益	108
国家責任（に関する）条文草案	65, 98, 108, 140, 157
国家存亡の危機	24
個別の武力行使	71
固有の権利（inherent right, droit naturel）	19, 20, 21

サ行

在外自国民保護	270-276, 285, 288
——のための武力行使	135
在ナイロビ・ダルエスサラーム米国大使館爆破事件	136, 155
裁判不能	24
差別適用	212
サンフランシスコ会議	30, 106
サンレモ・マニュアル	228
自衛隊法	93, 96, 108
自衛の三要件	250
時間的即時性	63

事後の国家実行（subsequent state practice）（→後からの実行）	115
自己保存	25, 98, 104
——権	25
自国船舶保護	265-269, 285
自助	273, 274
シーレーン防衛	265
実効性	9, 10
実効的支配	140
実質的意味の戦争	133
集積理論（doctrine of accumulation of events）	125
集団的自衛権	29, 122, 229, 250
集団防衛条約	39
周辺事態	255, 259
ジュネーヴ諸条約（ジュネーヴ法）	208, 230
——第 1 追加議定書	208, 230
——第 51 条 3 項	206
——第 2 追加議定書	208
消極的属人主義	166
条約法条約	42
シンボルとしての法	9
侵略の定義	267, 268, 274, 281, 283
——に関する決議	123, 137
政府統一見解「有事における海上交通の安全確保と外国船舶について」	50
赤十字国際委員会（ICRC）	205
戦時禁則品	235
戦時国際法	202
戦時封鎖	218
先制攻撃	94, 95
先制的自衛	117, 186, 252-259, 284, 288
宣戦通告	207, 214
戦闘員資格	209
戦闘方法や手段	64
全米相互援助条約	34, 39, 40
潜没潜水艦	206
全面排除水域	76

相互援助条約	39	朝鮮戦争	212
相互主義的均衡性	64-66, 70	朝鮮動乱	11, 12
即時性 (immediacy)	63, 69	超法規的概念	24
属人主義	166	低水準（低強度）敵対行為 (low intensity hostilities)	9, 114
ソ連-アフガニスタン友好善隣協力条約	47	敵基地攻撃論	90, 91, 94, 95
ソ連のアフガニスタン侵攻	44	テポドン	252
		――1号発射事件	51

タ行

対アフガニスタン武力行使	49	テロ行為	209
対イエメン武力行使	46	テロ支援国家	120
対イラク武力行使	48	テロとの戦争	167
対抗性	15	テロ（リズム）	170, 183, 276-283
対抗措置	153, 157, 205, 206, 264, 265	転籍	240
対抗力	13	同時多発テロ	76
対領空侵犯措置	287	特別法と一般法の関係	11
代替的手段の不可能性	63	特別法の終焉と一般法への回帰	11
多国籍軍	12, 49	特別法優位	11
他国にかかわる重要な法益 (vital interest)	36	ドミニカ動乱	48
他国の権利の防衛	36		

ナ行

タジキスタンへの武力行使	48	ニカラグア	68, 69
多数国間条約留保	18	ニカラグア内戦	46
拿捕	234	西ベルリン・ディスコ爆破事件	136
タリバン	183, 184, 191, 277, 280	日米安全保障条約	41
弾道ミサイル	90, 253, 254	日米防衛協力のための指針	259
――防衛システム	90, 91, 92	ネイヴィ島 (Navy Island)	61
ダンバートン・オークス会議	30		
――提案	30, 106	**ハ行**	
治安出動	262, 287		
地域的機関・地域的取極	34	ハーグ法	208
チェコ動乱	44, 46	ハーグ陸戦規則	213
チャドへの武力行使	46	排他的経済水域 (EEZ)	92
チャプルテペック協定	21, 30	ハンガリー動乱	44, 46
中ソ同盟条約	41	反徒（叛徒）	208
中東戦争	214, 217	非交戦国	230
中立違反	240	非国家的行為体 (non-state actors)	132
中立国	216	ヒズボラ	184, 190
中立性	234	非中立的役務	236
朝鮮国連軍	12	必要性 (necessity)	60-77, 123, 124, 126,

	175, 181, 187, 188, 192	防衛出動	93, 262, 286
非同盟諸国外相会議	118	(安保理への) 報告義務　(→国連安保理)	
人質救出作戦 (rescue operations)	135		17
避止義務	229	防止義務	229
平等適用	212	法執行活動 (law enforcement activities)	
フォークランド (マルビナス) 戦 (紛) 争			10, 206
	12, 14, 15, 63, 74, 75, 214	法執行措置	166
武器供与	67, 70	法上の戦争状態	203, 204, 214
武器の使用 (use of weapons)	10, 262, 267,	捕獲	214
	287, 288	保証条約	39
普遍主義	166	捕虜資格	209
ブッシュ元大統領暗殺未遂事件	136	ホンジュラス	68
不法戦闘員	191	——への武力行使	46
フランス・ジブチ議定書	41		
武力攻撃 (armed attack, agression armée)		**マ行**	
	60, 63, 69, 76, 94, 114, 119, 132, 141, 204,	マイナー自衛権	51, 259-265, 284, 286
	251, 252	ミサイル防衛計画	51
——事態	93	南アラビア連邦問題	46
——事態法	251, 276	民用物	73, 75
——に至らない武力 (実力, の) 行使	4,	黙示的 (推論による) 権限 (implied power)	
	5, 9, 24		8
——の着手	95, 96, 99, 253, 254	目的論的解釈	8, 9
——の発生	69, 116	目標指向的均衡性	65, 66, 70
武力 (の) 行使 (use of force)	71, 102-104,	モンロー主義	21
	106, 203, 287, 288		
——とは性質を異にする実力行使	9	**ヤ行**	
武力紛争	72	友好関係 (原則) 宣言	115, 137
——法	72, 76, 202	友好関係宣言	21
文脈による解釈	8	容認義務	233
文民	181, 184, 193	予防的自衛	117
文民警察	207	ヨルダン内乱	46
文理解釈	8, 9		
米＝イラン友好・経済関係・領事の権利		**ラ行**	
条約	144	留保された自力救済の権利	6, 25
米韓相互防衛条約	39	留保された範域 (reserved domain)	6
平時封鎖	216	領空	93
米州機構憲章	182	——侵犯	93, 169, 207
防衛計画の大綱	265	領土保全又は政治的独立	102, 103, 104,

	105, 106, 107	ロカルノ条約	21, 35
臨検捜索	234, 237		
烈度	64	**ワ行**	
レバノン攻撃	151	ワルシャワ条約	40, 47
レバノン内乱	46	湾岸戦争	179, 180, 213

人名索引

ア行

愛知揆一	96
アゴー, R. (Ago, R.)	65, 70, 109
アナン, K. (Annan, K.)	184
石破茂	95, 96
ウェブスター, D. (Webster, D.)	60, 62, 98, 176
ウォルドック, C.H.M. (Waldock, C.H.M.)	256, 258, 261, 273
エイクハースト, M. (Akehurst, M.)	257, 276
小田滋	35

カ行

ガーダム, J. (Gardam, J.)	64
カセーゼ, A. (Cassese, A.)	258, 275, 281
グリーンウッド, C. (Greenwood, C.)	64, 279
グロムイコ, A. (Gromyko, A.)	32
クンツ, J. (Kunz, J.)	36
ケルゼン, H. (Kelsen, H.)	36
コーエン, M.G. (Kohen, M.G.)	281
コイマンズ, P. (Kooijmans, P.)	145, 283
高村正彦	4, 7

サ行

ジェニングス, R. (Jennings, R.)	21, 35, 43, 123
シャクター, O. (Schachter, O)	274, 275
シュウェーベル, S. (Schwebel, S.)	70, 123
シン, N. (Singh, N.)	256
シンマ, B. (Simma, B.)	148, 153–156, 283
祖川武夫	36

タ行

田岡良一	100, 256
タラジ, S. (Tarazi, S.)	13

ディンス(シュ)タイン, Y. (Dinstein, Y.)	39, 65, 256, 268, 269, 273

ナ行

ノリエガ, M.A. (Noriega, M.A.)	182

ハ行

バーゲンソール, T. (Buergenthal, T.)	146, 283
バイヤーズ, M. (Byers, M.)	281
バウエット, D. (Bowett, D.)	36, 256, 258, 273
鳩山一郎	94
ヒギンズ, R. (Higgins, R.)	65, 146, 273, 283
藤田久一	36
船田中	94
ブラウンリー, I. (Brownlie, I.)	98, 257, 267, 269, 275
フランク, T. (Franck, T.)	279
ヘンキン, L. (Henkin, L.)	257
ポースト, J.J. (Paust, J.J.)	279
ホワイト, N.D. (White, N.D.)	281

マ行

マーフィー, S.D. (Murphy, S.D.)	279, 280
マクデゥーガル, M.S. (McDougal, M.S.)	256
メイヤー, E.P.J. (Myjer, E.P.J.)	281
モロゾフ, P. (Morosov, P.)	13

ラ行

ランデルツホーファ, A. (Randelzhofer, A.)	263, 281
リーズ, B.A. (Leeds, B.A.)	40
リリック, R. (Lillich, R.)	273
レーガン, R. (Reagan, R.)	118
ロンジッチ, N. (Ronzitti, N.)	274

執筆者紹介（執筆順）

村瀬　信也	（むらせ・しんや）	上智大学法学部教授
中谷　和弘	（なかたに・かずひろ）	東京大学大学院法学政治学研究科教授
根本　和幸	（ねもと・かずゆき）	上智大学法学部助教
御巫　智洋	（みかなぎ・ともひろ）	国際連合日本政府代表部一等書記官
植木　俊哉	（うえき・としや）	東北大学大学院法学研究科教授
宮内　靖彦	（みやうち・やすひこ）	國學院大學法学部教授
古谷　修一	（ふるや・しゅういち）	早稲田大学大学院法務研究科教授
真山　全	（まやま・あきら）	防衛大学校国際関係学科教授
森田　桂子	（もりた・けいこ）	防衛研究所助手
浅田　正彦	（あさだ・まさひこ）	京都大学大学院法学研究科教授

■編者紹介

村瀬　信也（むらせ　しんや）

1943 年	愛知県名古屋市に出生
1967 年	国際基督教大学卒業
1972 年	東京大学大学院法学政治学研究科修了（法学博士）
	立教大学法学部専任講師を経て，
1974 年	同学部助教授，ハーバード・ロー・スクール客員研究員（1976 年まで）
1980 年	国際連合本部事務局法務部法典化課法務担当官（1982 年まで）
1982 年	立教大学法学部教授（1993 年まで）
1993 年	上智大学法学部教授（現在に至る）
1995 年	コロンビア・ロー・スクール客員教授，ハーグ国際法アカデミー講師
1998 年	アジア開発銀行行政裁判所裁判官（現在に至る）

主要著作　『国際法の経済的基礎』(有斐閣, 2001 年)，『国際立法』(東信堂, 2002 年)，『武力紛争の国際法』（共編著，東信堂，2004 年）ほか．

専　攻　国際法，国際環境法

The Right of Self-defence in the Contemporary Context

自衛権の現代的展開

2007 年 5 月 20 日　初版　第 1 刷発行　　　　〔検印省略〕

＊定価はカバーに表示してあります

編者© 村瀬信也　発行者　下田勝司　　印刷・製本　中央精版印刷

東京都文京区向丘 1-20-6　郵便振替 00110-6-37828

〒 113-0023　TEL 03-3818-5521(代)　FAX 03-3818-5514
E-Mail tk203444@fsinet.or.jp

発 行 所
株式会社 東信堂

Published by TOSHINDO PUBLISHING CO.,LTD.

1-20-6,Mukougaoka, Bunkyo-ku, Tokyo, 113-0023, Japan

ISBN978-4-88713-756-1　C3032　Copyright©2007 by SHINYA MURASE

東信堂

書名	編著者	価格
国際法新興〔上〕〔下〕	田畑茂二郎	〔上〕二九〇〇円 〔下〕二七〇〇円
ベーシック条約集 二〇〇七年版	編集代表 松井芳郎	二六〇〇円
国際人権条約・宣言集〔第3版〕	編集代表 松井芳郎	三八〇〇円
国際経済条約・法令集〔第2版〕	編集代表 松井・薬師寺・坂元・小畑・徳川	三九〇〇円
国際機構条約・資料集〔第2版〕	編集代表 香西茂・安藤仁介・山手治之夫・小室程次	三三〇〇円
判例国際法〔第2版〕	編集代表 松井芳郎	三八〇〇円
国際立法——国際法の法源論	村瀬信也	六八〇〇円
条約法の理論と実際	坂元茂樹	四二〇〇円
武力紛争の現代の国際法	真山全也編	一四二八六円
自衛権の現代的展開	村瀬信也編	二八〇〇円
国際法から世界を見る——市民のための国際法入門〔第2版〕	松井芳郎	二八〇〇円
はじめて学ぶ人のための国際法	大沼保昭編著	二四〇〇円
資料で読み解く国際法〔第2版〕〔上〕〔下〕	大沼保昭編著	〔上〕二二八〇〇円 〔下〕三三〇〇円
海の国際秩序と海洋政策	栗林忠男・秋山昌廣編著	四七〇〇円
21世紀の国際機構：課題と展望	石位中安田村藤隆仁一道編介集	七一四〇〇円
国際法研究余滴	本泰雄	
〔21世紀国際社会における人権と平和〕〔上・下巻〕	編集代表 山手治之	五七〇〇円
国際社会の法構造——その歴史と現状	編集代表 香西茂之	六三〇〇円
現代国際法における人権と平和の保障〔現代国際法叢書〕		
領土帰属の国際法	大壽堂鼎	四五〇〇円
国際法における承認——その法的機能及び効果の再検討	王志安	五二〇〇円
国際社会と法	高野雄一	四三〇〇円
集団安保と自衛権	高野雄一	四八〇〇円
国際「合意」論序説——法的拘束力を有しない国際「合意」について	中村耕一郎	三〇〇〇円
法と力 国際平和の模索	寺沢一	五二〇〇円

〒113-0023 東京都文京区向丘1-20-6
TEL 03-3818-5521 FAX03-3818-5514 振替00110-6-37828
Email tk203444@fsinet.or.jp URL:http://www.toshindo-pub.com/

※定価：表示価格（本体）＋税